suhrkamp taschenbuch 2805

Schreibende Paare, von der Romantik bis heute, sind das Thema des Buches. Erzählt wird die Geschichte von Liebespaaren, Eheleuten und Lebensfreunden, deren Beziehung durch den gemeinsamen Beruf des Schreibens entscheidend geprägt wurde. Unterstützung, Bewunderung, Respekt und Stolz, Rivalität, Mißgunst und Konkurrenz, verzweifelte Trennung oder lebenslange Freundschaft, die Gefühle, die sich im gemeinsamen Leben und Arbeiten schreibender Paare herstellen, sind vielfältig. Aus Briefen, Tagebüchern, Memoiren und dem literarischen Werk selbst entwickelt Gerda Marko Psychogramme so unterschiedlicher Paare wie Sophie Mereau und Clemens Brentano, George Sand und Alfred de Musset, Else Lasker-Schüler und Gottfried Benn, Rebecca West und H. G. Wells, Francis Scott und Zelda Fitzgerald, Paul und Jane Bowles, Lillian Hellman und Dashiell Hammett, Elsa Triolet und Louis Aragon und vielen anderen.

Gerda Marko, geboren in Wien, Schauspielerin an verschiedenen Theatern, dann Studium der Germanistik und Geschichte, Gymnasiallehrerin. Sie war Dozentin für Dramaturgie an der Hochschule Mozarteum in Salzburg, der Otto-Falckenberg-Schule und Bayerischen Theaterakademie in München, deren Direktorin sie jetzt ist. 1993 veröffentlichte sie *Das Ende der Sanftmut. Frauen in Frankreich 1789-1795*.

Gerda Marko
Schreibende Paare

*Liebe, Freundschaft,
Konkurrenz*

Suhrkamp

Umschlagfoto:
Francis Scott und Zelda Fitzgerald

suhrkamp taschenbuch 2805
Erste Auflage 1998
© 1995 Artemis & Winkler Verlag, Zürich/Düsseldorf
Lizenzausgabe mit freundlicher Genehmigung
des Artemis & Winkler Verlags
Suhrkamp Taschenbuch Verlag
Druck: Nomos Verlagsgesellschaft, Baden-Baden
Printed in Germany
Umschlag nach Entwürfen von
Willy Fleckhaus und Rolf Staudt

1 2 3 4 5 6 – 03 02 01 00 99 98

Inhalt

Last und Lähmung

Schlußakkord

Gleißende Spiegel

Lebenslang

Innige Distanz

Nachbemerkung   461

Anhang

Der Philosophielehrer Abaelard wählte die blutjunge Heloïsa als seine Geliebte, »weil sie Bildung besaß und sie auch zu schätzen wußte«. Obwohl sie einander täglich sahen, benutzten sie Briefe als »Gelegenheit zu süßen Worten«, von denen sie nicht genug bekommen konnten. Und als man sie grausam trennte und beide in einen Orden eingetreten waren, beschwor Heloïsa unersättlich die Anmut seiner Gedichte und den Zauber seines Gesangs. »Als Du mich begehrtest, da durfte ich Dich empfangen in Briefen über Briefen, und Deine Lieder kündeten der ganzen Welt von Deiner Heloïsa« – der Sirenensang der Poesie hat sie betört, und – höchstes Entzücken – sie selbst durfte in der Dichtung ihres Geliebten erscheinen, sah sich gespiegelt in seiner Kunst. Ihr Vergnügen an seinen Worten war mehr als geschmeichelte Eitelkeit, war ebenbürtiges Begreifen der Schönheit seiner Sprache, die sie sich zu eigen machte. »Muß ich schon auf das Glück verzichten, Dich zu sehen, so schreib mir wenigstens Liebesworte – Du hast sie ja überreichlich – und laß Dein teures Bild in ihnen Leben gewinnen.« Ihm blieb nur der spröde Part der Zurückweisung. Er wollte auf ihren entflammten Ton nicht eingehen, versuchte, sich der Sünde des Begehrens zu entziehen, umsonst. Sie schuf Nähe durch Worte, gegen die unüberbrückbare Entfernung, die ihnen das Leben auferlegt hatte. Und nur die Ferne erlaubte ihnen, die Erinnerung in die glühendste Sprache zu kleiden. Ein schreibendes Paar – ein Liebespaar vor mehr als 850 Jahren.

Zwei Menschen verbinden sich zu einem Paar in der Erwartung, im andern zu finden, was dem eigenen Wesen zutiefst gemäß ist. Ob die gegenseitige Wahl nur zu kurzer Begegnung führt oder ein Leben lang hält, ändert nicht ihre Exklusivität. Auch wenn das Bedürfnis nach Autonomie die Sehnsucht nach Einswerden mit dem geliebten Andern hemmt, erlebt ein Paar seine Zusammengehörigkeit durch Nähe. Sind beide Partner Schriftsteller, gar Dichter, beginnt hier das Elend. Die Tätigkeit des Schreibens schließt die Anwesenheit eines anderen aus. Nicht nur der Vorgang selbst, sondern schon die gedankliche Formung dessen, was gesagt werden will – Festhalten und Verdichten, Zusammenfügen und Neuordnen, Überprüfen und Loslassen – erfordern striktes Alleinsein. Wie also Lebensnähe und Schreibisolation miteinander verbinden?

Sind die zentralen Lebensbereiche – Partnerschaft und Beruf – ineinander verwoben, läßt sich schwer Eigenständigkeit bewahren. Um so weniger bei schreibenden Paaren, sind doch nur selten Schreibplatz und Wohnraum voneinander getrennt. In der gewünschten, aber unerträglichen Nähe gilt es, die Liebe vor dem Werk, das Werk gegen die Liebe zu schützen.

Ist das Wissen des Partners um die Nöte des Schreibprozesses Trost oder Bedrängnis? Ist seine intime Kenntnis der kreativen Dynamik hilfreich oder lähmend? Wie, wenn die Arbeitsrhythmen unvereinbar sind? »Am Abend hatte ich zehn Verse gemacht und eine Flasche Schnaps getrunken; sie hatte einen halben Liter Milch getrunken und ein halbes Buch geschrieben« (Musset über sich und George Sand) – schlechte Aussichten für das Gelingen dieser Beziehung! Und wenn die Ansprüche beider Partner an die Qualität der Ergebnisse auseinanderklaffen? Die Schreibblockade des einen zusammenfällt mit einem Inspirationsschub des anderen? Wenn der eine wachsende Anerkennung gewinnt und der andere nur wenig Beachtung findet? Auch die gegenseitige Kritik ist konfliktträchtig, negative Urteile, mögen sie noch so fundiert und zutreffend sein, greifen über auf die private Harmonie, erst recht, wenn sich Bevormundung tarnt als Anteilnahme.

Ermutigung, Rücksicht, Förderung, Verständnis, Ansporn – die Euphorie der Wahl eines Partners, der mit dem Wesenskern des eigenen Schaffens vertraut ist, schließt dies alles ein. In der Praxis des Zusammenlebens zeigt sich aber das im Grunde Selbstverständliche: Für jeden Künstler überwiegt das Interesse am Gelingen des eigenen Werks. Bescheidenes Zurückstecken, um dem Partner zu nützen, widerspricht der künstlerischen Verantwortung. Selbstverleugnung und das Verdrängen von Rivalität, wie es sich manche Paare abverlangen, bewirken nur einen um so heftigeren Ausbruch aller unterdrückten Energien.

Schreibende Paare – von der Romantik bis heute. Keine Geschichte gleicht der anderen. Jede der berühmten literarischen Partnerschaften behauptet ihren unverwechselbaren Platz. Bemühungen, Ähnlichkeiten zu bündeln, scheitern an der sperrigen Kraft individueller Lebensentwürfe. Und doch kreist jeder um denselben Wunsch: in der verschlingenden Ausschließlichkeit des Schreibens Raum zu lassen für die Liebe.

Das Schreiben ist meine
Sache nicht…

In einem Brief an Meta Klopstock heißt es: »Du warst doch wahrlich von der Natur bestimmt, eine Autorin zu werden (…). Ja zur Dichterin bist du geboren.« Davon wollte sie aber nichts hören. Ihrem angebeteten Klopstock eine gute Frau zu sein, das war das Ziel aller ihrer Wünsche. Von der ersten Begegnung an hatte sie ihn mit ihren ungekünstelten, temperamentvoll zupak-kenden Briefen umworben, mit ihren schwärmerischen Bekennt-nissen verwöhnt und schließlich durch die beschwörende Kraft ihrer Worte zu einem Liebenden geadelt, von dem sie stolz fest-stellen konnte, ihm fehle auch jeder Anflug »von männlicher Härte, Gleichgültigkeit, Unachtsamkeit«. Und er war hingerissen von ihrem unverbildeten Ausdruck, der im Deutschen noch kei-neswegs geläufig war. »Ich habe solche Briefe noch nicht gese-hen, worin soviel Natur im eigentlichsten Verstande, und zwar soviel gute Natur gewesen wäre.«

Briefe sind in dieser freundschaftstrunkenen Zeit immer auch öffentliche Mitteilung: sie werden abgeschrieben, weitergereicht, im Kreis der Gleichgesinnten verbreitet. Im Briefkult sind die Frauen den Männern ebenbürtig, oft überlegen. Wie liebenswür-dig, spontan, charmant und originell zeigt sich Caroline Flachs-land in ihren Briefen an Herder, dem selten ein unkontrolliertes Wort entschlüpft. Er schreibt sogar als verliebter Mann, wie er wohl seine Predigten konzipiert haben mag: durchdacht und un-ter Einsatz aller Stilmittel geschliffener Rhetorik. Nie bemüht sie sich, seinen Stil zu kopieren, bleibt immer sie selbst und braucht keine Floskeln für die Liebe.

Zögernd erst wird in der Romantik ein künstlerischer An-spruch bei Frauen anerkannt über das Private hinaus. Sogar Goe-the und Schiller staunen darüber, daß es »Frauenzimmertalen-ten« manchmal gelingt, »eine gewisse Schreibgeschicklichkeit« zu erwerben, »die der Kunst nahekommt«. Doch mit dem Genius der Männer haben die dichtenden Dilettantinnen nichts gemein.

So gibt es also erst ab dieser Epoche schreibende Paare, wobei das Schreiben der Frauen nicht als Berufstätigkeit aufgefaßt wurde. Manche Ehefrau publizierte ein eigenes Werk lieber unter dem Namen ihres Mannes, als sich dem Vorwurf auszusetzen, ungebührlich an die Öffentlichkeit zu drängen. Die Feder in der Hand einer Frau galt allgemein als unangemessenes Werkzeug, und sogar Schriftstellerinnen waren dieser Meinung.

Im benachbarten Frankreich setzten die Revolutionsjahre ab 1789 eine entscheidende Zäsur. Die Erklärung der Menschenrechte hatte bei den Frauen die Hoffnung geweckt, »l'homme« bedeute an diesem politischen Wendepunkt nicht nur Mann, sondern Mensch. Sie fühlten sich also aufgerufen, ihren Beitrag zu der Umgestaltung Frankreichs zu leisten, zunächst in den offiziellen »Cahiers de doléances«, den Beschwerdeheften, dann in Petitionen, Manifesten, Zeitungsartikeln. Natürlich machten die Frauen, die sich öffentlich äußerten, nur einen geringen Prozentsatz der weiblichen Bevölkerung aus, konnten doch nur etwa 15 Prozent der Frauen lesen und schreiben. Als sich aber doch ziemlich schnell zeigte, daß die Revolutionäre nur zu gern auf die Mitarbeit von Frauen verzichteten, ließ sie das nicht sofort verstummen. Sie wollten ihre Erlebnisse festhalten, wie etwa die Aristokratinnen aus der königstreuen Vendée, die zumindest für ihre eigenen Familien aufzeichneten, was ihnen in den Zeiten des blutigen Umbruchs widerfahren war. Es entstand eine überwältigende Flut von Memoiren: Adelige und Bürgerfrauen verfaßten Erinnerungsbücher, ohne literarischen Ehrgeiz, aber durchdrungen von der Gewißheit, daß ihre Erlebnisse und Erfahrungen interessieren müßten. Und so haben sie geschrieben: mit ergreifender Dringlichkeit und dem Stolz, handelndes Subjekt der Geschichte gewesen zu sein – nur für eine kurze Weile, denn die Restaurationszeit drosselte weibliches Selbstbewußtsein, indem die vorrevolutionären Werte, besonders Tugend, Sanftmut und bescheidene Verschwiegenheit, zu neuer Blüte manipuliert wurden. Zu Beginn des 19. Jahrhunderts entsprach das französische Frauenideal exakt dem deutschen – als hätte es die kühne Vision der Gleichberechtigung nie gegeben.

Das Ehepaar Gottsched,
Sophie von La Roche
und Wieland

Den Vorlesungen ihres Mannes – Professor für Poesie, Logik und Metaphysik in Leipzig – lauschte die Gottschedin hinter der Stubentür. Trotz ihrer Berühmtheit als »Meisterin der Wissenschaften« wäre ihre Anwesenheit ein Skandal gewesen. Mit 23 Jahren hatte sie geheiratet und war bis dahin von Gottsched in einem sechs Jahre dauernden Briefwechsel so erzogen worden, wie er sie später brauchen würde: als »Gehülfin«, »Secretair« und »Hausmuse«.

Louise Kulmus, Tochter des königlich polnischen Leibarztes, gebürtige Danzigerin, hatte die Eltern mit ihrer Intelligenz so entzückt, daß sie ihr eine sorgfältige Erziehung zukommen ließen: sie beherrschte mehrere Instrumente und Fremdsprachen. Und sie schrieb ein exquisites Deutsch, klar, anschaulich, direkt, was Gottsched bewog, ihre Briefe veröffentlichen zu wollen. Dagegen verwahrte sie sich: »Alles was ich Sie bitte, ist dieses: Verhindern Sie den Druck dieser Briefe, oder verschieben Sie ihn, bis nach meinem Tode.« Auch Mitglied der Deutschen Gesellschaft wollte sie nicht werden. »Nein, ich wage es nicht« – das klang nach angemessener weiblicher Bescheidenheit. Doch nicht Kleinmut, sondern Stolz hielt sie ab, sich einem nur von Männern dominierten Literaturbetrieb auszuliefern. Sie weigerte sich auch, als Vorbild für ihr Schreiben Briefsteller zu benutzen, wie Gottsched ihr empfohlen hatte. Bei den Beispielen für die Regeln vermißte sie nämlich Witz und »eine gute Wahl der Ausdrücke«, und darüber verfügte sie selbst reichlich. Aber sonst war sie gehorsam, hielt sich an die Lektüreanweisungen ihres Mentors, erledigte in seinem Auftrag für ihn Übersetzungen, und wenn ihr ein kritisches Wort entschlüpft war, gelobte sie, sich »niemals wieder so sehr zu vergessen«.

Gottsched war dreizehn Jahre älter als sie und ein anerkannter Mann. In seiner Jugend hatte er vor der Marotte des Preußenkönigs, ein Regiment mit »langen Kerls« zu bestücken, nach Sachsen fliehen müssen. Als »großen, breiten, riesenhaften Mann«

noch im Alter, mit einem »ungeheuren Haupt« und mächtigen »Tatzen« beschreibt ihn Goethe, als er ihm in Leipzig seine Aufwartung machte.

Hier hatte sich Gottsched habilitiert und war mehrmals Rektor der Universität, von hier aus wollte er die deutsche Dichtkunst nach dem Vorbild des französischen Klassizismus reglementieren, eine deutsche Literatursprache schaffen und das Theater aus den Niederungen der Harlekinaden zu einem Medium der Erbauung formen.

Seine Frau unterstützt seine Bemühungen pflichtschuldig. Sie übersetzt französische Dramen, darunter Molières *Menschenfeind*, und englische Literatur, überträgt mittelhochdeutsche Handschriften, bearbeitet und vergleicht die verschiedenen Fassungen, leistet zu all seinen Untersuchungen die Vorarbeiten, sucht und sortiert entsprechendes Material und ächzt über die »Beschwerlichkeiten eines gelehrten Lebenswandels«. Durch die zeitaufwendigen Tätigkeiten für ihren Mann kommt sie nicht zu dem, was sie selbst interessiert: zum Komödienschreiben, was sie hervorragend kann. Zwar verfaßt sie ihre Stücke für seine Sammlung mit dem programmatischen Titel *Deutsche Schaubühne nach den Regeln und Exempeln der Alten* (6 Bände zwischen 1742 und 1745), aber gleich ihr erstes Lustspiel bringt so viel Frechheit und Aufmüpfigkeit auf die Bühne, daß es in Preußen sofort verboten und zum Anlaß für die Verschärfung des Zensurgesetzes wird. Insgesamt hat sie selbständig eine Tragödie und drei Komödien verfaßt, mit pointiertem Dialog, handfester Handlung und bühnenwirksamen Rollen, darunter vielen Frauenfiguren, die sich nichts vormachen lassen und ihren Verstand bemühen, um Konflikte zu lösen, Intrigen zu durchschauen. Ihre Begabung und ihr Vergnügen, Theaterstücke zu schreiben, können sich unter der Abhängigkeit von Gottsched nicht entfalten, am Ende ihres Lebens bezeichnet sie die 28 Jahre dauernde Verbindung mit ihm als 28 Jahre Galeerenarbeit und ihre Berufstätigkeit als »Schreibejoch, welches mir täglich aufliegt«.

Zwar war die Voraussetzung für ihre umfangreiche Forschungsarbeit ihre Kinderlosigkeit, aber sie hat doch sehr darunter gelitten. Eine Literaturgeschichte wollte das Ehepaar gemeinsam schreiben, Louise war die Lyrik zugeteilt. Als sie damit fertig war, stellte sie fest, daß ihr Mann an seinem Teil nicht gearbeitet und sich nicht um einen Verlag gekümmert hatte. Sie vernichtete ihr Manuskript. Im Lauf der Jahre wurde sie immer schwermütiger, haßte nicht nur die wissenschaftliche Arbeit, sondern erst recht »Haus- und Wirtschaftssorgen, die elendsten Beschäftigungen für ein denkendes Wesen«. Ihre Stücke wurden nicht aufgeführt. Als sich die Literaturwelt von Gottsched abwandte, verfiel auch, was sie geschrieben hatte, der allgemeinen Ächtung.

Verwickelt in eine Literaturfehde mit den Schweizer Kunstrichtern Bodmer und Breitinger und von Lessing verhöhnt, wurde der zu Pedanterie und Rechthaberei neigende Gottsched vollends zu einem für sie unerträglichen Partner. Viel Lob hatte sie erhalten, war sogar von Kaiserin Maria Theresia empfangen worden, aber nichts half gegen ihren Lebensüberdruß. Vergrämt und enttäuscht starb sie mit 49 Jahren. Bis zuletzt hat sie Gottscheds Bibliothek geordnet und Bücherrücken beschriftet. Nicht, daß sie zu wenig anerkannt worden wäre. Aber ihre schöpferischen Fähigkeiten erstickten unter der Last von Hilfsarbeiten, die ihr Gottsched aufbürdete. Und seine Kreativität mußte freigehalten werden für sein Werk. Da keine Frau aber imstande war, ein Kunstwerk zu schaffen, mußte sie für die Hilfsdienste, die ihr übertragen wurden, dankbar sein und sich geehrt fühlen. Deshalb konnte die Gottschedin immer nur sich fügen.

Standen in den vierziger Jahren des 18. Jahrhunderts die Gottscheds in höchstem Ansehen als schreibendes Paar – eine durchaus singuläre Erscheinung –, so galt dieser Ruhm ab 1771 Sophie von La Roche und Christoph Martin Wieland, obwohl sie nie verheiratet und auch wohl nur kurz ineinander verliebt waren. Zu Sophies 75. Geburtstag bekennt Wieland in seinem Gratulationsschreiben: »Nichts ist wohl gewisser, als daß ich, wofern uns das Schicksal nicht im Jahre 1750 zusammengebracht hätte, kein Dichter geworden wäre.« Er studierte Rechtswissenschaft, als er mit 17 Jahren seine zwei Jahre ältere Cousine Marie Sophie Gutermann kennenlernte. Sie sollte sich in seinem Elternhaus im idyllischen Biberach von einer am Starrsinn ihres Vaters zerbrochenen Verlobung erholen.

Der zarte, poetisch veranlagte Vetter Wieland war nach dem Schock des Verlusts offenbar der richtige Trost, die beiden verlobten sich, gegen den Willen der Eltern. In seiner Liebesbegeisterung hatte sich Wieland für die Dichtkunst als seinen künftigen Beruf entschieden und ging nach Zürich, um sein Talent beim Literaturpapst Bodmer zu schulen. Mit Sophie wechselte er zärtliche Briefe und verkündete seiner Mutter, er wolle das Unglück, ihrer beraubt zu werden – so schwöre er auf das Heiligste –, nicht überleben. Aber Sophies Vater wollte seine Tochter versorgt wissen und drängte sie zu einer Vernunftehe. Sie gab nach und heiratete den kurmainzischen Hofrat La Roche. Mit ihrer Bildung und ihrem natürlichen Charme machte sie am Hof zu Mainz gute Figur und gebar ihrem ungeliebten, aber respektierten Mann acht Kinder. Wieland hatte gegen die Trennung nur matt protestiert. Als er nach Biberach zurückkam, nahm sie den Kontakt mit ihm wieder auf. Er versuchte zunächst, sich als Schwerenöter zu präsentieren (»ich schwöre Ihnen, daß die ganze Philosophie der Welt nichts vermag gegen die Beredsamkeit eines Korallenmundes und eines Alabasterhalses«), doch sie regelte ein für allemal die künftige Beziehung: »Ich will Ihnen unterdessen sagen, daß Sie von meiner Figur nichts zu befürchten haben; sie ist einigermaßen häßlich…« Sie verweist auf ihre Geburten und »quälenden Kümmernisse«, meint, sie werde ihm »auch nicht die kleinste Unruhe bereiten«: »und wir werden sehen, wie wir über den Rest einig werden.« Tatsächlich stellte sich keine Liebesverwirrung ein, und Wieland nahm 1765 ein Mädchen zur Frau, das vollkommen seinen Bedürfnissen entsprach: »Sie bequemt sich, ohne daß es ihr Mühe oder Zwang bereitet, nach meinem Geschmack, nach meiner Laune, nach meiner Lebensweise; ihre Zärtlichkeit macht mir immer Vergnügen, ohne mir jemals beschwerlich zu fallen.« Sie wird ihm elf Kinder gebären.

Allerdings beschreibt er Sophie seine »kleine Frau« auch so: »Von Natur aus beschränkt und wenig lebhaft, hat die Art von Erziehung, die man ihr gegeben hat, ihre Seele in einer Art von Kindheitszustand gelassen (…); man muß ihr nicht allein Ideen geben und sie das Denken lehren; sie muß auch das Sprechen erst lernen…« Die Seelenfreundin und Muse für das Geistige, die eigene Frau für den Hausgebrauch – das hat sich Wieland geschickt gerichtet.

Auf dem Schloß des Grafen Stadion, des Adoptivvaters ihres Mannes, bei Biberach wird viel diskutiert und gedichtet. Hier beginnt Wieland seine Shakespeare-Übersetzung, hier verfaßt er, zum damenhaften Befremden seiner Freundin, seine erotischen Erzählungen und den Roman *Die Geschichte des Agathon*. Schon die Zeitgenossen meinten in der Figur der verlorenen Jugendgeliebten Psyche ein Porträt Sophies zu erkennen, doch Wieland hat alle drei Frauen um Agathon idealistisch zugespitzt: die den jungen, unerfahrenen Mann mit ihrer Leidenschaft bedrängende Pythia; Danae, die sinnlich betörende Frau, die als frühere Hetäre alle Verführungskünste beherrscht, durch ihre Liebe aber geläutert wird und ihr weiteres Leben der Tugend weiht; und eben auch die unschuldige Geliebte, die sich zum guten Ende sogar als seine Schwester entpuppt.

Auch Sophies Mann betätigt sich als Autor, seine *Briefe über das Mönchsleben* sind ein geharnischtes Pamphlet gegen den Schaden, den entartete Ordensleute der Kirche zufügen. In diesem literarischen Umfeld führt natürlich auch Sophie eine gewandte Feder – auf französisch übrigens. Im Deutschen drückt sie sich so ungelenk aus, daß Wieland ihr empfiehlt, mit ihm auf deutsch zu korrespondieren (was erst ab 1775 geschieht), damit sie ihren Stil pflege. Daran liegt ihr viel, schreibt sie doch an einem Roman, für den sie sich sehnlichst Erfolg wünscht, und nicht nur, weil ihre Familie in finanzielle Schwierigkeiten geraten ist. Nach den ersten Leseproben macht Wieland ihr Mut: »Allerdings, beste Freundin, verdient es Ihre *Sternheim* gedruckt zu werden; und sie verdient es nicht nur; nach meiner vollen Überzeugung erweisen Sie Ihrem Geschlecht einen wirklichen Dienst dadurch. Sie soll und muß gedruckt werden, und ich werde ihr Pflegevater sein.« Er bietet ihr an, ihrem Text »den letzten Schliff« zu verpassen, kann ihr aber als weiblicher Autorin »nur eine einzige Kompositionsregel geben – nämlich: Folgen Sie beim Schreiben dem Antrieb Ihres Genies, schreiben Sie nur in den Momenten, wo Sie fühlen, daß entweder das Herz bewegt oder die Phantasie erhitzt ist…«, und: »Es ist zu spät für Sie, die Kunstregeln handhaben zu lernen.« Um zum »Sublimen der Kunst« zu gelangen, braucht man »fast ununterbrochene Übung durch eine Reihe von Jahren und unendliche Einzelstudien«. Sie kann also nur Dilettantin sein, der Kunstrichter hat gesprochen. 1771 gibt er die *Geschichte des Fräuleins von Sternheim* heraus, ohne Angaben über die Verfasserin, die als eine Freundin der Sternheim vorgestellt wird. Sein Vorwort richtet er an D. F. G. R. V. – also an D(ie) F(rau) G(eheime) R(ätin) V(on La Roche) – und gibt vor, den Text, den diese ganz privat für ihn und die Familien beider bestimmt habe, gegen deren Willen zu veröffentlichen, weil er dem Verlangen nicht widerstehen könne, »allen tugendhaften Müttern, allen liebenswürdigen Töchtern unsrer Nation ein Geschenk mit einem Werke zu machen«, dessen Nutzen für die Moral er so hoch einschätzt.

Der Frauenroman ist geboren: er richtet sich fast ausschließlich an weibliches Publikum, ist erzieherisch wertvoll und ohne den Anspruch geschrieben, »ein Werk der Kunst hervorzubringen«. Unter diesem Aspekt fielen die formalen Mängel des Romans nicht allzusehr ins Gewicht, meint der Herausgeber, er fühle sich lediglich bemüßigt, in Fußnoten auf grobe Ungeschicklichkeiten hinzuweisen. Das sieht dann so aus: »Der ziemlich ins Preziöse fallende und von der gewöhnlichen schönen Simplizität unsrer Sternheim so stark abstechende Stil dieses Dialoges scheint zu beweisen, daß sie bei der Unterredung mit Frau von C. nicht recht à son aise war.«

Obwohl er das Manuskript »mit der Feder in der Hand« lesen mußte, um die vielen Rechtschreib- und Grammatikfehler zu verbessern, schätzt er die Originalität dieses Werks. Er fühlt für sich selbst, daß seine große Zeit vorbei ist: »Ich gestehe Ihnen im übrigen, liebe Freundin, daß mich das Geschäft des Autors aufs höchste ekelt und daß mich die harte Notwendigkeit, in der ich mich befinde, mich alle Jahre drucken zu lassen, zuweilen so sehr peinigt, daß sie mir das Leben unerträglich macht.« Und wirklich dauert es nicht lange, bis er von den Rebellen des Sturm und Drang böse verspottet wird. Er lebt in Weimar, mit 40 Jahren ein alter Mann, und hat die Größe, den Angriffen gegen ihn mit seiner Bewunderung für die jungen Genieflegel die Spitze zu nehmen. Keine Geduld bringt er allerdings auf für die weitere schriftstellerische Produktion seiner Freundin. Ihre folgenden Romane, Reisebeschreibungen und ihre Zeitschrift »Pomona für Teutschlands Töchter« scheint er trotz ihrer Bitten nicht gelesen zu haben, er läßt ihre Werke in seinem »Teutschen Merkur« halbherzig rezensieren. Es liegt an Sophie, daß die Seelenfreundschaft im Lauf der Jahre nicht ganz einschläft.

Trotz ihrer Empfindsamkeit, die ihr mit der *Geschichte des Fräuleins von Sternheim* so große Anerkennung gebracht hat, sorgt sie dafür, daß ihre Töchter sich konventionell verheiraten, was einen Gast ihres Hauses – Goethe – besonders erbittert, ist er doch vom Charme Maximilianes sehr angetan. Deren Ehemann, der reiche Kaufmann Brentano, versteht aber keinen Spaß und weist ihm die Tür. Maximiliane bringt elf Kinder zur Welt, bei der Geburt des zwölften stirbt sie mit 37 Jahren. Frau von La Roche nimmt dann nach dem Tod des Vaters ihre Enkel Clemens und Bettine in ihr Haus. Clemens fühlt sich wohl, aber Bettine findet am Lebensstil der alten Dame keinen Gefallen: »Meinungen von geistreichen Männern zu hören, wie das Großmama ihre Passion ist, das scheint mir leeres Stroh, liebe Großmama.«

Mit einem Werk der Verehrung für das Genie, das ihrem Vater weichen mußte und über Wieland triumphierte, hat sie sich später selbst als Schriftstellerin etabliert: *Goethes Briefwechsel mit einem Kinde.*

Frauenzimmertalent und Männergenius

Die Brüder Schlegel und
ihre Frauen

»...es ist ein recht freundliches, erfreuliches, ergötzliches Buch, das mit aller Macht dem Weinerlichen entgegen strebt, in dem die Farben manchmal etwas kindlich zu grell aufgetragen sind, aber sich eben darum perspektivisch wie eine Dekoration recht lustig ausnimmt, und das allerliebste Geschichtchen recht gebildet vorträgt. Was will man mehr?« Ein wohlwollendes Urteil über *Florentin*, einen kleinen Roman, der gerade, 1801, erschienen ist. Seltsam daran ist allerdings, daß es vom Autor selber stammt, der sich unter keinen Umständen zu erkennen geben will: »So wird jetzt, wie uns gesagt wird, in ganz Jena behauptet, den *Florentin* hätte ICH, ICH gemacht!«

Die Ausgabe nennt keinen Verfasser, als Herausgeber zeichnet Friedrich Schlegel. Die Anonymität könnte darauf schließen lassen, ein unbekannter Dichter spekuliere auf den Namen eines berühmten, in diesem Fall sogar skandalumwitterten Herausgebers, um die Aufmerksamkeit des Lesepublikums zu gewinnen. Keineswegs hier: der scheue Verfasser ist eine Frau, die Lebensgefährtin Friedrich Schlegels. Und nichts wäre Dorothea Veit so fremd gewesen, wie sich in den Mittelpunkt der Beachtung zu drängen. Nie hätte sie für sich selbst Ehrgeiz entwickelt. Sie vergötterte ihren Partner und hoffte nichts weiter, als bescheiden dienend an seiner Seite zu leben. Ob sie sich zu dieser Devotion zwingen mußte, oder ob es zu ihrem Wesen gehörte, alle eigenen Wünsche dem Wohlergehen des geliebten Mannes unterzuordnen – wie ließe sich dies heute entscheiden? Zu eng verwoben sind die individuellen Erwartungen in das Normengeflecht einer Zeit, und nur soviel steht fest, daß Dorothea sich redlich mühte, das, was sie mußte, auch zu wollen. Wie anders wäre sonst ihr vielzitierter Tagebucheintrag zu erklären, in einer guten Ehe sei es nötig, daß die Frau gerade so viel Verstand besitze, um den des Mannes zu verstehen? Sie hatte wohl schon früh gelernt, sich gegen Enttäuschungen zu wappnen, indem sie nichts über das Erreichbare hinaus begehrte.

Ihr Vater, der jüdische Aufklärer Moses Mendelssohn, hatte

ihre sorgfältige Erziehung auf Lektüre und die Beherrschung von Fremdsprachen ausgerichtet. Glückserfüllung im Privaten war nicht vorgesehen. Konventionell wurde sie als Fünfzehnjährige mit dem wohlhabenden Bankier Veit verheiratet, und sie hielt diese Ehe aufrecht bis unmittelbar nach dem Tod des Vaters, fünfzehn Jahre lang. Dann wagte sie die Scheidung und stellte erleichtert fest: »...so lange ich lebe, ist dies das erste Mal, daß ich von der Furcht frei bin, eine unangenehme Unterhaltung, eine lästige Gegenwart oder gar eine demütigende Grobheit ertragen zu müssen.« Gegen diese Unbill hatte ihr die Freundschaft mit Henriette Herz und Rahel Levin geholfen, in deren Salons sie gebildete Menschen traf, belebende Gespräche führte. Hier lernte sie Friedrich Schlegel kennen, dessen Gefährtin sie blieb bis zu seinem Tod 1829.

Mit der Scheidung hatte sie ihre materielle Sicherheit aufgegeben und durfte nur den jüngeren ihrer beiden Söhne behalten, aber sie vertraute rückhaltlos ihrem Gefühl und der Genialität des jungen Geliebten. Der Skandal um Friedrich Schlegels Roman *Lucinde*, allerorts genüßlich als die Darstellung ihrer beider Intimität entschlüsselt, machte ihr schwer zu schaffen. Aber es wäre ihr nie in den Sinn gekommen, sich gegen die Veröffentlichung all dessen, was ihr heilig war (»jetzt nun allen Neugierigen, allen Hassern preisgegeben«), zu wehren. Im Gegenteil: »Ich denke aber wieder, alle diese Schmerzen werden vergehen mit meinem Leben und das Leben auch mit; und alles, was vergeht, sollte man nicht so hoch achten, daß man ein Werk darum unterließe, das *ewig* sein wird.«

Was wiegt das Opfer ihrer Kränkung vor dem Maßstab der Ewigkeit! Zunächst aber brauchte sie Mut und Zuversicht, um im Ansturm gehässiger Kommentare nicht zu verzagen. In den Beteuerungen des Romanhelden Julius fand sie Trost: »Durch alle Stufen der Menschheit gehst du mit mir von der ausgelassensten Sinnlichkeit bis zur geistigsten Geistigkeit und nur in dir sah ich wahren Stolz und wahre weibliche Demut.« Ihn entzückt die selige Hingabe Lucindes, das Zusammenspiel männlicher und weiblicher Lust, die Einheit von Leidenschaft und Achtung, er erkennt in ihrer Gemeinsamkeit »eine wunderbare sinnreich bedeutende Allegorie auf die Vollendung des Männlichen und Weiblichen zur vollen ganzen Menschheit«. Daß der Roman weit über die Beschwörung des Liebesrausches hinaus die Umsetzung des poetologischen Programms war, das Schlegel in der Dichtung verwirklichen wollte – ob Dorothea davon wußte und es verstehen konnte?

Nach der nüchternen Beschreibung, die Friedrich Freunden lieferte, scheint dies zweifelhaft: »Sie ist eine wackere Frau von gediegenem Wert. Sie ist aber sehr einfach und hat für nichts in und außer der Welt Sinn als für Liebe, Musik, Witz und Philosophie.« Er ist sich ihrer bedingungslosen Ergebenheit gewiß: »Wenn sie mich verlöre, sie würde mir nach indischem Brauch folgen (...) ohne zu ahnen, daß das außerordentlich wäre...« Gleiches weiß auch Julius von seiner Lucinde: »Auch du würdest mich nicht überleben wollen, du würdest dem voreiligen Gemahl auch im Sarge folgen und aus Lust und Liebe in den flammenden Abgrund steigen...«

Doch noch ist das Flammenfanal nicht gefragt, erst wird der Alltag organisiert nach dem Gebot freudiger Unterwürfigkeit. Dorothea sammelt Material für Friedrichs wissenschaftliche Arbeiten, kopiert, erledigt seine Post: »Unser Freund wollte eben weggehen und fing vorher noch ganz kläglich an: Wie soll ich nur morgen früh einen Brief an Schleiermacher auf die Post kriegen? – Muß es denn gerade morgen früh sein? – Freilich, ich kann es nicht länger verschieben. So schreiben Sie gleich hier. – Es ist zu spät; ich habe den Schlüssel nicht. – Nun, so geben Sie mir Ihre Aufträge, und ich schreibe noch diesen Abend. – Wollen Sie das? Nun gut. Schreiben Sie ihm...« Sie bemüht sich bei Bekannten in Paris um Übersetzungsaufträge: »Ging es wohl an, daß Sie mir eine Übersetzung zu machen verschaffen können? Ich habe viel Zeit, wenig Geld und gute Freunde, die mich bei der Arbeit unterstützten und durch deren Hilfe meine Übersetzung gewiß nicht schlecht werden kann. Es müßte aber etwas Neues sein, was eben erst in Paris herauskommt...«

Sie verteidigt Friedrich gegen jede Kritik und gegen Mangel an Respekt, auch innerhalb der Familie. Caroline, die Frau des Bruders Wilhelm, hat es an Ehrerbietung fehlen lassen: »Friedrich begegnet sie aber höchst unwürdig und ist durchaus nicht imstande, ihn zu begreifen, sie ist ganz übermütig gegen ihn; und dies ist der Punkt, worüber ich keinen Scherz verstehe!«

Friedrich – der Meister, der Göttliche.

Der jüngste Sohn einer angesehenen Pastorenfamilie war als Kind schwierig und galt als schwach begabt. Der Vater traute

ihm nicht einmal das Gymnasium zu. Aber plötzlich, wohl angeregt vom Beispiel des älteren Bruders August Wilhelm, wollte er
studieren und brachte sich selbst die erforderlichen Kenntnisse
bei. Nach breitgefächertem Studium in den Geisteswissenschaf-
ten und besonders der Klassischen Philologie verfügte er über ein
umfassendes Literaturwissen und wollte Schriftsteller werden aus
»Sehnsucht nach dem Unendlichen«. Seine Begabung in Bahnen
gelenkt hat die Bekanntschaft mit Caroline, deren überlegenen
Verstand er bewunderte und für deren Einfluß er sich bedankte:
»Was ich bin und sein werde, verdanke ich mir selbst; daß ich es
bin, zum Teil Ihnen.«

Ein unangenehmes Kapitel: die Feindschaft zwischen Dorothea
und Caroline, den Gefährtinnen der beiden Schlegel-Brüder. Die
Familie Wilhelms lebte bereits in Jena, als Friedrich seine Geliebte mitbrachte. Die geschiedene Frau war auf die Freundlich-
keit der Schwägerin angewiesen (»ich habe Carolinen recht viel
zu verdanken, sie war die erste, die mich öffentlich aner-
kannte...«) und fühlte sich ihr nicht nur deshalb unterlegen. Sie
wußte, wie sehr Friedrich die schöne Caroline verehrte, hatte er
ihr doch in der *Lucinde* eine schmeichelhafte Beschreibung gewidmet. In dem Kapitel »Lehrjahre der Männlichkeit« schilderte
er, wie Julius nach manch mißlungener Begegnung mit dem weiblichen Geschlecht eine Frau kennenlernt, »die einzig war und die
seinen Geist zum erstenmal ganz und in der Mitte traf«. Diese
Frau, in deren Wesen »jede Hoheit und Zierlichkeit« der weiblichen Natur liegt, ist aber bereits gebunden, an Julius' besten
Freund, so daß er entsagen muß. Von ihr angeleitet, erkennt er
seine künstlerische Begabung, und es gelingt ihm, nach Überwin-
dung seiner Trägheit, ein guter Maler zu werden.

Die zärtlichen Worte über den Liebreiz der begehrten Freundin
mögen Dorothea eingeschüchtert haben: »Eine geringe Begeben-
heit ward durch ihre Art, sie zu erzählen, so reizend wie ein schönes Märchen. Alles umgab sie mit Gefühl und Witz, sie hatte Sinn
für alles, und alles kam veredelt aus ihrer bildenden Hand und
von ihren süß redenden Lippen.« Caroline durfte im Manuskript
der *Lucinde* Verbesserungen vornehmen und streichen, nach ihren Korrekturen wurde sogar manches Fertige neu gedruckt.

Dorothea näherte sich vorsichtig, räumte demütig ein, daß es
ihr an Geschick und Selbstbewußtsein fehle, machte sich klein neben den Vorzügen der Schwägerin. Was hätte sie ihr auch vor-

werfen können? Caroline führte den Haushalt perfekt, verkö-
stigte mit Hilfe nur einer Köchin zeitweilig fünfzehn bis achtzehn
Personen am Mittagstisch, hielt auf sich, ohne daß man ihr Eitelkeit hätte nachsagen können, kannte kein Konkurrenzverhalten
gegenüber anderen Frauen (»sie freute sich, im Gegenteil, mit jedes fremde Verdienst«), war weder überheblich noch kokett,
»auch daß sie sich so in den Geschäften und im Beruf und in den
Arbeiten ihres Mannes mischt, ist nicht ihre Arroganz, sondern
Wilhelms Schuld…« – hier endlich fand sich ein Ansatz für Dorotheas ohnmächtige Abneigung. Bis zur Selbstaufgabe Friedrich
ergeben, war ihr unerträglich, daß sich Caroline als gleichberechtigte Partnerin Wilhelms verstand. Die unsentimentale Sachlich-
keit Carolines empfand sie als »Kieselhärte«, deren innere Unabhängigkeit als Bedrohung. Sie selbst, aufgewachsen mit dem
Makel der Außenseiterin, hatte sich als alternde Frau (mit 34 Jahren!) aus der Ehe gelöst, damit jede gesellschaftliche Stabilität
aufgegeben und sich dem neuen Lebensgefährten auf Gedeih und
Verderb ausgeliefert. Als wäre damit alle Rebellionsenergie restlos aufgebraucht, beschloß sie den Rückzug in Unscheinbarkeit
und Pflichteifer. Sie sühnte den einzigen kühnen Schritt ihres Lebens mit freudiger Duldung aller Last, die sie sich damit aufgela-
den hatte. Die Selbstsicherheit der Schwägerin, die niemandem,
auch dem eigenen Mann nicht, dienen wollte und dennoch
rundum Wertschätzung genoß, schien wie eine ständige Kritik an
ihrem Entwurf liebender Unterordnung.

Caroline hatte schon als Mädchen einen eigenwilligen Kopf.
Als Tochter des berühmten Professor Michaelis in Göttingen
wuchs sie in einem der ersten Häuser der Stadt auf, rundum privi-
legiert. Der Vater war ein brillanter, auf Wirkung bedachter
Mann mit ausgeprägt patriarchalischem Verhalten, die Mutter,
diskret in seinem Schatten, erschöpft von der Geburt von neun
Kindern, von denen nur vier am Leben blieben, als Vorbild ungeeignet. Schon die Fünfzehnjährige zeigte die später für sie charak-
teristische Fähigkeit zur Selbstanalyse: »Glaub es nur, ich bin
keine Schwärmerin, keine Enthusiastin, meine Gedanken sind
das Resultat meiner, wenn's möglich ist, bei kaltem Blut ange-
stellten Überlegung.« Ihr Kommentar zu ihrer ersten Liebe: »Ich
bin nicht so romanhaft gesinnt, daß ich dächte, L. oder keinen,
und da ich das nicht bin, so würde ich schlecht zu handeln glauben, wenn ich weiter ginge.« Sie nimmt sich vor, nicht zu frei zu

denken, erst recht nicht zu reden und einen »sanften weiblichen Charakter« zu entwickeln, denn: »Man schätzt ein Frauenzimmer nur nach dem, was sie als Frauenzimmer ist«. Leicht beunruhigt aber stellt sie an sich selbst als »Folge einer kleinen Sonderbarkeit« fest: »Ich würde, wenn ich ganz mein eigener Herr wäre, und außerdem in einer anständigen und angenehmen Lage leben könnte, weit lieber gar nicht heiraten und auf andere Art der Welt zu nutzen suchen…« Davon kann nun keine Rede sein, und so heiratet sie den Nachbarssohn, einen Arzt. Nach vier äußerst langweiligen Ehejahren stirbt der Ehemann, und Caroline, die von ihren drei Kindern bereits zwei verloren hat, kehrt zurück zu ihrer Familie. Ein günstiges Heiratsangebot schlägt sie zum Ärger der Freunde und Verwandten aus, sie hat sich bei der Alternative »willst du gebunden sein und gemächlich leben und in weltlichem Ansehn stehen bis ans Ende deiner Tage – oder frei, müßtest du es auch mit Sorgen erkaufen« für das Risiko entschieden.

Sie kennt auch schon August Wilhelm Schlegel, der in Göttingen studiert hat. Aber kein Gedanke an eine Liebesbeziehung: »Schlegel und ich! ich lache, indem ich schreibe! Nein, das ist sicher – aus uns wird nichts.« Sie zieht mit ihrer Tochter nach Mainz, erhofft sich einen interessanten Kreis um das befreundete Ehepaar Therese und Georg Forster, wird aber in die heillose Misere dieser Ehe hineingezogen und bleibt bei Forster, als dessen Frau ihn mit einem anderen Mann, Ludwig Huber, verläßt. Dadurch gerät sie in den Klatsch all jener, die sich über das Debakel ereifern, und wird politisch anrüchig, als sich Forster nachdrücklich für die Ideen der Französischen Revolution einsetzt und dabei mitwirkt, in dem von den Franzosen besetzten Mainz die erste Republik auf deutschem Boden zu etablieren.

Caroline begeistert sich zwar für das Gedankengut der Revolution, weil es ihrem Sinn für Gerechtigkeit entspricht, beteiligt sich aber an keiner politischen Aktion. Sie will zurück nach Göttingen, doch preußische Vorposten verhaften sie während der Fahrt, weil man sie wegen ihres Umgangs mit Forster für gefährlich hält. In der Gefangenschaft erlebt sie ihre schlimmste Zeit: sie erwartet ein Kind – von einem französischen Offizier. Bei ihrer Freilassung ist ihr Wilhelm Schlegel behilflich, einen Unterschlupf zu finden, wo sie das Kind zur Welt bringt, in der Nähe von Leipzig. Da er nicht selbst in ihrer Nähe bleiben kann, sondern zurück muß nach Amsterdam, wo er als Hofmeister angestellt ist, übergibt er sie der Obhut seines jüngeren Bruders, der in Leipzig studiert. Drei Monate bleibt sie bei ihrem »Kind der Glut und Nacht«, dann muß sie sich darum kümmern, irgendwo eine solide Existenz aufzubauen. Nirgends ist sie gelitten. In Gotha werden die Freunde, die sie aufnehmen, gesellschaftlich geächtet (»Man hält mich für ein verworfenes Geschöpf«), in Göttingen erhält sie Aufenthaltsverbot – in diesem Jahr 1794 wird sie allenthalben mit der Schreckensherrschaft in Frankreich identifiziert, obwohl sie sich dagegen verwahrt: »Das rote Jakobiner-Käppchen, das Sie mir aufsetzen, werf ich Ihnen an den Kopf.« Schließlich zieht sie nach Braunschweig, wo ihre verwitwete Mutter wohnt, kommt allmählich zur Ruhe und erfährt, daß ihr Sohn mit siebzehn Monaten gestorben ist.

1795 läßt sich auch Wilhelm Schlegel in Braunschweig nieder. Gegen ihr Gefühl gibt sie dem Drängen der Mutter nach, ihn zu heiraten. »Schlegel hätte immer nur mein Freund sein sollen, wie er es sein Leben hindurch so redlich, oft so sehr edel gewesen ist«, schreibt sie später. »Es ist zu entschuldigen, daß ich nicht standhafter in dieser Überzeugung war und die Ängstlichkeit andrer, dann auch der Wunsch, mir und meinem Kinde in meiner damaligen zerrütteten Lage einen Beschützer zu geben, mich überredeten...« Die Hochzeit findet am 1. Juli 1796 statt.

August Wilhelm Schlegel fiel bereits als Student durch seine außerordentliche Begabung in Klassischer Philologie und für moderne Fremdsprachen auf. Während seiner Tätigkeit als Hauslehrer in Amsterdam verfertigte er literaturkritische Aufsätze und schickte sie an Schiller. Schiller veröffentlichte diese Arbeiten in seiner Zeitschrift, den »Horen«, und ermutigte ihn zu weiteren Beiträgen. Schließlich schlug er ihm vor, als sein Mitarbeiter nach Jena zu kommen.

Schlegel nimmt an. Als freier Schriftsteller schreibt er Rezensionen für die »Allgemeine Literaturzeitung« (in weniger als vier Jahren über dreihundert), Übersetzungen von Werken Dantes, Calderons und Shakespeares, zwischen 1795 und 1801 sechzehn Dramen. Es geht ihm darum, nach den vorliegenden Prosaübersetzungen, die Dramen »treu und zugleich poetisch nachzubilden«. Er wagt »eine poetische Übersetzung, welche keinen von den charakteristischen Unterschieden der Form auslöschte und seine Schönheiten, soviel möglich, bewahrte, ohne die Anmaßung, ihm jemals andre zu leihen; welche auch die mißfallenden

Eigenheiten seines Stils, was oft nicht weniger Mühe machen dürfte, mit übertrüge…«

Caroline hilft mit und ist anderer Ansicht. Sie will durchaus verbessernd eingreifen, wenn ihr ein Wort, ein Ausdruck im Original mißfällt. So verabscheut sie beispielsweise die Szene in *Romeo und Julia*, in der die Eltern Capulet ihr Kind beschimpfen, weil es sich ihren Heiratsplänen verweigert. »Das muß ich sagen, alle Schimpfwörter des Vaters sind mir nicht so anstößig als der Mutter Wort: I would the fool where married to her grave. – So was übersetzt ich nun gern weg. Ist es nur ein pöbelhaft gedankenloser Ausdruck – warum sollte mans nicht tun dürfen?«

Da sie Wilhelms Texte abschreibt und da er manchmal mehrere Formulierungen zur Auswahl stehenläßt, entscheidet sie, was schließlich gedruckt wird. Das hat ihr den Vorwurf der Nachwelt eingebracht, Wilhelms Leistung leichtfertig verfälscht zu haben.

Sie hat auch schriftliche Analysen der Stücke angefertigt, als Vorstudie gewissermaßen, um mit ihrem Mann tieferes Verständnis zu gewinnen, bevor die Übersetzungsarbeit begann. Keineswegs war sie nur seine Schreibkraft. »Wir sind fleißig und sehr glücklich. Seit Anfang des Jahres [1799] komme ich wenig von Wilhelms Zimmer. Ich übersetze das zweite Stück Shakespeare, Jamben, Prosa, mitunter Reime sogar.«

»Fleißig und sehr glücklich« – damit ist genau das Lebensgefühl der jungen Leute getroffen, die zwischen 1796 und 1800 in Jena den Kreis der später so genannten Frühromantiker bilden: die Brüder Schlegel mit ihren Frauen, dazu Tieck, Novalis, Schelling… Auf Anregung Friedrichs wird eine eigene Literaturzeitschrift herausgegeben, das »Athenäum«, ein Forum für romantische Theorie, romantischen Witz und auch universale Bosheit. Schiller, der den Kontakt zum Schlegelkreis abgebrochen hat, reagiert verärgert, Goethe wohlwollend, Wieland empört, und Ludwig Huber, der mit Forsters ehemaliger Frau Therese verheiratet ist, schreibt eine vernichtende Kritik.

In zwei Briefen weist Caroline ihn zurecht und tritt damit, höchst ungewöhnlich, aus ihrem privaten Rahmen in eine öffentliche Debatte ein. Diese, auch ihrer Meinung nach unweibliche Rolle übernimmt sie, weil beide Brüder Schlegel bei Erhalt der Post verreist sind. Sie verteidigt die überlegene Kompetenz ihres Mannes und die charakterliche Integrität ihres Schwagers gegen die gehässigen Vorwürfe des Kritikers, sie entlarvt mit spitzen Worten die angebliche Objektivität Hubers und erinnert ihn daran, daß sie aus der Zeit in Mainz noch sehr genau weiß, wie ihm alle Kenntnisse fehlen, die zur Beurteilung der Beiträge nötig wären. Für seine vorweggenommene Rechtfertigung, er habe seine Wissensdefizite durch Charakterstärke ausgeglichen, hat sie nur Spott: »Es ist bloß, daß Sie ein wenig ungeschickt in der Qualität einer rächenden Gottheit dazwischen getreten sind und sich nicht einbilden können, daß andre, die sich gar nicht auf ihren Charakter berufen, auch einen haben, mit dem es keineswegs zu spaßen ist.« Sie gibt zwar zu, daß sie einige Frechheiten über literarische Prominenz lieber nicht gedruckt gesehen hätte (»Ich habe zuletzt der männlichen Gewalt nachgegeben, ich habe geschwiegen... im Glauben, daß aller unsrer Vernunft zum Trotz die Männer dieses doch besser verstehen«), aber im Kampf gegen »die Plattheit, die Nullität, die Unpoesie« müßten klare Positionen bezogen werden. »Verfolgt man die Sache, so geht es dann auch gegen die Person. Ist nicht Wielands Poesie Wielands Person? Es ist nur törichte Weisheit, beide hinterher noch trennen zu wollen.«

Mit diesen beiden Briefen hat sich Caroline erbitterte Feinde gemacht, die Schärfe ihrer Argumentation, ihre bravouröse Beherrschung rhetorischer Mittel werden an einer Frau als teuflisch verpönt, nicht umsonst hat der Freundeskreis um Schiller den Namen »Madame Luzifer« für sie geprägt.

Friedrich allerdings würde sich nur zu gerne für die Zeitschrift Carolines Begabungen zunutze machen und bittet sie um ihre Mitarbeit. Sie lehnt ab. Auch Wilhelm meint: »Die Frauen, Dorothea und Caroline, können im Fach der Romane und Schauspiele gewiß viel Hübsches geben, nur muß man sie freilich ein wenig treiben.« Die Bemühungen bleiben ohne Erfolg, diese Frauen, die brillante Briefe und fallweise Rezensionen verfassen, sind so in der traditionellen Vorstellung von angemessenem weiblichen Verhalten verwurzelt, daß sie sich weigern, sich namentlich als Autorinnen zu präsentieren – vielleicht die einzige Gemeinsamkeit zwischen ihnen, bevor das Verhältnis in offene Feindschaft umschlägt.

Die lange mühsam unterdrückte Abneigung Dorotheas ist in ihren Briefen an Freunde in Berlin unverhohlenem Haß gewichen. »Die Schlegeln ist seit sechs Wochen bettlägrig krank, erst gefährlich und dann langweilig. Diese Fatalität behindert alles Gute, sogar meine Arbeiten, denn ich muß viel bei ihr sein und auch mein Zimmer wird dadurch nicht genug respektiert.« Sie schreibt gerade am *Florentin* und bemüht sich halbherzig um die Fassade der Eintracht. Das Zauberwort für die gemeinsame Arbeit am »Athenäum« war Verbrüderung gewesen, Symphilosophie, Sympoesie – »mehrere sich gegenseitig ergänzende Naturen« schaffen gemeinschaftliche Werke. Noch vor wenigen Wochen hatte Dorothea gejubelt: »Ein solches Konzert von Witz und Poesie und Kunst und Wissenschaft, wie mich hier umgibt, kann einem die ganze übrige Welt, und besonders das, was die übrige Welt Freuden nennt, vergessen machen.«

Was ist geschehen, daß sie sich nicht mehr verstellen muß? Ihre Wut über die eigene Unterlegenheit kann sich als heuchlerisches Mitgefühl Bahn brechen, als Solidarität mit Wilhelm: Caroline liebt den Philosophieprofessor Schelling, zwölf Jahre jünger als sie, also 25 Jahre alt. Doch Wilhelm nimmt die neue Situation gelassen, bislang hat nur er vom Toleranzkonzept dieser Ehe großzügig Gebrauch gemacht, von Caroline mit gutmütigem Spott kommentiert. Er schätzt seine Frau, gönnt ihr das neue Glück. Bruder Friedrich kann sich vor Abscheu über das Verhalten der Eheleute nicht fassen, versucht Wilhelm aufzuhetzen und wird ärgerlich gebeten, sich nicht einzumischen. Aber das Harmoniemodell der romantischen Vereinigung ist am Ende, die Gruppe zerbricht.

Auf einer Reise mit ihrer Mutter und Schelling stirbt Carolines über alles geliebte Tochter Auguste, und Caroline will zunächst nicht nach Jena zurückkommen. Fassungslos über den Tod des Mädchens geht Wilhelm Schlegel nach Berlin. Novalis stirbt. Friedrich und Dorothea ziehen nach Paris, Tieck begibt sich auf Reisen.

Caroline sieht im Tod der Tochter die Strafe für ihre unerlaubte Liebe und versagt sich Schelling. Der Kontakt zwischen ihr und Wilhelm wird dennoch immer brüchiger, aufrechterhalten nur durch Carolines suggestive Beteuerungen: »Liebster Wilhelm, ich muß wahrhaftig immer wissen, wie es Dir geht, sonst hab ich keine Ruhe.« Gegenüber seiner Geliebten stellt Wilhelm fest: »Sie macht gar keine Ansprüche an mich, begleitet aber jede meiner Tätigkeiten und mein ganzes Leben mit reger Teilnahme.« Aber nur mehr aus der Ferne. Am 17. Mai 1803 wird das Paar geschieden.

Caroline entschließt sich doch zur Ehe mit Schelling und verhält sich ab diesem Zeitpunkt ähnlich wie Dorothea: ganz hingebungsvolle Gattin. Mitarbeiterin kann sie Schelling nicht sein, sie weiß von sich, daß ihr jede »Kenntnis des philosophischen oder metaphysischen Wortgebrauchs« fehlt, daß ihr nicht einmal »die Bedürfnisse des spekulierenden Geistes« vertraut sind. So stellt sie ihre Fertigkeiten zur Verfügung: »Schick mir ein Stückchen hesiodische Übersetzung; ich will sehn, ob Du zugenommen hast im antiken Silbenmaß, so viel Kennerschaft wird mir Wilhelm doch mitgeteilt haben.« Doch Schelling hat wenig Ehrgeiz zu dichten, braucht also ihre Anleitungen nicht. Es gelingt ihm aber, sie dazu zu bewegen, mit ihm zusammen und sogar allein Rezensionen für die »Neue Jenaer Literaturzeitschrift« zu verfassen. Bereitwillig akzeptiert sie seine Kritik an ihrem Stil: »...und ich mußte selbst darüber lachen, welch ein weibliches Ansehen er hatte. Wir nahmen unter vielem Scherz noch eine und die andere allzu zarte Spur der zarten Hände heraus.« Aber gerade dieses neckische Zirpen ist sonst Carolines Sache nicht. Ihre Sprache ist so schneidend präzise, ihre Satzbögen landen so treffsicher bei dem sinngebenden Wort, die Urteile verzichten auf jede milde Schonung, daß sich Dorothea nur empört ducken kann (»Sie wollen Caroline S. nicht für hart erkennen? Darin haben Sie nun geirrt, und hätten Sie auch sonst niemals geirrt. Hart, hart wie Stein, wir beide, Sie und ich, meine Liebe, wir sind samtweich gegen Caroline!«).

Aber vielleicht gehörte es zum ehelichen Liebesspiel, daß sich Schelling als Schöpfer ihres Stils verstehen durfte. Von sanfter Weiblichkeit jedenfalls ist wenig zu merken, wenn sie sich mit einem neuen Musenalmanach auseinandersetzt, dessen süßliche Verlogenheit sie anprangert wie insgesamt »die Sentimentalität unserer Tage« gegenüber der lyrischen Empfindsamkeit der Werther-Epoche. »Dennoch kann man nicht leugnen, daß sich manches aufdrängt, als ob es etwas wäre. Das aber bringt gerade den treuen Freund der Poesie zur Verzweiflung, weil es dann doch Nichts ist, indem allenthalben die Tiefe und der Untergrund fehlt, worüber sich nur derjenige lange täuschen kann, der selbst flach ist.« Doch abgesehen von solchen Ausnahmen beschränkt sie sich nach wie vor auf privates Schreiben, ihre Briefe sind Zeugnis ihrer ausgeprägten Beobachtungsgabe, ihres Gespürs für anekdotische Pointen, der Eleganz ihrer knappen Urteile. Viele Jahre nach ihrem Tod bekennt Wilhelm Schlegel im Vorwort seiner Kritischen Schriften, nicht alle Aufsätze seien ganz von ihm, »sondern zum Teil von der Hand einer geistreichen Frau, welche alle Talente besaß, um als Schriftstellerin zu glänzen, deren Ehrgeiz aber nicht darauf gerichtet war«.

Wilhelm Schlegel hatte sich 1804 Hals über Kopf in die Verbindung mit einer anderen geistreichen Frau gestürzt: Madame de Staël verpflichtete ihn als Erzieher ihrer Kinder, sicherte ihm aber ausdrücklich Zeit und Gelegenheit für seine eigene wissenschaftliche Forschung zu. Er erhoffte sich von dieser Verabredung mehr als nur intellektuelle Partnerschaft. Obwohl Germaine de Staël ihn nie mit ihrer leicht entflammbaren Verliebtheit beglückte, blieb er bis zu ihrem Tod 1817 an ihrer Seite. Sie wollte ihn, dessen eminente Bildung sie schätzte, als besonderes Juwel ihrem Hofstaat einverleiben, aber ganz ohne Widerstand ließ er sich denn doch nicht zum Trabanten degradieren, und sie staunte, daß er seine »Außerordentlichkeit so stark betonen zu müssen glaubt«. Es fiel ihm schwer, von der Dominanz der anstrengenden Brotgeberin Abstand zu gewinnen. Sie behandelte ihn ungeduldig, spielte ihre wechselnden Favoriten gegen ihn aus und maßte sich das Urteil einer letzten Instanz in Diskussionen über seine Fachgebiete an. Zu diesen Kränkungen kam, daß ihm inmitten des ständigen Besucherstroms und der Hektik der Tagesabläufe ruhiges, kontinuierliches Arbeiten fast unmöglich war. Nach etwa einem Jahr klagte er: »Gewiß fühle ich mich oft sehr vereinsamt, da ich mein Vaterland und alle meine Freunde verlassen hatte und nun inmitten von Zerstreuungen, an die ich nicht gewöhnt war, nicht einmal für meine Arbeiten, die mir sehr am Herzen lagen, die nötige Zeit fand. Oft verbrachte ich meine Tage in einer sozusagen lärmenden Einsamkeit.« Völlig überraschend formulierte er am 18. Oktober 1805 als »Sklave« eine Unterwerfungserklärung: »Hiermit erkläre ich, daß Sie jedes Recht auf mich haben und ich keines auf Sie. Verfügen Sie über meine Person und mein Leben, befehlen und verbieten Sie – ich werde in allen Stücken gehorchen.«

Er gelobt, auf eigenen Ruhm zu verzichten und alle seine Kenntnisse und Fähigkeiten ihr zu widmen. Rätselhaft. Erst nach Jahren wird er es schaffen, sich ihre Einmischung in sein Privatleben zu verbitten. Bis dahin steht er ganz zu ihrer Verfügung, übernimmt sogar die peinliche Aufgabe, zwischen ihr und ihrem Lebensgefährten, Benjamin Constant, der sich einer anderen Frau zugewandt hat, zu vermitteln. Symmetrie zwischen ihm – schließlich nur ein großzügig entlohnter Angestellter – und ihr besteht nur auf der Ebene schriftstellerischer Projekte, da sind sie einander unentbehrlich. Geplante Werke werden gemeinsam erörtert, Zwischenergebnisse gegenseitig präsentiert, Fertiggestelltes bedarf der Zustimmung des anderen, bevor es veröffentlicht wird. Schlegel hält die Bibliothek Schloß Coppets auf neuestem Stand, sorgt dabei für den Kauf von Fachliteratur für seine Studien. Im Gegenzug korrigiert er die Druckfahnen ihrer Werke und schmuggelt sogar unter Gefahr für sich selbst ein Manuskript ihres von Napoleon verbotenen Deutschlandbuchs ins Ausland. Er wiederum bedient sich ihrer Berühmtheit bei der Verbreitung seiner Werke in den europäischen Ländern. Sie öffnet ihm den Weg in die große Gesellschaft, in Wien arrangiert sie den exklusivsten Rahmen für seine Vorlesung »Über dramatische Kunst und Literatur«, an den Höfen von Kaisern und Königen ist er an ihrer Seite. Außerdem kann er mit seinen Kontakten und mit Geld seinen Bruder Friedrich unterstützen, der sich immer mit Existenznöten herumschlägt. Als seine Gönnerin und Freundin stirbt, ist Wilhelm Schlegel der Verwalter ihres literarischen Nachlasses. Die Ehe mit Caroline und die Vertrautheit mit Germaine de Staël haben seine Schaffenskraft beflügelt und vertieft. Ohne diese beiden Frauen gerät er, nach einem grotesk gescheiterten Eheversuch, zunehmend in die Isolation, die seinem Wesen entsprach.

Als 1807 Germaine de Staëls Roman *Corinne* mit spektakulärem Erfolg veröffentlicht wurde, verschaffte Wilhelm seinem Bruder den Auftrag zur Übersetzung ins Deutsche. Dorothea schaltete sich ein: »Glauben Sie, daß ihm diese Arbeit wohl gelingen will? Daß er auch dazu Zeit finden wird? Sind Sie denn nicht zufrieden mit meinen Übersetzungen; ich dächte doch, Sie könnten mir diese Arbeit überlassen.« Tatsächlich führte sie die Arbeit durch, aber sie erschien unter dem Namen Friedrichs. Ihr war es recht, sah sie doch ihre Aufgabe nur darin: »ihm Ruhe schaffen und selbst in Demut als Handwerkerin Brot schaffen, bis er es kann«. Wann aber würde dies endlich sein? Sie wurde nie ungeduldig und stellte selbstverständlich jeden Wunsch nach eigenschöpferischem Schreiben zurück.

Geradezu entrüstet wies sie das Ansinnen von sich, den *Floren-*

tin, der ja Fragment geblieben war, fortzusetzen. »Solche Bücher, wie ich sie schreiben kann, sollten in einer so geheimnisreichen, ahndungsvollen und vorbereitenden Zeit als die unsrige gar nicht geschrieben werden dürfen; die Menschen müßten eigentlich jetzt gar keine Zeit haben, dergleichen zu lesen.« Abgesehen von diesen grundsätzlichen Einwänden fehle ihr »Genie« dazu, »jene ganze Wärme ist wie zerstiebt«. Längst vorbei waren die Zeiten, als sie darüber gejubelt hatte, daß es ihr gelungen war, nach italienischem Vorbild Stanzen zu dichten, die sogar Wilhelms Lob fanden: »Dieser mein Ruhm ward natürlich nachgeeifert, so entstanden Schelling seine Stanzen, und nun gar der heilige Friedrich! der mit seinem Glanz uns so verdunkelt, daß wir uns schämen, auf derselben Bahn mit ihm zu treten. Eben darum will ich es mir aber nicht nehmen lassen, daß ich die erste war, die es wagte...«

Die eigene Kraft im Dienst einer fremden Sache, da ist sie in ihrem Element und sich ihrer Leistung auch bewußt. »Ich bilde mir mehr auf diese Bearbeitungen der alten Romane ein als auf alles, was ich selber hervorzubringen imstande sein dürfte; und ohne große Eitelkeit darf ich mich wohl rühmen, auch einiges Verdienst darum zu haben«, sagt sie über ihre Fassung der *Geschichte des Zauberers Merlin*, die sie nach alten Quellen und Vorlagen erstellt hat – keine Übersetzung also, sondern eine inspirierte Nachdichtung aus dem Geist der Romantik. Und Friedrich verwahrt sich energisch gegen das böse Wort Wilhelms von der »Übersetzerfabrik« und verteidigt die Qualität von Dorotheas Arbeit. Zwar läßt er sie oft allein, denkt z. B. nicht im Traum daran, dafür zu sorgen, daß sie mit ihm eingeladen würde, einige Zeit auf dem Schloß der Madame de Staël zu verbringen, wo er es sich als ihr deutscher Übersetzer wohlergehen läßt, aber er würdigt es immerhin, wie klaglos sie alle Entbehrungen erträgt, die er ihr zumutet. Sie fühlt sich nicht nur zuständig für den Broterwerb und die Zuliefertätigkeiten für seine Studien, sondern auch für alle niederen Dienste im Sinne seiner Behaglichkeit. »...da er fast ohne Aufwartung da war [in Wien] und um 8 Uhr noch nicht eingeheizt, war das ja gar keine Sache für einen Mann, der arbeiten soll«, kommentiert seine Schwester. »Jetzt hat er eine warme Stube früh um 6 Uhr, die Frau besorgt ihm in der Frühe sein Frühstück, ein nicht zu berechnender Gewinn für seine Arbeiten.«

Was wäre Dorothea nicht bereit, für ihn zu opfern? Sie dankt es ihm lebenslänglich, daß er sie mit seiner Liebe ausgezeichnet und so »vom Abgrund des Verderbens zurückgerissen« hatte. Teilnehmend an seinem großen Geist duldet sie lieber jede Mühsal an seiner Seite als die vormals stumpfe Annehmlichkeit ihrer Ehe. »Wenn ich wirklich etwas wert bin, so bin ich es durch ihn.«

Sie folgt ihm bei allen seinen Entscheidungen – auch bei seiner Konversion zum Katholizismus, nachdem sie seinetwegen bereits Protestantin geworden war. Sie bleibt seine Beraterin und Verbündete in unangefochtener Treue. Als Friedrich sie das letztemal vor seinem Tod in einem Brief erwähnt, heißt es: »Der guten Dorothea geht es wohl und sie schreibt fleißig ab an meinen Vorlesungen...«

Das Ehepaar Huber

»Ich besuchte Huber; seine Frau ist viel geistvoller als er«, notiert Benjamin Constant am 8. Mai 1804 in sein Tagebuch. Caroline Schlegel hatte bereits 1799 unverblümt ausgesprochen, was sie von Hubers Geistesgaben hielt. In der »Allgemeinen Literatur Zeitung« hat er das »Athenäum« kritisiert und bekommt zu hören: »In jener Zeitschrift (…) ist von Philosophie, Kunst, sowohl bildender als Kunst überhaupt und dem Altertum die Rede. Sie wissen viel besser, als ich es Ihnen sagen könnte, daß Sie dieses alles nur sehr oberflächlich kennen, Philosophie ganz und gar nicht, die Kunst sehr verworren…« Ein kleiner Geist also, der sich reichlich unbescheiden gebärdet?

Ludwig Ferdinand Huber hat einen Namen als Verfasser erfolgreicher Erzählungen und Romane, darunter besonders *Die Familie Seldorf*. Dies ist die Geschichte einer Frau, die einem Adligen, von dem sie ein Kind erwartet, nach Paris folgt. Sie muß entdecken, daß er bereits verheiratet ist und daß er gegen die Revolution auf der Seite der Royalisten kämpft. Sein Verrat an ihr entspricht seinem Verrat an den Zielen der Revolution. Sara schließt sich in Männerkleidung der Revolutionsarmee an. Für den rundum als etwas einfältig beschriebenen Huber ein grandioser Wurf. Nur: keine Zeile stammt von ihm. Seit 1793 veröffentlicht seine Frau Therese unter seinem Namen, davor hat sie mit ihm gemeinsam Übersetzungen angefertigt und Rezensionen verfaßt, erst 1811 wagt sie sich mit dem Bekenntnis, die Autorin all dieser Schriften zu sein, an die Öffentlichkeit. Nach dem Tod ihres Mannes 1804 hat sie alles Eigene veröffentlicht als Texte aus seinem Nachlaß. Sie selbst ist dezidiert der Meinung, daß es unschicklich sei, als schreibende Frau von sich reden zu machen, und ist Huber dankbar, daß er sie gegen die Vorwürfe ihres strengen Vaters in Schutz nimmt: Keinen »lächerlichen, unweiblichen Drang« möge der Schwiegervater in ihrem Schreiben vermuten, »was sie nur treibt, weil es sich, von mir überarbeitet und aufgestutzt, sehr einträglich gefunden hat, weil ich um Beiträge angegangen werde, die ich selbst ganz zu liefern weder Muße noch Stimmung habe – (…) ihr das zum Verbrechen oder zum literarischen Ruhm anzurechnen, wäre wirklich gleich barbarisch.« Die

Eheleute lieben einander, mit diesen Sätzen ist keinerlei Demüti-
gung für Therese verbunden; sie sind sich einig, Ehrgeiz würde
das Bild holder, häuslicher Weiblichkeit beeinträchtigen.

Ihre Ehe ist erst nach erheblichen Schwierigkeiten zustande gekommen. Huber hatte 1788 in Mainz die mit Georg Forster verheiratete Therese kennengelernt und war zunächst durch die
Freundschaft des berühmten Forster geschmeichelt, der als sehr
junger Mann an der zweiten Weltumsegelung des James Cook
teilgenommen und sie beschrieben hatte. Therese litt in dieser
Ehe. Professorentochter aus Göttingen, war sie mit Caroline (damals noch Michaelis) eine der umschwärmten »Universitäts-
mamsellen«, keineswegs systematisch gebildet, aber doch privile-
giert mit ihrem Wissen, das sie sich nebenbei aus der Bibliothek
des Vaters und den Gesprächen der gelehrten Gäste des Hauses
aneignete. Forster, dem eine Professur in Wilna angeboten
wurde, machte Therese einen Heiratsantrag, und sie nahm an
nach wenigen Treffen, die immer in Gesellschaft stattfanden. Sie
schätzte den angesehenen Bewerber und wollte nicht hinter den
bereits verehelichten Freundinnen zurückstehen. »Ich heiratete
ohne Liebe, aber voll Schwärmerei«, sagt sie später und bekennt,
wie widerwärtig sie den körperlichen Vollzug der Ehe empfunden
hatte: »Ich weinte in seinen Armen und fluchte der Natur, die
diese Qual zur Wollust geschaffen hatte – endlich gewöhnte ich
mich daran.« In den jungen Huber, der in Mainz in ihr Haus
kam, verliebte sie sich sofort. Forster wollte sich als tolerant erweisen, auch seine Frau nicht verlieren, und schlug einen Liebes-
bund zu dritt vor, der sie ihm noch mehr entfremdete. Von
zweien ihrer Kinder ist nicht mit Sicherheit der Vater zu nennen.

Die entscheidende Zäsur in diese privaten Verstrickungen
brachte die Französische Revolution. In Mainz wurde unter fran-
zösischem Schutz die erste Republik auf deutschem Boden errichtet, begeistert begrüßt von den Forsters. Als die preußischen
Truppen näherrückten, flüchtete Therese mit ihren Kindern –
und mit Huber – nach Straßburg, weiter nach Neuchâtel, wo sie
einige Jahre leben sollten. Forster blieb zunächst in Mainz – Caroline führte ihm den Haushalt – und ging dann nach Paris. Seine
Familie sah er nur noch ein einziges Mal wieder. Er starb 1794 in
Paris.

Einen Monat später heirateten Therese und Huber. Dieser verdiente mühsam den Lebensunterhalt als Schriftsteller, Übersetzer

und Literaturkritiker, bis er von Cotta als Redakteur der »Allgemeinen Literatur Zeitung« berufen wurde. Die Familie siedelte
nach Tübingen über, dann nach Stuttgart, schließlich nach Ulm.
Therese bewältigte die Umzüge, die Geburt von zehn Kindern,
von denen nur vier überlebten, und verzweifelte, weil Huber
noch mehr Kinder wollte (»Ach überhaupt, liebe Mariette, ich
bin eine arme Maschine! Wenn mich Gott doch vor Schwanger-
sein bewahrt!«).

Für ihre schriftstellerische Arbeit neben den Haushaltspflich-
ten meinte sie sich noch entschuldigen zu müssen: »Weiblicher
ging wohl nie ein Weib von der ihrem Geschlecht vorgeschriebe-
nen und es allein beglückenden Bahn ab, als ich. Ich schrieb um
meinem Mann die Mittel zu erleichtern, Weib und Kind zu ernähren, und nie erfuhr es bis zu Hubers Tod ein Mensch, daß ich
die Feder ansetzte!« Sie verdiente die Hälfte ihres Einkommens,
»mit dem Kinde an der Brust, neben der Wiege und in den Nacht-
stunden wo alles schlief«. Als ihr Mann starb, zweifelte sie daran,
weiterschreiben zu können, »denn mir ward das Vollenden uner-
reichbar schwer«. Wenige Wochen vor seinem Tod hatte sie beteuert: »ich könnte ohne ihn nicht schreiben.« Und so war sie es
gewohnt: »Ich schmiere das Papier voll, Huber bringt es ins
Reine, drückt aus was ich nur andeute, schneidet ab wo mein
Herz überfloß –« Sie schaffte es auch alleine. Ab 1807 schrieb sie
Beiträge für Cottas »Morgenblatt für gebildete Stände«, wurde
dann Redakteurin und leitete schließlich das Blatt in eigener Verantwortung. Auf ihre Gründlichkeit und Sorgfalt beim Redigie-
ren war sie stolz, machte sich aber damit auch Feinde. Obwohl
sie allgemein anerkannt war und die Auflage des Blattes erhöht
hatte, manipulierte der Verleger Cotta sie aus der Leitung.

Therese Huber, beruflich völlig autonom, war eine konservative Frau. Geradezu störrisch beharrte sie auf dem Wert traditionellen Frauenverhaltens; die Demutsfloskeln, mit denen sie ihre
von der weiblichen Norm abweichende Berufstätigkeit ver-
brämte, wiederholte sie jahrzehntelang ohne die geringste Revi-
sion ihres Standpunktes. Als Vierzigjährige berichtet sie in einem
autobiografischen Fragment von ihrer Herkunft und Jugend,
dabei verurteilt sie gnadenlos ihre Mutter, weil diese einen Liebhaber hatte. »Welch bittern Verdruß dieses niedere Verhältnis
meinem Vater und welch frühe Galle es mir gemacht, ist unglaub-
lich.« Dieser Liebhaber, »häßlich, plump, unwissend in allem au-

ßer Musik«, war immerhin Musikdirektor in Göttingen, und die Mutter, die Therese wegen deren »hohen« Alter besonders lächerlich findet, ist mit 45 Jahren gestorben, die Affäre begann fast sieben Jahre davor. Als Frau bringt Therese keinerlei Verständnis für die Mutter auf, begründet ihre Abneigung auch mit der Unfähigkeit ihrer Mutter als Hausfrau, dem Schmutz und der Unordnung als Ergebnis von deren Leichtfertigkeit. Nun hat auch Therese ihren Mann betrogen, jahrelang und vor aller Welt. Wie mußte sie darauf bestehen, daß sie alle weiblichen Tugenden perfekt beherrschte, um die eine fehlende, eheliche Treue, auszugleichen! Nun verletzte sie ihr rigides Konzept weiblicher Pflichten nicht nur durch ihren Ehebruch, sondern auch noch mit ihrem Berufserfolg. Dabei wurde sie nicht müde zu beteuern, wie sich weibliches Glück nur in den »einfachen häuslichen Geschäften« – Küche, Haushalt, Nähen und Kinderunterricht – finden lasse: »indem ich diese übe, fühle ich, daß mein Leben nicht unnütz ist«.

Der Zwiespalt zwischen ihrer Weiblichkeitsideologie und ihrer Tüchtigkeit kennzeichnet auch den Nachruf, mit dem sie das »Morgenblatt« würdigte: von ihrem »wirklich männlichen Geist« und ihrer »fast männlichen Besonnenheit« ist da die Rede – darauf wäre sie wohl kaum stolz gewesen.

Fest an dich gebannt,
in dich verloren…

Sophie Mereau und
Clemens Brentano

Im Jahr 1800 verläßt Sophie Mereau ihren Ehemann, gibt ihre Sicherheit in den vertrauten gesellschaftlichen Zirkeln auf und trennt sich von ihrem Geliebten, als müßte sie mit dem alten Jahrhundert alles Überlebte hinter sich lassen. Sie zieht von der Universitätsstadt Jena fort in das Provinznest Camburg und vertraut darauf, sich und ihre kleine Tochter von ihren beruflichen Einnahmen ernähren zu können. Sie ist Schriftstellerin, 30 Jahre alt, weiß, was sie riskiert, und es schreckt sie nicht. Ihre Ehe ist die erste, die in Jena geschieden wird (kurz darauf folgt die Scheidung von Caroline und August Wilhelm Schlegel) und demgemäß Stadtgespräch.

Sophie ist es gewohnt aufzufallen. Ihre kapriziöse Schönheit, der Erfolg einiger ihrer Gedichte und Erzählungen, ihre offen gelebten Liebesaffären – Stoff für Bewunderung und Klatsch. In Camburg wird es still um sie. Hier gibt es kein geselliges Leben, als Dichterin ist sie hier unbekannt, selten besuchen sie Freunde. Sie hat sich zurückgezogen, um zu arbeiten, um über sich selbst Klarheit zu gewinnen. Die Aufträge für Kalender und Almanache sichern den Unterhalt, die meisten Texte verfaßt sie selbst, sie organisiert Mitarbeiter, betreut deren Beiträge redaktionell, übersetzt aus dem Französischen, Englischen, Spanischen und Italienischen. »Meine Gegenwart ist eine dumpfe Stille, und die Zukunft steht vor meiner Seele wie eine Wolke, von der ich nicht weiß, ob sie wohltätigen Schatten oder verheerenden Sturm gebiert – ich bin im Fegefeuer, der nächste Zustand muß Himmel oder Hölle sein. addio il mio caro!« Der ihr Teure ist der Liebhaber, von dem sie sich bei ihrem Aufbruch in die Einsamkeit gelöst hat, Clemens Brentano (»gänzlich aufgehobener Umgang mit Brentano«). Sie wehrt seine drängenden Bitten um ein Wiedersehen ab. Sie braucht ihre Kraft für sich, ihr Kind und ihren Beruf.

Das Jahr der Liebe in Jena hatte sie erschöpft. In der Phase der schärfsten Auseinandersetzungen mit ihrem Mann war der acht Jahre Jüngere für sie keine Stütze gewesen. In ihrem Tagebuch, in dem sie in Stichworten Ereignisse und ihre Stimmungen festhält, hatte sie zwar auch »Entzückungen« vermerkt, aber es überwiegen die Eintragungen, die Clemens als Belastung zeigen: »Sonderbar kränkendes Benehmen.« – »Sein Wahnsinn.« – »Brentanos fürchterliche Stimmung. Kränkungen mancherlei Art.« – »Unterredung mit Brentano. Schrecklich.« Und immer wieder vermerkt sie seine »Vorwürfe«. Um sich zu befreien, hat sie sogar seine Briefe vernichtet. (Einige Jahre später wird sie ihm schreiben: »Deine Unruhe ist wie feines Gift, das selbst durch das unschuldige Papier ansteckend wird.«, Camburg: »Zurückkehr ins innere, natürliche Leben und Bewußtsein.« Dennoch – wie soll es weitergehen?

Clemens Brentano kann die Trennung nicht verwinden. Sophie ist für ihn »das Bild unserer verstorbenen Mutter«, die er mit fünfzehn Jahren verloren hat. Dieser Verlust prägt seinen »verwilderten Roman« *Godwi oder Das versteinerte Bild der Mutter*. Hier wird ein Liebesideal der gänzlichen Verschmelzung mit einer geliebten Frau vertreten, die den Mann aus seiner Sehnsucht nach der toten Mutter erlösen soll. Jede Frau in diesem Roman scheitert an den Regressionsbedürfnissen des Mannes, gemeinsam in eine frühkindliche Symbiose einzutauchen. Sophie las dieses Werk sicherlich nur als eine bizarre Geschichte, durchpulst vom Geist des romantischen Kunstprogramms.

Aufgewachsen in einem chaotischen Haushalt, ohne rechte Führung, wohlhabend, vielseitig begabt, aber ohne Ziele für die Zukunft, glaubte Clemens Brentano in Sophie eine Orientierung für sein Leben gefunden zu haben. Sie ermutigte ihn bei seinem Dichten, akzeptierte sein überspanntes Wesen, berührte sein Herz mit ihrer traurigen Ehe, beeindruckte ihn durch ihre gesellschaftliche Gewandtheit und versetzte ihn in Panik, weil er sich nie ihrer Zuneigung sicher sein konnte: »...ob Du mich nur liebst, wenn ich Dir fehle, und ob ich Dir nur dann fehle, wenn Du nichts hast.« Er fürchtete ihre Neigung, sich ganz und nur dem Augenblick hinzugeben, und ihre Munterkeit ließ ihn sogar ihren Tod ersehnen, denn dann hätte er sie als Marmordenkmal in seinem Garten für immer ungestört anbeten können – als versteinerte Mutter. »In Deinem ganzen Wesen liegt eine Zerrüttung, eine Augenblicklichkeit, ein beständiges Retten in kleinen Schritten, die mich fürchterlich ängstigt«, schreibt er ihr. Daß der Gedanke, sich scheiden zu lassen und von ihrer schriftstellerischen Arbeit leben zu müssen, ihre gesamte Existenz in Frage stellte, verstand er nicht, obwohl sie es ihm zu erklären suchte: »Ich kämpfe im Leben einen sonderbaren Kampf. Eine unwiderstehliche Neigung drängt mich, mich ganz der Fantasie hinzugeben, das gestaltlose Dasein mit der Dichtung Farben zu umspielen und unbekümmert um das Nötige nur dem Schönen zu leben. Aber ach! Der Nachen meines Schicksals schwimmt auf keiner spiegelhellen Fläche, wo ich, unbekümmert, mit Mondschein und Sternen spielend, das Ruder hinlegen könnte (...) – durch Klippen und Wirbel, von Stürmen erschüttert schifft er umher, und ich muß das Ruder ergreifen oder untergehen.«

Wird ihre Imagination die Leichtigkeit verlieren, wenn das Dichten zum Brotberuf wird? Clemens ist unfähig, sich in ihre Sorgen einzufühlen, er will sie entweder ganz besitzen oder mit ihr in den Tod gehen. Verständlich, daß sie sich vor ihm schützen muß und auf seine Briefe nicht mehr antwortet. Er leidet, verstrickt sich in unsinnige Verliebtheiten, die Arbeit an seinem euphorisch begonnenen Roman (*Godwi*) stockt: »Sie ist der einzige lebende Punkt meines Lebens, und so ist das Leben von mir getrennt.«

Seine Geschwister schalten sich ein, zunächst erfolglos, dann aber reagiert Sophie auf die Bitte seines Bruders Christian, sie möge das Bild der Maximiliane Brentano, der verstorbenen Mutter, zurückgeben. Da Sophie von Clemens' Bindung an seine Mutter weiß, berührt es seltsam, daß sie deren Porträt nach der Trennung behalten hat. Sie ist von Camburg nach Weimar umgezogen, von dort wendet sie sich mit ein paar Zeilen, die sie dem kleinen Gemälde beilegt, direkt an Clemens. Von seinem Genius und seinem Dämon spricht sie und löst alle Schleusen seiner Verzweiflung und Wut, seines Hohns und seiner Bitterkeit, seiner Verachtung und seines Verlangens. Seine nervöse Handschrift fetzt über fast zwanzig Seiten, nichts mehr von Flehen und Demut, gewalttätig rechnet er mit ihr ab: »Ich ging mit *dem* in Ihnen um, über das Sie keine Gewalt hatten, und nur ein Gemüt, so gütig liebend als ich Gott und meiner Geschichte es danke, konnte *das* in Ihnen finden, da alles, was Sie in Ihrer Gewalt hatten, so niedlich parodierend das Bessere in Ihnen persiflierte, daß es platten Männern wohl leicht werden konnte, sich mit Ihnen zu erlustieren oder ein Gelüste nach Ihnen zu haben.« – »...aber sehr traurig ward ich, wenn Ihr Bestreben, liebreizend zu sein, heftiger ward, denn dann erkannte ich die verschiedenen schlechten Schulen, durch die Sie von Ihrer Geschichte geführt worden waren, und in solchen Augenblicken wünschte ich, Sie wären tot, damit der schlechte Stil zugrunde gehe und das Göttliche gerettet sei.« Nur er erfasse ihr innerstes Wesen, sei zum Kern ihrer Persönlichkeit vorgedrungen, sie habe »sich selbst unterjocht«, ihren freien genialischen Zauber »reguliert«, und er folgert gnadenlos: »Daß ich Sie liebe, wie Sie sind, und Sie hasse, wie Sie sich hingestellt haben, das erkennen Sie nicht, weil Sie eine schlechte Künstlerin sind, die über ein herrliches Werk hergefallen ist, über sich selbst.« Selbstverständlich weiß er auch, was sie so erbärmlich deformiert hat: »Sie sind oft zu dem Fall gezwungen worden, des Diskurses halber zu reden, des Papieres halber zu schreiben und der Dichterin wegen zu dichten.« Noch nicht genug: »Es ist für ein Weib sehr gefährlich zu dichten.« Den Angriff auf ihren Beruf nimmt er aber zurück: »Mein Scherz über Ihre Schriftstellerei kränkt Sie gewiß nicht, ich habe nie den mindesten Autorenstolz an Ihnen bemerkt...«

Während der Zeit ihrer Liebe, fährt er fort, habe er nie ertragen können, etwas von ihr gedruckt zu sehen, »nicht als wenn es mir zu schlecht sei oder gut genug, nein es kam mir so unnatürlich vor, daß etwas, was Sie sagten, schlecht genug oder gut genug sein könnte, so mit bleiernen Buchstaben festgenagelt zu werden«. Diese öffentlichen Manifestationen machten ihm wohl den Anspruch streitig, ausschließlich und intim über sie Bescheid zu wissen – »ich fand immer alles, was man von Ihnen sprach, so albern und was Sie von sich wissen, so abgeschmackt« –, er allein ist ihrem tiefsten Sein nahe, näher als sie sich selbst. Er haßt in ihr »die raisonnable Frau«, er zetert über die Männer, die sie in der Zeit der Trennung getroffen (auch Friedrich Schlegel), er beschimpft die Dichter, die sie in ihren Almanach aufgenommen hat, und diese Suada aus Wut und Schmerz mündet in einen Aufschrei brennendsten Begehrens und den Wunsch, sie zu sehen, zu küssen.

Und seltsam: sie, die seine flehentlichen Bitten, ihn zu treffen, kühl zurückgewiesen hat, kommt ihm jetzt entgegen. Sie spürt hinter den maßlosen Angriffen seine Not und seine Sehnsucht nach ihr, um die seine wie toll kreisenden Gedanken wüten. So hat noch niemand mit ihr geredet, dem dramatischen Furor seiner Attacke will sie sich stellen. Wie sich seine Sätze überschlagen, ihr atemloses Vorpreschen abfangen in einer kleinen ironischen Volte, wie die Beschimpfungen umkippen in ratlose Zärtlichkeit, nein, sie will ihn nicht abweisen. Sie schreibt seinen »strafbaren Mutwillen« seiner Jugend zu (immer wird sie den Altersunterschied zwischen ihnen so betonen, als könnte sie tatsächlich seine Mutter sein), beschämt ihn mit Dankbarkeit für seine treffende Charakteristik ihres Wesens und mit ihrer lächelnden Souveränität: »Was Sie über die weiblichen Schriftsteller und insbesondere über meine geringen Versuche sagen, hat mich recht ergriffen, ja erbaut. Gewiß ziemt es sich eigentlich gar nicht für unser Geschlecht, und nur die außerordentliche Großmut der Männer hat diesem Unfug so lange gelassen zusehen können.« Sie werde also, wenn sie sich »genötigt sehen sollte zu schreiben«, eher Kochbücher verfassen oder vielleicht überhaupt »die Feder auf immer mit der Nadel vertauschen«. Seine Aggression entwaffnet sie mit spöttischer Unterwerfung. Damit hat er offenbar nicht gerechnet, verwirrt gibt er zu, daß er sie beleidigen wollte, und bittet sie um Vergebung. Fühlt er sich als Sieger? Dem Freund Achim von Arnim gegenüber bezeichnet er seinen verletzenden Brief als den »freiesten, kühnsten und glücklichsten«, den er je geschrieben habe.

Die Wahrheit aber liegt nicht in seinem Bemühen um großspuriges Protzen (»Mein nächster Brief wird eine Mausefalle sein, in dem sie selbst der Speck ist und die Egoistin gefangen wird.«), sondern in seinem Angebot an Sophie, mit ihm eine »freie poetische Existenz« zu begründen. Sie antwortet ihm mit einem Gedicht in gesuchten Reimverschlingungen, auf das er, rücksichtslos und in der Sache unbestechlich, eindrischt: »Hätten Sie Ihre orakelhaft grausame Undeutlichkeit gegen mich nur nicht in Versen« (...) ausgeübt, wo man alles hinter sich und vor sich lesen kann, um hinten nichts und vorne nichts zu finden. Ich bin so erbittert auf dieses Silbenmaß, das mir durch seine unseligen Wiederholungen nur wiederholt, wie Sie mir gar nichts zu sagen haben.« Er verlangt, sie möge ihm nicht mehr »so undeutlich, geziert und hinhaltend« schreiben, und sie antwortet: »Ich will Sie sehen.« Und von neuem beginnt diese Liebesgeschichte, in der er darum kämpft, ihre Eigenständigkeit auszumerzen (»warum hast Du einen eigenen Willen?«), und sie den Freiraum verteidigt, worin sie nur sich selbst gehört.

Was erwarten sie voneinander? Er begehrt diese Frau über alles

Maß der bei ihm häufigen Verliebtheiten. Aber er will von ihr mehr: »Ich vertraue Dir, denn ich erwarte Hilfe, Liebe und den wohltätigsten Einfluß von Dir auf mein Leben. Wenn meine Hoffnung an Dir scheitert, durch Dein Mitleben zur Ordnung, Ruhe und Arbeitsamkeit in allen meinen Angelegenheiten, geistlichen und weltlichen, zu kommen, so ist mein Leben auf Erden gescheitert.« Obwohl er dazu neigt, sich über sich selbst zu täuschen, sich in ekstatische Selbstverklärungen zu stürzen, kennt er seine Gefährdungen: »Meine ganze Bizarrität, alles, was in mir bloß interessant ist, was mich störend, auffallend macht, ist die mit einem großen Aufwand von ängstlicher Arbeit und mißbrauchtem Kunstsinn scheinbar genialisch drapierte Unordnung und daraus entsprungene Mutlosigkeit und Unbill an dem Leben.«

An seine Schwester Bettine, die fürchtet, ihn an Sophie zu verlieren, schreibt er über seine Geliebte: »Ich werde, durch sie zur Ruhe gebracht, alle die Kräfte meines Geistes und meines Herzens im Tüchtigen glücklicher entwickeln, ich werde ohne Sehnsucht, ohne Begierde die Augen auf mein Tagewerk wenden können und es zur Ehre meines Lebens vollenden.« Dazu braucht er aber die ununterbrochene Gegenwart Sophies, keine Stunde kann er ohne sie ertragen. Er benötigte ihr Verständnis, in dem sich Liebe und Kritik vereinen: »Gebrauchen Sie die einfachsten Mittel, den Dämon namenloser Unruhe zu verbannen, der in Ihnen, nicht außer Ihnen wohnt. Sie haben viel Talent; aber Talente ohne Willenskraft gleichen einem zarten blütenbeladenen Zweig ohne Stütze, den seine Zierde selbst nur tiefer herab zieht.«

Sophie akzeptiert die Aufgabe, die er ihr zuweist: »Nein Clemens, ich will die Ordnung Deines Lebens nicht stören, ich will sie sichern, leichtgesinnt werde ich sein, aber nicht leichtsinnig. Deine Freiheit will ich zu erhalten streben, indem ich Dich der Unordnung entreiße, und alle Reife, welche die mir aufgenötigte Sorge für die Erhaltung meiner eigenen Existenz meinem Verstande gegeben hat, will ich gebrauchen, um Dir auf jede Weise nützlich zu sein.«

Er fordert ihre Aufmerksamkeit, ihre Hingabe, damit er sein Genie entwickeln könne. Von ihren Hoffnungen ist nie die Rede. Nie geht es um ihren literarischen Ehrgeiz. Fühlt sie sich so sicher, daß sie auf seine Anerkennung nicht angewiesen ist? Immerhin kann sie auf die Wertschätzung Schillers verweisen, der ihre Arbeit von Anbeginn gefördert und ihre Ausdruckskraft und die zarte Symbolik ihrer Lyrik gelobt hat. (»Unsere Dichterin« nennt Schiller sie im Briefwechsel mit Goethe.) Sie zählt zu den bekanntesten Namen unter den deutschen Poeten und kann von den Einnahmen aus ihren Veröffentlichungen leben.

Von Brentano hört sie aber sogar in der Zeit seines heftigsten Werbens um sie nur Kritik. Sie habe sich in ihren fruchtlosen Anstrengungen um die Dichtkunst aufgerieben, den Blick für das Wesentliche an ihr verloren, »und das ist nicht zu verwundern, da Sie sich das ganze Jahr mit Dingen beschäftigen, zu denen Sie keinen eigentlichen Beruf haben«. Zum Dichten ist nur er berufen, sie schätzt er nur in ihrer Tätigkeit als Herausgeberin, sie soll seine Arbeiten publizieren, später auch Gedichte Arnims. Erwähnt sie einmal einen eigenen Erfolg, wird sie schroff zurückgewiesen, etwa, als sie berichtet, Schiller wolle ein Stück von ihr bald zur Aufführung bringen. »Du hast mitten in Deinem Brief einen kleinen Thron ganz hoffärtig aufgeschlagen, auf dem Du mit Schiller breit sitzest, Gott segne die Aufführung Deines Stükkes, daß sie so gut sei wie Deine.« Er kann sich beruhigen, es kommt nicht dazu, Sophie setzt den Kontakt mit Schiller nicht fort, sie will Verdruß vermeiden. Dennoch jubelt sie: »Ja, Du hast mich geweckt, Du hast mir den dichtenden gottliebenden Sinn wieder gegeben, ohne den mir das Leben nur eine unendliche Last ist.« Will sie sich täuschen? Hat sie sich verführen lassen durch seine Verheißungen, »alles Verlorene« in ihr mit seiner Liebe wiederzufinden? »O werde vortrefflich, fülle Dein Herz wieder überschwenglich an, nur das Überschwengliche kann erschaffen, nur im Überschwenglichen ist der Genuß und die Arbeit und das Werk und die Ruhe.«

Als eigenständige Person findet sie bei ihm keine Resonanz, aber ihre Bedeutung für ihn, für sein Glück und für seine Kunst übersteigert er ins Maßlose. Nur mit ihr hofft er, »den Glauben an alles Gewöhnliche, Prosaische abzuschwören und ohne Rücksicht auf Kritik, auf Forderungen der Zeit zu dichten«, was ihm einfällt. Sein Ruf, geistvoll, witzig, talentiert zu sein, verdrießt ihn: »ach Sophie, glaube Du allein um Gotteswillen so etwas nicht, glaube nur, daß ich ein einziges Talent in mir fühle, das, Dich unendlich zu lieben, alles um Dich zu verlassen, ganz nur an Dich zu glauben und in Dir das Leben wiederzufinden.«

Etwa zur selben Zeit schreibt er an Achim von Arnim: »Das

Unglück, an dem die meisten meiner Arbeiten scheitern werden, ist das Zufällige des Guten darin«, er müsse also »mit einer außerordentlichen Planmäßigkeit arbeiten, um nicht so ungleich zu sein. Die Planmäßigkeit aber ist mir selbst leider sehr gegen die Natur, da meine Natur sehr unordentlich ist; aber ich habe mir vorgenommen, die Ordnung in allem, was mich umgibt, mit Gewalt hervorzubringen und mit meinem Talente gerade auf das zuzuarbeiten, wozu es keine Anlage zu haben scheint.« Weiter erläutert er dem Freund, daß zu seiner Ruhe, zur Befriedigung aller seiner Bedürfnisse Sophie nötig sei, ihm »das Leben zu beflügeln«.

Sophie will mit ihm leben. Sie sieht seine Rastlosigkeit, erträgt seine Eifersucht, seine kränkenden Urteile über ihre Oberflächlichkeit (»...daß Dir auf Erden noch nichts gelungen ist, keine Liebe, keine Freundschaft, keine Mütterlichkeit, keine Kunst, keine Andacht...«), sie zuckt zwar zurück vor seinem Anspruch, sie müsse alles verabscheuen, wogegen er einen Widerwillen habe, aber sie befolgt sein Verbot, nicht mehr zu reiten – das findet er unweiblich – und sich nicht mehr zu schminken. Sie verschließt sich den Warnungen der Freunde, tröstet ihn, wenn sie für trübe Laune, sogar für Krankheiten verantwortlich macht, verzeiht ihm, daß er sie in illoyaler Geschwätzigkeit bloßstellt, versucht, ihn zur Vernunft zu bringen, wenn er es gar zu bunt treibt (»Du hast keinen Sinn für Schonung und für Schicklichkeit. Du kannst Dinge aussprechen, die das innerste Wesen des anderen zerreißen; wie von einer fremden, bösen Macht gezwungen sagt Deine Zunge oft Worte, von denen Dein Herz, Dein Verstand nichts wissen können, die auch das nicht verschonen, was Du selbst für das Heiligste erkennst...«), beteuert, daß sie seinen Wert fühle gegen allen verwirrenden Anschein, und gibt schließlich jeden Selbstschutz auf: »Fest drücke ich beide Augen zu, halte die Hände vor beide Ohren und so springe ich in den Abgrund – in Deine Arme!« Sie zieht einen Schlußstrich unter ihr bisheriges Leben im Kreis von Weimar und Jena, kommt zu ihm nach Marburg und gibt seinem Drängen, ihn zu heiraten, nach: Am 29. November 1803 werden die beiden getraut. Sophie erwartet ein Kind.

Die mit uneinlösbaren Wünschen überfrachtete Ehe konnte Brentano nur enttäuschen. »Du mußt nicht glauben, lieber Achim, als sei ich unglücklich oder verändert durch meine Verbindung mit Sophie; nein, ich fühle mein Dasein durch sie verschönt, aber beflügelt sehe ich es nicht.« Er beklagt seinen »poetischen Tod«. Aber auch sie ist bereits zwei Monate nach der Eheschließung geradezu erleichtert, als er nach Frankfurt fährt, seine Familie zu besuchen: »Ich liebe Dich, ich sehne mich nach Deiner Umarmung, doch will ich Dir nicht heucheln, es tut mir wohl, allein zu sein!« Sie kann wieder arbeiten, »für die Zukunft säen«. Untätigkeit, die sich in Beziehungsschwierigkeiten erschöpft, schätzt sie nicht. Deshalb plant sie notwendige Verbesserungen im Zusammenleben: »Auch zwischen Dir und mir muß manches entfernt werden, was oft Veranlassung zu Verdrießlichkeiten geworden ist. Ich übernehme nicht mehr die Bestreitung aller Deiner Ausgaben. Jedes Vierteljahr sollst Du mir eine Anweisung auf 200 Rh geben (...). Dafür besorg ich Wohnung, Holz, Magd, Kost, Wäsche und Licht. Für Dein übriges Geld besorgst Du die Dich allein angehenden Ausgaben, und wendest es an nach Deinem Gefallen, so wie ich für mein Persönchen sorge, was ich leicht kann, bei freier Anwendung meiner Zeit und dem Segen des Himmels.« Sie schlägt also einen Haushalt mit getrennter Kasse vor – im dritten Jahr des 19. Jahrhunderts –, und der Stolz auf ihre Unabhängigkeit von seinen Finanzen ist unüberhörbar.

Im Mai 1804 wird ein Sohn geboren, der nur wenige Wochen am Leben bleibt. Die Ehe gerät in eine verzweifelte Krise. Brentano hat entdeckt, daß Sophie, noch bevor er nach Jena gekommen war, mit einem Liebhaber eine mehrtägige Reise gemacht hatte. Immer schon haßte er ihre Vergangenheit (war »bitter aus Liebe und Stolz und Ekel«), aber er legte sich eine Legende zurecht, die ihm erleichtern sollte, mit seiner Eifersucht umzugehen. »Bis jetzt hat sie auf Erden noch keine Seele gehabt, die sie so recht lieben konnte, sie ist ihr ganzes Leben durch wohl grausamer getäuscht und mißhandelt worden als irgendein anderes gütiges und schuldloses Wesen«, teilte er seiner Schwester Bettine mit. Aber diese Wunschkonstruktion entspricht nicht der Wirklichkeit. Sophie hat sich nie als Opfer gesehen, in keinem Brief, in keiner Notiz ist davon die Rede, daß zwischen ihr und einem Mann etwas geschehen wäre, was sie nicht selbst gewollt hätte. Sogar von ihrer gescheiterten ersten Ehe sagt sie: »Ich wählte ja selbst – zwar aus Irrtum, aber ich wählte doch.«

Und auch die Frauen in ihren Erzählungen nehmen sich aktiv und guten Mutes, was ihnen gefällt, und zeigen weder Reue noch

Schuldbewußtsein. In ihrem Roman *Amanda und Eduard* erklärt Amanda ganz offen: »Die Behauptung, daß wir nur Einmal, nur einen Einzigen Gegenstand lieben können, ist ein phantastischer, ja schädlicher Irrthum. Wir begegnen im Leben mehrern Wesen, zu denen uns die Neigung hinzieht…« (II, S. 190-91).

Brentano leidet daran, daß Sophie vor ihm andere Männer geliebt hatte, und klammert sich um so nachdrücklicher an den Traum, ihr Erlöser zu sein. Er gefällt sich in der Beteuerung, sie trotz ihrer häßlichen »Narben« zu lieben, und Sophie gestattet bereitwillig jede Illusion, die die nutzlosen Debatten um Vergangenes beenden könnten, sieht Brentano doch darin die Ursache für sein künstlerisches Verstummen: »Ein Jahr ist es nun, daß ich keine Zeile gedichtet, ohne Umgang, ohne Liebe, in steten häuslichen Kämpfen fühle ich meine Kräfte erlahmen.« Sophie unterstützt seinen Wunsch, einige Zeit bei Arnim in Berlin zu verbringen, die Beziehung scheint unhaltbar geworden. Nie klagt sie über ihr häusliches Elend, ganz anders ihr Mann: »Glaubst Du wohl, Arnim, daß es schmerzt, mit einem kalten Wesen täglich zusammensein zu müssen, welches die Häuslichkeit verachtet, ohne zu einem anderen Dasein Talent zu haben? Man kann nur mit zweierlei Weibern leben, entweder mit der frommen, häuslich begnügten Frau oder mit der beflügelten, gedankenerwidernden, phantastischen, und beide müssen unergründlich sein. Sophie ist immer traurig, kummervoll und hart; ihr poetisches Streben, welches nie ein echtes war, ist mit ihren Leiden und in meiner Nähe zugrundegegangen.« – »Wir hassen uns nicht, aber wir töten uns durch unsere fruchtlose Bemühung, Mann und Weib zu sein.«

Nach dem Tod des Kindes im Juni ist Sophie im August schon wieder schwanger. »Dies zweite Kind ist mir von Sophie gewährt um des Trostes willen, aber das weitere haben wir uns beide ernsthaft versagt; ich werde Vater sein und Freund, Gatte niemals.« So begibt er sich im Oktober auf die Reise, aber sofort nach seinem Aufbruch packt ihn wütende Sehnsucht nach seiner Frau, er nennt die Reise eine »Torheit«, zu der sie ihn »gezwungen« habe. Wie vor der Heirat verzehrt er sich nach ihr, leidet unter seiner Begierde, die ihn lähmt und zur Arbeit unfähig macht. Er will mit Arnim gemeinsam eine Sammlung von Volksliedern herausgeben, dies empfinden die beiden als ihre vaterländische Pflicht.

Des Knaben Wunderhorn wird vorbereitet, aber nur in ihrer

Nähe kann er dichten, »nur nach Dir ewig zu sehnen ist, den ganzen Tag möchte ich Dir schreiben, nur Dich möchte ich sehen, Dich nur haben, Dich nur küssen«. Liebevoll, aber auch ratlos geht Sophie darauf ein (»Soll ich weinend oder lachend auf Deinen letzten Brief antworten?«), nennt ihn einen Don Quichote und beschwört ihn: »Bekämpfe diesen unbeschreiblichen Hang, stets nach dem Fernen Dich zu sehnen. (...) Meine Liebe, meine ich, müßte Dich umgeben wie ein warmes, weiches Kleid, das Du überall mit Dir trägst und in dem Du Dich wohl befindest, aber es scheint, als bedürfe Dein Gefühl, um zu fühlen, öfters einen Reiz, der, wie Spanische Fliegen, Blasen zieht.« Sosehr sie ihn zärtlich zu beschwichtigen sucht, kann sie doch nicht umhin, ihm mitzuteilen: »Es ist wahr, ein Gefühl ist in mir, ein einziges, welches nicht Dein gehört. Es ist das Gefühl der Freiheit. Was es ist, weiß ich nicht; es ist mir angeboren, und Du verletzest es zuweilen. Verteidigen kann ich es nicht, denn wer sich verteidigen muß, ist nicht frei; betrügen kann ich nicht, denn Betrug ist Zwang, kannst Du es also mehr schonen wie bisher, so bin ich zufriedener. Von meinem Leben kann ich Dir nichts schreiben, es ist einfach und arbeitsam; es wär unmöglich, daß ich so viel arbeiten könnte, wenn Du hier wärst.« Von ihrer Freude am Schreiben berichtet sie, und daß ihr eine Erzählung gut gelungen sei. Ein einziges Mal in der gesamten Korrespondenz äußert Brentano Respekt vor dem Beruf seiner Frau: »Daß Du so mutig arbeitest und Dir die Erzählung so wohl gelungen, freut mich innig, Deine Muse wird gewiß wieder neue schönere Zweige treiben als je, denn wer solchen Sinn für das Vortreffliche in der Kunst hat, den wird auch das Vortreffliche wieder lieben.« Dieses ungewöhnliche Wohlwollen mag aus seinem Heimweh entstanden sein, das er als eine »schwere, tödliche Krankheit« bezeichnet. Für das Sammelbändchen, das Sophie während seiner Abwesenheit fertiggestellt hat, empfehlen Arnim und Brentano den Titel *Bunte Reihe*, unter dem es auch publiziert wird. In der Silvesternacht kommt Brentano überraschend nach Hause, und das Paar versucht einen neuen Anfang.

Die Erfahrungen der gemeinsam verbrachten Zeit in Berlin bewegen Arnim, an Sophie einen Brief zu schreiben, in dem er seine Eindrücke von der Beziehung zwischen den Eheleuten darlegt. »Es sind das zwei Meister auf der Orgel, die beide recht spiellustig sind, doch so, daß es erst dem andern einfällt zu spielen, wenn der eine anfängt, und sie haben dieselbe Orgel, das ärgert dann den einen und er zieht dem andern die Pfeifen heraus und will sie stimmen. Da tadeln sie sich untereinander, den einen, weil diese Töne ihm fehlen, die er selbst ausgezogen, der andere jenen, daß er so ungezogen dazwischen pfeift und stimmt. – Entweder, ihr lieben Meister, seid ihr nicht aufrichtig genug oder allzu aufrichtig, weil ihr euch statt aufzurichten, niederschlagt.« Sophie antwortet merkwürdigerweise auf diesen an sie gerichteten Brief nicht, aber auch Brentano geht nicht auf dessen Inhalt ein. In einem späteren Brief spricht Sophie zwar von ihrer Ungeschicklichkeit, die sie abgehalten, an Arnim zu schreiben, aber eher hat sie sich von der Interpretation des Freundes mißverstanden gefühlt. Sie ist nicht der Meinung, daß sie Brentanos Arbeit in irgendeiner Weise behindere. In seinem Brief aber sagt Arnim noch etwas Entscheidendes, nämlich, es sei schlecht, daß Brentano keinen Beruf ausübe: »Ich wünscht (…), er sei Lehrer in Heidelberg oder Theaterdichter irgendwo.« Nur wenn das Dichten im Widerspruch mit der Welt sei, habe es eine Berechtigung. »Ich habe mich darum nie verwundert, wie Goethe die Direktion eines kleinen Theaters und einiger Bauten und einiger optischer Instrumente so am Herzen liegt, mehr als seine Poesie, eben weil sonst seine Poesie vom Herzen nicht losschmelzen würde.« Achim kommt im April nach Heidelberg zu seinem Freund, um mit ihm die Idee des »wohlfeilen Volksliedbuchs« zu verwirklichen. So hat Brentano also Arbeit, und so verkraftet er auch, daß auch das zweite Kind, das Sophie am 31. Mai zur Welt bringt, nach vier Wochen an Scharlach stirbt. Sophie verwindet den Verlust nicht so leicht. »Ich bin nicht mehr so gesund, so freudig und so lebenslustig wie vorher; ob es sich ändert, weiß ich nicht, und es scheint mir auch kaum der Mühe wert.«

Nach der erfolgreichen Arbeit fährt der rheumageplagte Brentano nach Frankfurt und weiter zur Kur nach Wiesbaden. Diesmal sind seine Briefe trocken, distanziert, diesmal ist es Sophie, die um liebe Worte bettelt. Clemens verschanzt sich hinter Belanglosigkeiten wie etwa dem Kauf eines Hutes, den sie sich gewünscht hat, resignierten Vorwürfen gegen ihre Haushaltsführung und knappen Mitteilungen über seinen Gesundheitszustand. Dann endlich bricht der Grund für sein abweisendes Verhalten aus ihm heraus: er hat ein Päckchen Briefe aus einer weit zurückliegenden Liebschaft Sophies gefunden und kann sich über ihr jahrelanges »treuloses Schweigen« ihm gegenüber nicht beruhigen. Nach all den zermürbenden Auseinandersetzungen fehlt Sophie diesmal die Kraft zu dem liebenswürdig zärtlichen Spott, mit dem sie sich sonst gegen seine Obsessionen wappnete. Verzweifelt fragt sie ihn: »Was kann ich für mein armes voriges Leben? Glaub mir, ich fange an, es herzlich zu hassen, weil es Dich oft quält.« Da endlich kann er seine künstliche Zurückhaltung aufgeben, zum Zeichen der Versöhnung lädt er Sophie und Arnim zu einer herbstlichen Rheinreise ein. Allerdings läßt ihn der Dämon seiner Eifersucht nicht los. Sophies Abwehr ist erlahmt. Sie notiert: »Nie werde ich diese Qualen vergessen! meine Tränen, meine Ängste, meine Reue, mein herzlicher Wunsch, Brentano zu helfen! Noch jetzt bin ich ganz davon betäubt, ich weiß nicht, was ich denken, was ich tun soll.« Ruhe findet sie nur in der Arbeit. Sie sucht jeden Konflikt zu vermeiden. Als Brentano wünscht, eine von ihr übersetzte Novelle des Boccaccio unter Arnims Namen zu veröffentlichen, da er den frivolen Inhalt nicht mit dem Namen seiner Frau in Verbindung gebracht sehen möchte, stimmt sie zu, und erst Arnim kann den Freund von dieser merkwürdigen »Vormundschaft« abbringen.

Ende des Jahres 1805 erleidet Sophie nach einem häuslichen Unfall eine Fehlgeburt, im Januar ist sie bereits wieder schwanger. Sie wagt nicht, Brentano den Wunsch nach einem Kind abzuschlagen: »Wenn uns Gott ein Kind erhält, werden wir glücklich sein, ohne Kind ist die Ehe unbegreiflich.« Noch einmal scheint ihre gesunde Natur zu triumphieren, ihr Körper erholt sich, ihre Seele versinkt in Schwermut. Unverständlich für ihren Ehemann: »Ich lebe jetzt häuslich sehr ruhig. Sophie ist oft recht liebevoll gegen mich, aber über eine wunderbare Trauer, die sie bei dem Blick auf ihre Geschichte dann und wann erstarrt, in ihr habe ich keine Gewalt; da ist alle Liebe verloren. Härter, hilfloser, starrer, kälter gibt es keine Tränen als die trauernder Frauen, die keinen Gott haben, ich habe neulich nach stundenlangem Flehen nichts erfahren über die Ursache solcher Tränen als: ›Dich trifft meine Trauer nicht, ich traure über mein verlorenes Leben, ich traure, daß ich nichts bin und daß ich noch nicht genug gedemütigt bin‹; und das kommt manchmal mitten in den freundlichsten gegenseitig liebevollsten Tagen ohne alle Veranlassung.«

Am 31. Oktober 1806 stirbt Sophie bei der Geburt des dritten Kindes mit Brentano, das auch nicht am Leben bleibt. Das Ringen, dem Traumbild eines poetischen Paares zu entsprechen, ist zu Ende.

Der kluge Arnim hat einmal vermutet, der Freund liebe seine Frau wie eine Romanperson. Und in der Tat bezeichnet dieser selbst Sophie mehrmals als sein gelungenstes Werk. Gelungen – um welchen Preis? Mit dem Druckmittel seiner Qualen brachte er Sophie dazu, sich dem Bild, das er ihr aufzwang, zu unterwerfen. Er lehrte sie, ihrem eigenen Blick auf sich zu mißtrauen und sich seinem Auge, seinem Urteil auszuliefern. Er erreichte, daß sie bereit war, ihr Leben, ihre Erfahrungen vor der Bindung an ihn »wegzuwerfen und zu vergessen«, wie sie sagt. Er zwingt sie zu bereuen, daß sie getan, was ihr nach den Normen der Zeit nicht zustand. Er verwandelte ihren Stolz auf sich in trübes Eingeständnis von Schuld und Verfehlung. Nicht antasten konnte er ihre Liebe zu ihrer kleinen Tochter Hulda und die Unbeugsamkeit, mit der sie ihre Arbeit gegen seine Übergriffe abschirmte. Zwar ließ sie ihre körperlichen Reserven plündern, aber sie duldete nicht die Zerstörung ihrer Identität als Schreibende. Gerne wäre sie ihm beflügelnde Muse gewesen. Aber wußte er denn selbst, was ihm nötig war? »O geliebtes Weib, wie ich mich sehne, mit einem scharfen Messer die Welt von mir zu schneiden, denn ich kann nicht dichten, nicht geliebt werden von der Welt, denn wahrlich, ich will nur einsam sein, damit Du mich liebst, wie ich es um Dich verdienen will.« Aber ständig jagte ihn seine Unruhe aus dieser Einsamkeit hinaus in das Treiben, das er verabscheuen mußte, um sich wieder zurücksehnen zu mögen. Niemand hätte ihm helfen können, und er wußte es selbst: »Ich bin nicht befriedigt, weil ich immer von andern erwarte, was ich mir eigentlich nur selbst geben kann.«

Was Sophie ihm hätte sein sollen, hätte keine Frau ihm geben können. Er hat ihr ein Gedicht geschenkt, aus dem seine verknotete Fantasie um Erlösung fleht: »Meine Liebe an Sophien, die ihre Mutter ist.« Seine Liebe ist hier ein kleines Kind, das Sophie beschwört, es zu hegen und zu behüten: »O Mutter halte dein Kindlein warm...« Es sehnt sich zurück in das symbiotische Einssein mit der Mutter (»hielt ich dich in dir umschlungen«, vor der Geburt: »Da träumt mir, wie ich so ganz allein / Gewohnt dir unterm Herzen...« und erinnert sich, wie es als Ungeborenes der Mutter Glück und Trost gegeben hat, damit sie an ihm genesen könne. – Ist aber die Mutter nicht in der Lage, ihr Kindlein in der kalten und hellen Welt zu schützen, dann muß sie mit ihm sterben. Die Mutter kann nicht am Leben bleiben, wenn das Kind zugrunde geht: »Stirb mit, daß wenn es die Äuglein hebt, / Bei Gott es dich erblicket…«

Stirbt die Liebe des Clemens Brentano, dann bedeutet dies auch den Tod für den geliebten Menschen, der sie nicht lebendig zu halten wußte. Diese mörderische Liebe tarnt sich als schutzloses Kind, und der geforderte Tod der Mutter erscheint als Akt der Frömmigkeit. Sophie Mereau, deren sprühende Begabung und heitere Lust an Unabhängigkeit weder in Brentanos Bild der Mutter noch der Madonna paßte, wurde erst im Tod die ideale Geliebte.

Über dem Alltag
zu dichten vergessen…

Bettine und
Achim von Arnim

Bettine von Arnim an ihren Mann aus Berlin, 8. November 1823: »…ich sage Dir also, daß Deine Gegenwart hier höchst notwendig ist, und daß ich es nicht ertrage, hier allein mit den Kindern zu sein. Du siehst ruhig zu, weil ich mich scheinbar immer erhole, aber wenn mir einmal was zustoßen wird, so weiß ich, daß ich nicht wieder aufstehe, und ich mag auch nicht, denn das Leben ist mir so eine Last.«

Achim von Arnim an seine Frau aus Wiepersdorf, 8. November 1823: »…Aber Du übst Dein altes Kunststück, mich in allem, was ich tue, auf irgendeine frappante Art zu stören, daß ich wochenlang nach Luft schnappen muß. Ich komme, sobald ich kann. Unarten der Kinder rechne nun ihnen nicht zu hoch an, nachdem Du so lange jeden Ernst und Strenge in der Erziehung verdammt hast.«

Berlin, 12. November 1823: »…ich bitte Dich, komme bald her, ich kann Dir nicht sagen, was für traurige Stunden ich habe (…) am meisten, weil Du nicht hier bist, solltest Du nicht bald kommen, so leg ich mich wahrhaftig ins Bett und werde ernstlich krank, ich weiß nicht, was ich lieber wollte, als ewig hier allein sein.«

Wiepersdorf, 15. November 1823: »Dein verzweiflungsvoller Brief hatte mich mehr, als Du vielleicht glaubtest, erschreckt und gekränkt. (…) Ich denke gegen den 20. in Berlin einzutreffen.«

Berlin, 16. November 1823: »…ich kann nicht zwingen, ich kann mit Gewalt keinen Gehorsam verlangen, ich kann den Kindern wohl vorstellen, was ich heilsam, großartig, richtig finde. Aber ich muß ihre Freiheit respektieren…«

Ausschnitte aus viele Seiten langen Briefen. Protokoll einer Ehekrise. Das Paar: zwölf Jahre verheiratet, sechs Kinder zwischen elf und zwei Jahren alt, der Mann lebt auf dem Lande, bewirtschaftet seine Güter, die kaum das Nötige zum Lebensunterhalt abwerfen, die Frau wohnt in Berlin, leidet unter Geldknappheit, schlechter Gesundheit und billigem Personal. Bedrückende

Verhältnisse, die lähmende Last des Alltags. Und dennoch: »Beschuldige mich immer aller Miserabilität, in meinem Herzen ist die Pflege Deiner Ehre und Deiner herrlichen Natur, es ist mir, als ginge in jedem Augenblick, wo Du nicht vom Enthusiasmus für das, was Du für alle tun und sein kannst, durchdrungen bist, ein ungeheurer Schatz verloren. (...) Du hast alles von der Natur, was so manchem andern versagt ist, der seinen Weg dennoch macht (...) und Du wärst, wie Du sein solltest, und ich hätte es nicht so häufig zu verantworten, daß ich Dir so häufig Verdruß gemacht habe und Dich noch mehr aus Deinem Beruf herausgerissen...«

In aller Jämmerlichkeit und Betrübnis Bettines leuchtende Gewißheit: Achim von Arnim dürfe nie seine Dichtkunst verlernen, nie sein Genie verraten. Dafür will sie später einmal nicht von ihrem Schöpfer zur Rechenschaft gezogen werden! Es ist schwer, aber unverzichtbar, »im Getümmel aller verkehrten Lebensanstalten sich selber nicht zu verlieren oder sich nicht hinreißen zu lassen zu allen Verkehrtheiten, wozu ich auch die rechne, daß man mit solchem Eifer für manches leibliche Bedürfnis sorgt, daß man der Seele oder dem Gemüt aufs Maul schlägt, wenn es einmal muckst und auch etwas verlangt...« Und darum verbietet sich Bettine das Klagen, obwohl sie so leicht ihre Verzweiflung nicht bändigen kann (»Ich bin ordentlich krank, wenn ich daran denke, daß ich heute Abend [24. Dezember 1823] bei dem Freudenfeste allein stehen werde.«) und ihre Lage auch weiterhin dem entspricht, wie es ihr gegenüber einem Schwager entschlüpft war: »Ich habe die 12 Jahre meines Ehestandes leiblich und geistigerweise auf der Marterbank zugebracht und meine Ansprüche auf Rücksicht werden nicht befriedigt.«

Aber sie wird sich nie mehr herausnehmen, für sich Entlastung einzuklagen, sie macht es sich zum obersten Gebot, ihren Mann von der Verantwortung für die große Familie zu befreien, so gut es ihr eben gelingt (»ich will nicht untersuchen, ob ich Vorwürfe verdiene, sondern nur überlegen, wie ich Deinen Wünschen nachkommen kann.«) Schreiben soll er wieder, nicht nur Rezensionen und kleine politische Aufsätze! »Wenn ich mir sagen könnte, (...) daß die Natur endlich wieder an Dich kann und die alte getrocknete Schlangenhaut von Dir abstreift und Du wieder verjüngt unter den Göttern wandelst« – aber das Opfer ihres Einsatzes wird ihr nicht so gelohnt, wie sie es ersehnt, längst hat Arnim resi-

1 Achim von Arnim (1781-1831). Holzstich mit Autograph nach
einem Gemälde von Ströhling

2 Bettine von Arnim (1785-1859). Medaillonbild von
Achim von Bärwald

gniert und blickt nur wehmütig auf den Höhenflug seiner Jugend zurück. Er ist scheu geworden, geht ungern nach Berlin, fühlt sich dort verloren, nutzlos wie ein Bettler. »Daß meine Bemühungen von der Welt vergessen werden, bin ich gewohnt«, schreibt er an die Brüder Grimm.

Gerade die beiden Freunde setzen ihm mit ihrer Kritik an seinen Erzählungen hart zu, sie rügen, daß er »ohne organische Notwendigkeit« die Einzelteile zusammenfüge, so daß das Ganze unüberlegt wirke. Was ist darauf zu sagen, wenn gerade das Eigene, Unverwechselbare als mißlungen getadelt wird? »Mich überfällt bei dem Gedanken an Recensionen und Urteile, die ich über meine Arbeiten hören müssen, ein solcher Jammer, als trüg ich sie auf den Rabenstein, wenn ich sie zum Druck auf die Post gebe.« Der Galgenberg also für seine Werke – kein Wunder, daß er sich immer mehr verschließt, da ihm mit dem Älterwerden der freche Spott abhanden kommt, mit dem er sich früher zu schützen wußte: »Meine Werke haben das mit dem Himmelreich gemeinschaftlich, daß die Wenigsten hineinmögen.« Bettines emphatische Bekenntnisse ihres ungebrochenen Glaubens an seinen Genius sind ihm kein Trost, er wehrt verlegen ab: er dankt für den Brief, »bei welchem ich aber das Gefühl der Reisenden in Ägypten und Arabien habe, die in der Luftspiegelung weit entfernte Seen und Flüsse schauen, während sie selbst verdursten«.

Eine Künstlerehe? Niemand von den Bekannten in Berlin, aber auch kaum jemand von den Freunden und Verwandten hätte diese Bezeichnung für angemessen gehalten. Die literarische Welt verdankte Achim von Arnim *Des Knaben Wunderhorn*, seine Erzählungen waren wenig bekannt, zu seinem Roman *Die Kronenwächter* gab es im deutschen Sprachraum nur fünf Besprechungen. Die Kritik des Freundes Wilhelm Grimm benutzte einen Text, den Bettine verfaßt hatte, ging aber damit so lässig um, daß sogar Wilhelms Bruder Jacob monierte: »Ich wollte lieber, der Wilhelm hätte die Bemerkungen Deiner Frau vollständig auf seine Recension, entweder als eine zweite, oder als Zusätze von einer anderen Hand eingesandt, folgen lassen. Es ist etwas sehr eigentümliches und feines darin…« Daß sie etwas Ernstzunehmendes zu sagen haben könnte, kam keinem in den Sinn, nicht einmal ihrem Mann, der sich mit ihr über Fragen des literarischen Geschmacks gar nicht auseinandersetzte. Bettine 1826: »Ich habe hier Dein Buch [*Landhausleben*] noch einmal mit Muße gelesen, obschon Du mirs nicht zutraust, so wär ich vielleicht am ersten fähig, etwas darüber zu schreiben.« Er ist nicht darauf eingegangen.

Bettine galt in Berlin als eine sonderbare Person, die sich neben ihren familiären Pflichten noch herausnahm zu singen, zu zeichnen, für ein Goethe-Denkmal hat sie einen Entwurf angefertigt, der in Ton modelliert wurde und allgemeine Anerkennung fand, aber deshalb wurde sie doch nicht für eine Künstlerin gehalten, eher für eine Kunstdilettantin, wobei sich das gehässige Gerede fragte, ob sie ihre Zeit nicht besser zu nutzen wisse. Ihre von Fantasie überbordende Art zu erzählen wurde als bizarr, gar lügenhaft empfunden, ihr flirrendes Wesen brachte ihr so viel Kritik ein, daß sie sich allmählich immer mehr aus dem Gesellschaftsleben zurückzog. Als aber auch ihr geliebter Mann sie tadelt, daß sie es nicht verstanden habe, sich gute Freundinnen zu schaffen, weil sie in ihrer Sprunghaftigkeit keiner »ein dauerndes Gefühl zuwendet« und sich von allen getrennt habe »um gar nichts«, da weist sie seine Vorwürfe schroff zurück: »Ach wie wenig kennst Du diese Menschen und mich, wenn Du glaubst, daß mir aus solchem Umgang Heil erwachsen könnte. (...) Diese Menschen (...) haben mir so viel Langeweile gemacht, und diese Langeweile ist von ihnen so scharf gerügt worden, daß ich die höchste Anstrengung brauchte, bloß um mein Gähnen in ihrer Gegenwart zu verbergen, (...) wie willst Du denn, daß ich meine Beine noch einen weiten Weg bemühen soll, um den Genuß dieser widerwärtigen Bekanntschaften zu pflegen, wo ich jeden Augenblick riskiere, zu beleidigen und mich ihrer Herablassung unwürdig zu machen. – Lieber noch Wanzen als diese Freundinnen, also freue Dich mit mir, daß diese mich nicht plagen.«

Das schreibt sie fünf Wochen vor der Entbindung von ihrem siebten Kind, das sie mit ihren zweiundvierzig Jahren mit Sorge erwartet. Sie vergleicht ihre jetzige Ungeduld, auch Unduldsamkeit mit der »Energie, Großmut, Nachsicht« ihrer Jugend, »wo ich wirklich mit Erhabenheit um Verzeihung bat, wenn Narren mich beleidigten. Ich habe mich hundertmal gefragt, ob denn das ganze Leben mit allen Prüfungen um nichts anderes so weit überstanden sei, als um mir sagen zu müssen, daß ich den besten Anlagen in mir ungetreu geworden; ich hab mirs auferlegt nur wieder so zu werden, wie ich als Kind war, und weiter meine Ansprüche an inneres Verdienst nicht auszudehnen.« Es wird noch eine Weile dauern, bis sie es wagen wird, sich selbst als liebendes und geliebtes Kind zu erfinden.

Am 20. September 1804 schreibt Achim von Arnim seinem Freund Clemens Brentano, der sich über das Mißlingen seiner Ehe beklagt hat: »Nur um eines bitte ich Dich, störet Euer Vertrauen nicht. Es ist eine höhere Durchdringung als Liebe, und die Liebe hat nur darin ihren Wert. Vertrauen ist die höchste Leidenschaft und die höchste Tat zugleich.« Da ist er dreiundzwanzig Jahre alt, zwei Jahre zuvor hat er Bettine kennengelernt. Sie vergnügt sich darüber, wie nachlässig dieser schöne norddeutsche Aristokrat gekleidet ist, und gibt zu, von seiner Nähe »elektrisiert« zu sein: »Der Arnim sieht doch königlich aus!«

Erst 1811 werden die beiden heiraten. Bis dahin werden sie Briefe wechseln, einander aus den Augen verlieren und wiederfinden, Pläne machen und verzagen, sich von aller Welt unverstanden fühlen und allmählich merken, wie vertraut ihnen der andere geworden ist. Verliebt ineinander sind sie nicht. Sehnsucht, Begehren, Leidenschaft – danach sucht man in dieser Korrespondenz vergebens. 1809 lebt Arnim in Berlin und bewirbt sich um Aufnahme in den Staatsdienst. Seit dem Ende des Heiligen Römischen Reiches Deutscher Nation 1806 hat er an Entwürfen für eine deutsche Verfassung gearbeitet, er hält Reformen für dringend notwendig, wenn die Ständegesellschaft weiter bestehen soll. Er bekommt die erhoffte Chance nicht. Mit Bettine, die zur Zeit in München bei ihrer Schwester Gunda und ihrem Schwager Savigny lebt, diskutiert er seine Zukunft: »Ich mache seit der Zeit Pläne auf Anstellung, teils um mich mit allerlei Lebensart zu versuchen, teils auch um des Einkommens wegen; ich fand nichts, was mir anstand. (...) Ich bin jetzt noch nicht arm, im Gegenteil, ich lebe ruhig und unbekümmert fort; aber wenn Du die sonderbaren Geldverhältnisse des Landes kenntest, so würde es Dir nicht verwunderlich vorkommen, daß mir bei noch größeren Verwicklungen der Geschichte nichts bliebe. Die Schriftstellerei für Geld ist einmal mir verhaßt und würde unter diesen Umständen auch aufhören.« Noch ist zwischen beiden kein Thema, ob und wie sie zusammenleben würden. Arnim quält die unglückliche Liebe zu einem Mädchen, das einen wohlhabenderen Bewerber ihm vorgezogen hat, und Bettine liebt Goethe.

In Frankfurt, nach dem Selbstmord ihrer Freundin Günderode, hatte sie mit der ihr eigenen Heftigkeit um die Zuneigung der

Frau Rat geworben und war über das viele Reden und Erzählen, das nur um deren fernen Sohn kreiste, in eine Illusion der Vertrautheit mit dem Olympier geraten, die sie für Wahrheit nahm. Als sie ihn schließlich kennenlernen durfte, war die Frage, ob ihr der beleibte, unbeweglich gewordene Sechzigjährige überhaupt gefalle, längst nebensächlich. Alle brachliegenden Energien ihrer ziellosen Existenz konzentrierten sich auf das Idol, das sich die Verehrung nicht nur gefallen ließ, sondern sie auch mit Worten und kleinen Auszeichnungen schürte. Dennoch bot diese Beziehung zu wenig Stoff zum Träumen, so daß sie den zweiten Platz im Tempel der Verklärung für Arnim bereitete. »Arnim, ich muß Dirs nochmals sagen: Du bist ganz herrlich in manchem, laß Dirs aus meinem Munde wohlgefallen, laß die Zügel nicht sinken, die Du einmal so fest gepackt. Ich seh Dich in Gedanken so weit oben schweben mit vergoldeten Schwingen, wie der Adler unter der Sonne, und das Zaunköniglein Bettine, das setzt sich warm unter Deinen Flügel und läßt sich mit in die Höhe tragen.« Das Muster: die Überhöhung des Gegenübers, um sich selbst aufzuwerten, um die Lust an der Teilhabe zu erhöhen. Wie berauscht von ihrer Anbetung, platzt sie heraus mit einem Geständnis: »Adieu, mein guter Arnim, ich hab Dir manches noch zu sagen, und doch immer nur das eine, daß ich Dich so einzig lieb hab, und daß ich gern die Welt nicht ansehen will, und daß, wenn ich Dich verlieren müßte, ich lieber ewig die Augen verschließen und in mir Dich denken mag.« Arnim läßt sich nicht zu derartigen Ergüssen hinreißen, nur in der verfremdeten Form der Gedichte, die er beilegt, spricht er von Liebe. Bettines Pathos irritiert ihn mehr, als daß es ihn entzückte: »Was Du auch von meinem Dichterwesen rühmen magst, es erfüllt mich so wenig und beschäftigt mich so gering, daß ich abends gern in die nahgelegenen Dörfer laufe, die wirklich viel Reizendes haben, und den Handwerkern zusehe, wie sie ungeheure Körbe leerfressen und sich noch darüber als ein Kunstwerk freuen.«

Es geht um Liebe in diesen Briefen, aber es sind keine Liebesbriefe. Bettine: »Du fragst mich am Ende Deines letzten Briefes vom 22. Dezember (1809), wo die wahre Liebe sei; ich weiß gar nicht einmal deutlich, was wahre Liebe ist. (...) Nur eins weiß ich, daß sich daher gewisse melancholische Stimmungen bei mir erzeugen, weil ich oft nicht weiß, wohin mich wenden mit einem großen Begehren zu lieben...« Bettine war aufgewachsen im

Kreis von elf Geschwistern und sechs Halbgeschwistern aus der ersten Ehe des Vaters, da gab es nicht viel persönliche Aufmerksamkeit für jedes Kind. Diesen Mangel wird sie ein ganzes Leben lang auszugleichen suchen. Sich herausheben aus den vielen, beachtet werden: keine Selbstverständlichkeit, sondern erbittertes Programm. Nach dem frühen Tod der Mutter wurden diese Bedürfnisse in einem Klosterpensionat gewiß nicht befriedigt. Erst als die Großmutter, die Schriftstellerin Sophie La Roche, ihre Erziehung übernahm, fand sie Verständnis für ihre rebellische Suche nach sich selbst.

In dem sieben Jahre älteren, ebenso exzentrischen Bruder Clemens gab es einen Verbündeten. Sie selbst nahm ihre Begabungen zum Komponieren, Malen und Schreiben nicht ernst, und niemand sonst tat es. So hat sie für sich nichts erwartet, kannte keinen Ehrgeiz und begnügte sich mit Verehrung: für den bezaubernden Bruder, die ältere Freundin Caroline Günderode, den Dichterfürsten und schließlich Arnim. Sollten aber die Proportionen stimmen, mußte sie sich klein machen. Dabei ging es nicht ohne Verrenkungen ab. 1809 in München scheint sie es besonders darauf angelegt zu haben, aufzufallen. In einem Alter, in dem Heirat und Kinder längst angebracht wären, gefällt sie sich als Kobold, was viele Menschen abstößt und verstört. Caroline Schlegel-Schelling spottet über Bettines Anstrengungen, witzig zu sein, Humboldt staunt über ihre »Gedanken- und Körpersprünge« – wie mag in ihrer überreizten Anspannung wohl der nüchterne Brief Arnims gewirkt haben, in dem von gemeinsamer Zukunft die Rede ist? »Paßte ich in irgend eine bürgerliche Ordnung und könnte eine Frau ernähren, könnten wir uns wie andre ehrliche Leute dreimal aufbieten lassen, Gäste laden, kochen und backen und heiraten. Ungeachtet wir einander noch nie vom Heiraten vorerzählt, womit andere sonst anfangen, so meine ich doch, daß Dir so wenig wie mir der Gedanke sehr fremdartig ist, wenn ich es gleich mit großer Verwunderung vor mir geschrieben sehe.«

Aber erst im Juni 1810 treffen Bettine und Achim zusammen und scheinen sich füreinander entschieden zu haben. Arnims Großmutter ist gestorben und hat verfügt, daß die Güter auf die rechtmäßigen Söhne ihrer Enkel übergehen, von diesen aber bewirtschaftet werden sollen. Arnim will also sofort heiraten. Die Großmutter hatte ihn, nach dem Tod seiner Mutter, die bei seiner

Geburt gestorben war, aufgezogen, mit Strenge und kaum Verständnis für seine Neigungen. Zum Vater gab es fast keinen Kontakt. Arnims Erinnerungen an seine Kindheit sind trüb und bitter, seine Verschlossenheit und sein Hang abzuwehren, wenn ihm ein Mensch nahekommen will, kennzeichnen seinen Charakter. Die exaltierten Freundschaftsbezeugungen des Clemens Brentano konnte er ertragen, aber nicht erwidern, das Bedürfnis Bettines nach intimster Zusammengehörigkeit war ihm von Anbeginn an wenig geheuer. Aber nun mußte er sich um Erben bemühen! »Da brauchte es nicht langer Zweifel, ich wußte niemand auf der Welt, von der ich so gerne ein Ebenbild besessen hätte...« Bettine hatte in München mit dem Kompositionsstudium begonnen. Mit groben Worten stellt Arnim klar, daß sie, sollte sie vielleicht wegen diesbezüglicher Berufshoffnungen seinen Antrag ablehnen, dafür zu unbegabt ist. Und er mahnt sie, ihn nicht mit »allerlei überflüssigen Worten des Gefühls« hinzuhalten und überhaupt: »Hüte Dich vor allen angewöhnten schönen Redensarten.« Bettine antwortet mit einem Bekenntnis der ambivalenten Empfindungen, die Arnim in ihr auslöse. Zwar sieht sie ihn hoch und herrlich wie niemanden sonst, aber sie spürt auch »Stummheit, Kälte, plötzlichen Schmerz«, lähmende Schwermut. Darauf kann sie fürsorglich reagieren: »ich band Dich fest wie in ein Wickelband und trug Dich am Herzen wie eine Mutter, wahrhaftig!« Aber sie zögert – »Was weiß ich selber von mir und der Liebe?« – und hofft, daß sich Liebe, so wie sie ihrer Sehnsucht entspricht, schon noch einstellen werde. »Wir wollen Gott vertrauen und abwarten, was er fügt; wir wollen uns fassen und nicht loslassen.« – Die Entscheidung. Kein Jauchzen, keine Erlösung bangender Ungeduld. Eher Skepsis. »Sieh nicht zu viel Herrliches in mir«, schreibt Arnim, »ich weiß am besten, wie viel ich gewollt und wie wenig ich getan habe.«

Sie verloben sich am 4. Dezember 1810, heiraten – heimlich – am 10. März 1811. In diesen Monaten in Berlin scheint den beiden doch eine beschwingte Verliebtheit gelungen zu sein. Arnim widmet ihr einige eher hölzerne Liebesgedichte, und sie beteuert, daß sie die Hoffnung ihres Lebens auf ihn setze.

Zwischen 1812 und 1818 hat Bettine die ersten fünf ihrer sieben Kinder geboren, die Weichen dieser Ehe sind gestellt. Sie lebt in Berlin, die ländliche Abgeschiedenheit von Wiepersdorf war ihr unerträglich. Arnim, der seinen Wunsch, dem Vaterland nützlich sein zu können, begraben hatte (»ein größeres öffentliches Leben war mir unerreichlich«) sieht in der Bewirtschaftung der vernachlässigten und verschuldeten Güter seine Hauptaufgabe: »Was tut man nicht für seine Kinder, und denen soll's fruchten.« Und sein literarischer Ehrgeiz?

Vor Jahren hatte sich Brentano darüber beschwert, daß Arnim »vom unendlichen Quellen eigner Produktion« an der Arbeit am *Wunderhorn* gehindert werde. »Die Zahl seiner auf seinen Reisen geschriebenen originellen und seltsamen Lieder macht (...) einen Tisch hohen Stoß Papier. Man erschrickt, wenn man nur ihre Menge sieht, und fürchtet, daß er sie herausgeben möge, um auf hundert Jahre Verse zu liefern.« Im Mai 1818 teilt er seiner Frau mit: »Ich habe in diesen Tagen so viel verunglückte Liederansätze aus meinen Reisejahren vernichtet, daß ich mit den Papierspänen einen Abtritt vergiften könnte. Es gab eine Zeit, wo ich täglich zur bestimmten Zeit ein paar schrieb, das ist das Schlechteste, warum ich je die Feder gemißbraucht habe, zur Buße dafür habe ich nachher so viele Geschäftssachen schmieren müssen, darüber ist mir solcher Mutwillen vergangen.« Aber noch hat er seine künstlerische Produktion nicht eingestellt. Die Öffentlichkeit nimmt allerdings kaum Notiz davon, und auch die Freunde ermutigen ihn nicht, so daß er sein Werk damit rechtfertigt, er lebe »in der Wildnis ohne alle literarische Berührung unter Diebsgesindel, das heißt, was Schriftsteller den ehrwürdigen Bauernstand nennen«. Da sinke eben der Mut, »etwas Geistiges zu unternehmen«, die Welt entarte »zu einer künstlichen Maschinerie steter Störungen«.

Bettine sieht wohl die Belastung seines Schreibens durch Pflichten in der Landwirtschaft, und sie fürchtet diesen Einfluß: »aber Weiden stecken, Mohrrüben pflanzen, Pferde belegen, Ochsen kaufen, ist auch nicht das Pfund, was Zinsen tragen soll. Ich seh schon, wie Du böse bist, und Du hast nicht ganz Unrecht, denn Du hast gewiß viel Schönes getan...«: Er hat ein Theaterstück geschrieben, aber selbst seine unentwegte Bewunderin klagt: »indessen hat grade dieses Werk sehr oft den Gedanken in mir erregt: das ists gewiß nicht allein, zu was dieser Mensch bestimmt ist.« Und sie fleht und bettelt so lange, bis er sich entschließt zu reisen, damit er Anregungen bekomme und Gespräche führe, die ihm gemäß seien.

In den zwanzig Jahren, die sie mit ihm verheiratet war, hat sie nie aufgehört, ihn an seine Bestimmung als Dichter zu mahnen, und klagt sich an, daß sie und die Sorgen um den Lebensunterhalt der sieben Kinder ihn seiner Berufung entfremdet hatten. »Du kamst mir vor wie ein rechter Phönix von Lebensfreude, der bei jedem Sonnenstrahl es nicht lassen konnte, mit ausgespannten Flügeln ihm entgegen zu schweben, jetzt mache ich mir Vorwürfe, daß ich die schwersten Gewichte an diese Schwingen gehängt habe...« Doch sie sieht auch, daß nicht nur die äußeren Umstände ihren Mann hindern, sich seiner Kunst zu widmen, sondern auch sein »aus Zorn und Hypochondrie zusammengesetztes Phlegma«. Ihm sei die Anerkennung der Welt zu wichtig, aber Begabung verpflichte zum Schaffen, auch wenn die Bestätigung ausbleibe. »Goethe wollte gewiß er selber sein, noch ehe ihms einer zugestanden hätte, und die Kraft seines Willens, hervorzuragen unter allen, und dieser aller Augen auf sich zu richten, hat's gewiß allein durchgesetzt.« Arnim geht nicht auf ihre Vorhaltungen ein, immerhin legt er seinem Antwortbrief ein Gedicht bei, über das sie sich »als seltne Erscheinung an meinem Horizont« freut.

Oft fühlt er sich von ihr zu Unrecht getadelt, ist zwar dankbar für ihre Geduld mit seinen Irrwegen, verteidigt aber auch die Werte seines Lebens gegen ihre Herabsetzung: »Schimpfe nicht auf mein armes Gut bei den Leuten und verhöhne es nicht, es tut mir wehe, ich habe keine Eitelkeit darauf, aber ich weiß doch, daß Gras und Bäume grün und der Himmel blau ist, und das Gefühl von Eigentum soll niemand kränken, denn es hängt im Menschen mit dem Heiligsten zusammen, mit Treue und Glauben.« Aber im Widerspruch zu dieser trotzigen Verteidigung steht das Eingeständnis seiner Erschöpfung: »Was nun die sogenannten Musen angeht, so kann ich mich nicht mit ihnen einlassen, inzwischen fühle ich doch, daß sie mir nicht so fern stehen als bei den Akten und Geldgeschäften.«

Im Lauf der Jahre mochte er auch immer weniger Bettines Beschwörung hören, nicht »aus einem freien, mutigen Staats- und Freudenpferd einen schlechten Ackergaul« zu machen. Dagegen konnte er sich schon sehr höhnisch verwahren: »Ich befinde mich in diesen Tagen ganz besonders im Gedränge, so daß ich ordentlich auflache, als ich von Lustspielschreiben las. Denn während die vier Ökonomiehöfe ihre Art Sorge fordern, schreiten die für mich ohnehin sehr anstrengenden Separationsverhandlungen fort, dazwischen sollen den Kindern Aufgaben zur Arbeit gemacht werden, dabei der Küchenzettel im voraus und für den Tag, einer schreit nach Öl, der andere nach Kaffee, (...) statistische Tabellen sollen geliefert werden, der Töpfer in Deinem Zimmer will in Hinsicht der Ofenzüge belehrt sein, der Tischler im Keller die neue Tür einrichten, daß der Wein verschlossen werde, der glücklich angekommen ist. Kurz ich weiß keinen anderen Stoff zum Lustspiel als mich selbst und den vielen Moder, der jetzt mit fünf Gespann täglich aus dem See herausbefördert wird.«

Daß es ihr so gar nicht glücken wollte, ihn so zu beeinflussen, daß er ihrem Bild entsprach, betrachtete sie als ihr eigenes Versagen. »Ich mache keine Ansprüche an Deine Zärtlichkeit, denn ich war nicht das Ideal, dem Du Dich aus Leidenschaft ergeben hast« – aber als seine Muse hätte sie sich gerne gesehen und nicht als Last für ihn, wie sie sich selbst immer einschätzte. Keine Rede mehr davon, daß sie auch noch für sich etwas erwartete über den familiären Wirkungskreis hinaus. »Meine Seele ist eine leidenschaftliche Tänzerin«, hat sie als junges Mädchen gesagt, als es darum ging, sich allmählich in die Ordnung der Welt einzufügen. Sie werde nie der »Polizei der Seele« gehorchen, »ich stürze mich als brausender Lebensstrom in die Tiefe, wohin mich's lockt. – Ich! Ich! Ich!«

Von dem pathetischen Gestus der Selbstverzückung ist nichts mehr zu merken. Was hätte sie auch Besonderes vorzuweisen? Daß etwa ihre Briefe mit dem ihnen typischen Wechsel zwischen poetischem Überschwang und lakonischer Präzision einen Wert haben könnten über die private Mitteilung hinaus – kein Gedanke daran. Die absurden Brüche in Gefühl und Aussage (»Meine einzige Hoffnung, meine einzige Bitte zu meiner ewigen Seligkeit ist, daß ich ewig mit Dir vereint bleiben möge. Vergiß nicht alle Arten von Grütze zu schicken, meine Halsbänder und Strohhut auch«), die verblüffende Drastik, die Uneitelkeit ihrer Urteile, der scharfe Witz ihrer Beobachtungen erhöhen ihre Briefe zur Literatur (»Der ›Romantische Ödipus‹ von Platen macht jetzt viel Aufsehen. Die großen Sprachkenner versichern, daß diese herrlichen Verse gleich unverwüstlichen Granitfelsen den deutschen Parnaß überragen, ja, sagt Klenze, wer nicht weiß, was Anapästen sind, der versteht den Wert dieser Verse nicht zu schätzen. Anapäste sind wahrscheinlich extra gute Windmühlen, bei denen es einerlei ist, ob sie edlen Weizen oder Unrat mahlen, wenn sie nur im Takte klappern.«)

Arnim schätzt ihren Sinn für das Groteske und ihren Hang zum Fabulieren nicht. »Ich weiß recht gut, daß es nicht Bosheit ist, wenn Du über Bekannte sprichst, aber wenn ich Dich nicht näher kennte, würde ich darauf schwören, daß es nicht anders sein könnte. Es ist nichts als ein Bedürfnis, den Leuten etwas vorzutragen, worüber sie sich verwundern sollen.«

Nach der Geburt des letzten Kindes am 27. August 1827 ist zwischen den Eheleuten fast nie mehr von künstlerischem Ehrgeiz die Rede. Durchgehende Themen: Geldknappheit und Probleme der Kindererziehung. Bettine schreibt: »Mahne mich nicht mehr zur Sparsamkeit, ich gehe täglich nach dem Herde, nehme das überflüssige Holz zurück, lehre die Leute, wie man wenig Holz beim Einheizen braucht. Ich trage nur Schwarz, auch keine Mützen, um die Wäsche nicht zu vermehren, trage jetzt einen sechs Jahre alten Winterhut; ich habe keinen warmen Mantel und lasse mir auch keinen machen, gehe nicht ins Konzert und Oper, obschon Musik mein einziger Lebensgenuß ist, kurz ich weiß keinen Artikel, der mich anklagte; aber Hemden muß ich für die Kinder kaufen.«

Arnim wirft ihr nicht nur falsches Haushalten vor, sondern auch die falsche Erziehung der Kinder, die er für talentlos und faul hält. Bettine bittet ihn immer wieder um Verständnis für deren charakterliche Eigenschaften, mit der Hilfe ihres Mannes rechnet sie nicht mehr. »Ich habe Dir ja schon oft bewiesen, daß ich der Not gewachsen bin; wenn die Kinder krank waren, so hab ich besser allein ausgehalten, als wenn einer an meiner Seite geseufzt hätte und mir das Vertrauen zu meinem Geschick und zu Gott beengt hätte...« Sie überredet ihn zu verreisen, wegen seiner Gesundheit, deretwegen er Bäder aufsuchen muß, aber auch, weil sie sich erhofft, er werde sich von den Alltagsproblemen lösen können: »nur fühle auch recht, (...), was die frühesten Regungen Deiner Seele wieder zur Begeisterung steigert; so warst Du mein, so hab ich Dich leidenschaftlich geliebt, vertausche Dich daher nicht und schwinge Dich auf zu allem, was Dir Genuß gewährt.« Und tatsächlich sind Arnims Briefe von den Reisen ohne den nörgelnden, anklagenden Ton, der die Korrespondenz von Wiepersdorf nach Berlin belastet. Aber langweilig sind diese Reiseberichte über Begegnungen und Erlebnisse, kein sprühender Funke, braves Auflisten. Arnim ist ausgebrannt.

Eine Künstlerehe? Ganz gewiß nicht. Nicht nur der Wunsch, zusammenzusein, ist erloschen, sondern auch der geistige Austausch verkümmert. Arnim hat Bettine in den letzten Jahren nicht mehr von dem erzählt, was er in seiner Einsamkeit zu Papier brachte.

Am 21. Januar 1831 stirbt Arnim plötzlich an einem Schlaganfall. Er ist nicht einmal fünfzig Jahre alt. Bettine findet seine umfangreiche schriftstellerische Produktion, von der sie keine Ahnung hatte. Aber statt sich mit dieser Kränkung aufzuhalten, beginnt sie sofort, mit Hilfe der Freunde Grimm und Varnhagen den Nachlaß zu veröffentlichen. Jetzt kann sie sich des Dichters Achim von Arnim bemächtigen und ihn mit all dem Glanz umgeben, dem er sich während der Ehe verweigert hatte. Sie ist die Herrin einer Legende, die sie sich nicht mehr zerstören läßt.

Durch ihr unermüdliches Briefeschreiben hat sie ihre Begabung lebendig gehalten. Und wurde bisher ihr Fabulieren nicht gewürdigt, so erkennt sie nun gerade darin ihr Kapital. Der Brief ist ihr ureigenes Ausdrucksmittel – *Goethes Briefwechsel mit einem Kinde* macht sie 1835 schlagartig berühmt. Von Zwängen und Rücksichten befreit, läßt sie ihrem Talent freien Lauf.

Der Preis der Leidenschaft

Eine alle Vernunft, Vorsicht und jeden Selbstschutz überflutende Liebe verhindert die disziplinierte Konzentration auf schriftstellerische Arbeit (auf jede andere auch, die ein hohes Maß an Aufmerksamkeit benötigt). Eine solche Obsession löst erst recht keinen Schaffensrausch aus, zwingt sie doch alle Energie in die einzige, die ihr gemäße Richtung.

Der Kreativität zuträglicher ist dagegen der Schmerz über das Scheitern eines Versuchs von Gemeinsamkeit, die mit den glühendsten Erwartungen begonnen hatte.

Täuschung und Selbsttäuschung

Germaine de Staël und
Benjamin Constant

Im Mai 1813 schreibt Germaine de Staël an Benjamin Constant: »Seit zwei Monaten habe ich nichts mehr von Ihnen gehört, seit zwei Jahren habe ich Sie nicht mehr gesehen. Erinnern Sie sich noch an Ihre Beteuerung, wir würden uns niemals voneinander trennen? Ich kann Ihnen sagen, Sie haben sich eine schöne Karriere entgehen lassen, ganz zu schweigen von allem übrigen; und ich, was soll in der Vereinsamung meines Herzens aus mir werden? Mit wem kann ich reden...?«

Im September 1813 notiert Constant in sein Tagebuch: »...machen wir uns klar, daß ich in der Tiefe meines Herzens unfähig bin, mit einem Menschen zusammenzuleben. Mit Madame de Staël hätte ich es gekonnt, wegen ihres einzigartigen Geistes. Ich habe es nicht gewollt. Ertragen wir also den Schmerz, ohne andere für die eigenen Fehler zu bestrafen.«

Zwei Menschen, die einander das Äußerste an Verletzungen zugefügt haben und nicht aufhören können, einander zu vermissen. Constant ist mit einer Frau verheiratet, deren Güte er rühmt und die ihn langweilt. Germaine de Staëls Lebensgefährte ist zweiundzwanzig Jahre jünger als sie und ein wenig einfältig. »Was für ein dummes Leben« – ein oft wiederholter Seufzer in Constants Aufzeichnungen.

Noch bis Germaines Tod 1817 wird es zwischen den beiden Streit geben, Drohungen, Vorwürfe, doch der Kampf wird nicht mehr die erloschene Liebe betreffen, sondern die Mitgift der gemeinsamen Tochter. Als Germaine im Sterben liegt, wird Constant vergeblich darum bitten, zu ihr vorgelassen zu werden. Niemand weiß, ob sie seine Anwesenheit gewünscht hätte.

1794 galoppierte der siebenundzwanzigjährige Constant auf einer Schweizer Landstraße hinter der Kutsche von Madame de Staël her, weil er sie auf ihrem Schloß nicht angetroffen hatte, sie aber unbedingt kennenlernen wollte. Seine vielfältigen Talente und sein Vermögen hatte er bisher in absurden Abenteuern vergeudet. Entwurzelt, ziellos, mit sich selbst und seiner Familie uneins, geriet er in das Magnetfeld einer Frau, deren Willensstärke und Herrschsucht jeden unterwarf, den sie für sich zu gewinnen wünschte. Müde seiner Eskapaden, beschämt über sein bisheriges Versagen, zutiefst überdrüssig der Langeweile, die ihn als die quälendste Bürde seines inhaltlosen Daseins bedrückte, sah er fast auf den ersten Blick in Germaine die Frau, die ihm »das ganze Universum ersetzen« sollte. Sie aber empfand »unüberwindlichen physischen Widerwillen« gegen ihn – zunächst.

Neben ihrer Ehe mit dem schwedischen Botschafter de Staël-Holstein, der sie aber nicht mit Ansprüchen belästigte, hatte sie in einer Reihe heftiger Liebesbeziehungen erkannt, daß die von ihr begehrten Männer sich zwar verführen, aber nicht binden ließen und sich ihrem besitzgierigen Zugriff entzogen. Narbonne, der Vater ihrer beiden Söhne, hatte sich vor dem Radikalregime der Französischen Revolution nach England in Sicherheit gebracht und keine Eile gezeigt, zu ihr in die Schweiz zu kommen, als es längst gefahrlos möglich gewesen wäre. Weit über ein Jahr ließ er sie warten. Sie durchlitt Krisen ohnmächtiger Wut und verzehrte sich in Sehnsucht. Nach seiner lange überfälligen Ankunft unternahm er nichts zur Wiederbelebung der früheren Gefühle. Ein anderer Liebhaber war dabei, sich in seine Heimat Schweden zu empfehlen, ihm war die Flut ihrer flehenden und fordernden Briefe unerträglich geworden. Ein dritter versicherte sie seiner Freundschaft und heiratete eine andere Frau.

Schon während dieser Enttäuschungen stand Benjamin Constant bereit, sie zu trösten. Er mißfiel ihr. Seine nachlässig hochgesteckten roten Haare, seine ständig entzündeten Augen, die er mit einer grünen Brille vor Licht schützte, sein »erbärmlicher Gesundheitszustand«, seine Selbstmordversuche, mit denen er seiner Besessenheit Nachdruck verlieh, dazu ihre eigene Hoffnung, vielleicht doch einen dieser begehrenswerten Männer, die sich abwandten, halten zu können – die Sterne für neues Liebesglück standen nicht gerade günstig. Nur in einem Punkt zeigte sich auch schon in dieser Phase der Verweigerung eine Faszination, die sich im Verlauf der Jahre nur noch steigerte: »Er findet viel Gefallen an meinem größten Talent, dem Geist; er nimmt Anteil an den literarischen Arbeiten, mit denen ich meine leeren Stunden ausfülle…« Zwei einander ebenbürtige Artisten des Intellekts, die sich am Genuß brillanten Gesprächs berauschten. Beide fühlten sich der Aufklärung verpflichtet, vertraten das Gedankengut der Revolution und waren ebenso überzeugte Republikaner, wie sie die jakobinische Herrschaftsform verabscheuten. Als sich in Paris das Direktorium etablierte, kehrten sie in die Stadt zurück, die Germaine unter Lebensgefahr in den Wirren des Sturms auf die Tuilerien 1792 verlassen hatte. Sie schmiedeten Pläne für eine politische Karriere Constants und verfaßten gemeinsam Essays zur Verteidigung der Republik, die sie eher von den Royalisten bedroht sahen als von den Jakobinerresten in den Gremien. Dennoch wurde Germaine nahegelegt, nach einem fehlgeschlagenen Putsch der Royalisten im Oktober 1795 Paris zu verlassen: ihr aristokratischer Freundeskreis hatte sie den Machthabern verdächtig gemacht.

Also saßen Germaine und Benjamin empört wieder auf dem Familienschloß Coppet in der Schweiz, von Germaines Vater, dem Finanzmagnaten Necker, mit unerwünschten Ratschlägen überschüttet. Sie schrieben eifrig Texte, die sie als vertrauenswürdig bei der Stabilisierung Frankreichs ausweisen sollten. »Die Stärke der jetzigen französischen Regierung und die Notwendigkeit, sie zu unterstützen« – mit diesem Traktat müßte sich doch Furore machen lassen! Das Wohlwollen des Direktoriums aber hielt sich in Grenzen. Constant, in Frankreich als Ausländer attackiert, durchforstete seinen erlesenen Schweizer Stammbaum, um mit irgendeinem Vorfahren nachweisen zu können, er sei französischer Staatsbürger. Als die Suche erfolglos blieb, kaufte er in der Nähe von Paris eine verlassene Abtei, um wenigstens einen französischen Wohnsitz zu haben. Dorthin folgte ihm Germaine und scheint endlich ihren Widerstand gegen sein verbissenes Werben aufgegeben zu haben. Vom Frühjahr 1795 gibt es von seiner Hand ein Treuegelöbnis: »Wir versprechen, uns gegenseitig unser Leben zu widmen, wir erklären, daß wir uns als unaufhörlich verbunden betrachten, daß unser Schicksal in jeder Hinsicht ein gemeinsames ist, daß wir nie irgendeine andere Bindung eingehen werden… Ich erkläre, daß ich dieses Versprechen aus tiefstem Herzen gebe, daß ich nichts auf Erden kenne, was so liebenswert ist wie Madame de Staël, daß ich in den vier Monaten, die ich mit ihr verbracht habe, der glücklichste Mensch gewesen bin…« Im Juni 1797 wurde eine Tochter geboren. Aber trotz der Liebesbeteuerungen für die schwangere Geliebte beklagte sich Constant bei einer Verwandten über die Ketten, die ihn drückten, und ersuchte sie, eine Frau für ihn zu finden, die er glücklich machen könne. Bei Germaine war ihm das wohl nicht gelungen.

Nach den vielleicht einzigen Wochen der Ruhe und Harmonie begannen die Schwierigkeiten: Germaines Ehrgeiz, von ihrem Salon aus Politik zu machen, wurde von fast allen politischen Gruppierungen mißtrauisch beäugt, die linke wie die rechte Presse polemisierte, sie wolle sich über einen Clan von Verwandten und Liebhabern selbst an die Macht bringen. Tatsächlich ließ sie ihre Beziehungen spielen, um Constant zu einem politischen Amt zu verhelfen. Er haßte es, von ihr protegiert zu werden, zumal es ihr nicht gelang, Barras oder Talleyrand zur Unterstützung zu bewegen. Also blieb dem ungeduldigen Paar nur der Ausweg, auf General Bonaparte zu setzen, der allerdings keinen Zweifel daran ließ, daß er unter einer von ihm geführten Republik eher eine Militärdiktatur verstand. Constant erreichte es, von ihm zum Tribun berufen zu werden. Leider bildete er sich ein, den Sieger des Staatsstreichs von 1799 damit beeindrucken zu können, daß er ihm gehaltvolle Opposition bot: er kritisierte Gesetzesvorlagen, die der Erste Konsul einbrachte, warnte vor einer Ausweitung der Willkürherrschaft und erwartete wohl, damit seinen Wert in den Augen Napoleons zu erhöhen. Dieser aber stellte kühl fest, daß er Feinde nicht kaufe, sondern zertrete, und ordnete die Entlassung des Störenfrieds aus dem Tribunat an – damit war die politische Laufbahn Constants nach knapp zwei Jahren beendet.

Madame de Staëls plumpes Werben um Napoleon war von Anfang an erfolglos. Sie konnte und wollte nicht einsehen, daß ihr Geltungsbedürfnis, ihre spitze Zunge, ihre auf dem Reichtum des Vaters beruhende Unabhängigkeit, ihr Lebenswandel und ihre offensive Weiblichkeit Napoleon von Grund auf unerträglich waren. Ihre zudringlichen Bemühungen, ihn von ihrer Loyalität zu überzeugen, wies er verächtlich zurück, außerdem glaubte er sie dafür verantwortlich, daß sich Constant mit halsbrecherischem Starrsinn gegen ihn stellte. Alles an ihr störte ihn, aber vielleicht hätte er sie in seiner Umgebung toleriert, wäre sie ihm nicht als Frau unangenehm gewesen. Sie war klein, stämmig, geschmacklos luxuriös gekleidet und redete viel zuviel. Ihren allseits bewunderten Roman *Delphine* hielt er für eitel und unmoralisch, ihr kritisches Werk *Über Literatur* betrachtete er als einen Aufruf an die Intelligenz zur Aufsässigkeit. Hemmungslos gab er seiner Antipathie nach und verbot ihr den Aufenthalt in Frankreich, ohne dieses Votum zu begründen.

Die Jahre zwischen Germaines Rückkehr nach Paris und ihrer Verbannung waren geprägt von einer hektischen Rastlosigkeit. Abgesehen von den üblichen Sommeraufenthalten auf Schloß Coppet hatte das Paar nie länger als ein paar Monate einen festen Wohnsitz. Immer auf dem Sprung, auf politische Veränderungen zu reagieren, wurde jedes Wohnen zur Improvisation, und diese Unruhe hinderte Constant daran, sich intensiv mit seinen Studien zu beschäftigen. Schon 1785 hatte er mit einer vergleichenden Untersuchung der Weltreligionen begonnen, und dieses Werk, zu dem aufwendige Quellenforschung notwendig war, sollte ihn sein ganzes weiteres Leben beschäftigen. In der Nähe Germaines fehlte es ihm immer an Konzentration, sich seinem Thema mit der erforderlichen Gründlichkeit zu widmen. Er verzagte und fürchtete, seinem großen Projekt nicht gewachsen zu sein.

Germaine waren solche Sorgen fremd. Sie schrieb ganz gelassen inmitten disputierender Freunde und beteiligte sich neben ihrer eigenen Tätigkeit an deren Gespräch, außerdem benötigte sie keinerlei Voraussetzungen beim Verfassen ihrer anspruchsvollen Essays und ihrer Romane. Sie brauchte nichts als ihr Schreibzeug, notfalls auf den Knien, um ihre Gedanken zu formulieren. Sie kannte keine Krisen ihrer künstlerischen Schaffenskraft und war im größten Tumult leistungsfähig. In keinem ihrer Briefe zeigte sie Skepsis gegenüber ihren sehr schnell produzierten Büchern, Angst vor Ungenügen. Fertiggestelltes veränderte sie nicht mehr, Freunde staunten darüber, daß sie das Geschriebene oft nicht einmal durchlas. Ihre Selbstsicherheit, daß sie Bedeutendes zu sagen habe und dies unvergleichlich gut zu sagen wisse, war unerschütterlich.

Gegenüber dieser zielstrebigen Energie konnte sich Constants zögerliche Arbeitsweise schwer behaupten, sein von dem ihren so ganz unterschiedlicher Arbeitsrhythmus wurde von ihr nie respektiert, und er fühlte sich von ihrer furiosen Dominanz erdrückt. Er exzerpierte, fand sich in der Fülle ungeordneter Notizen nicht zurecht, diktierte einzelne Passagen und ließ sie kopieren. Dann wurden sie im Kreis der intellektuellen Freunde und Gäste vorgelesen und erörtert. Kritisch kommentierte er deren Reaktionen und verwertete sie. So notierte er in sein Tagebuch, nachdem er am 18. Oktober 1804 einem Freund ein Kapitel seiner Untersuchung vorgestellt hatte: »Er war damit nicht zufrieden, und ich selbst war damit noch viel unzufriedener als er. Ich komme darin auf Dinge zu sprechen, die bereits früher hätten behandelt werden müssen. Die Überleitungen sind nicht geglückt; ständig gibt es Wiederholungen. Ich werde das Kapitel überarbeiten müssen, es kürzen, die Zitate und Beobachtungen streichen, die sich zu sehr auf Zustände beziehen, die es nicht mehr gibt. Ich bin in ziemlich schlechter Verfassung.« Manchmal trug er seine Texte nicht selbst vor, weil ihm beim Zuhören Fehler, die ihm »aus Versehen oder Faulheit« unterlaufen waren, leichter auffielen.

Es kränkte ihn, wenn er zu wenig Beachtung fand. Als Madame de Staël von ihrer Deutschlandreise den gelehrten August Wilhelm Schlegel als Erzieher ihrer Kinder mitbrachte, fühlte er sich von dessen Glanz überstrahlt, ungerechtfertigt, wie er fand: »Lange Diskussion mit Schlegel über Religion, Gesetzeskunde und Politik. Das ist ein geistreicher Mann, aber mit unzusammenhängenden Gedanken. Ich war erstaunt und befriedigt über die Schlüssigkeit und Verknüpfung der meinen. Ich lobe mich selbst, denn sonst tut es niemand.« Auf die Kritik Madame de Staëls legte er besonderen Wert und begann sofort zu verbessern, was ihr mißfallen hatte (»Sie fand es schwach, und mit Recht. Man muß 1. einen besseren Einstieg in das Thema finden, 2. sich tiefgründiger beschäftigen mit…«). Aber sie hatte selten Geduld für gemeinsame Arbeit, meistens präsentierte sie, was sie fertiggestellt hatte, erwartete Lob und erhielt es reichlich. Constant wurde nicht nur durch äußere Umstände von seiner Arbeit abgehalten. Tagelang, wochenlang schaffte er gar nichts, machte sich Vorwürfe, seine Zeit nicht besser zu nützen, verstrickte sich in selbstquälerische Analysen und hielt seine Überlegungen minutiös im Tagebuch fest.

War er in eine seiner verheerenden Liebesgeschichten verwickelt, konnte er überhaupt nichts Sinnvolles tun – ganz anders Germaine. Verzückungen einer neuen Verliebtheit genauso wie Trennungsschmerzen absorbierten sie nicht, sondern boten im Gegenteil Impulse für schöpferische Rage.

Die Jahre 1801 und 1802, die ihn seinem Ziel näherbringen sollten, »Bürger einer Republik und Führer einer Partei« zu sein, hätten seine ganze Aufmerksamkeit gebraucht, um Zugang zur großen Politik zu finden. Aber ihn fesselten nebenbei zwei aufreibende Affären – zusätzlich zu der nicht konfliktfreien Beziehung mit Germaine. Er verliebte sich in Julie Talma, die geschiedene

Frau des berühmten Schauspielers, und in Anna Lindsay, eine Frau mit zweifelhaftem Ruf, Mätresse eines Adligen, Mutter zweier Kinder von verschiedenen Vätern, einige Jahre älter als er und ohne nennenswertes Vermögen. Er steigerte sich in eine Liebesraserei, die ihn immer befiel, wenn er eine Frau erobern mußte, die nichts von ihm wissen wollte. In einem solchen Fall belagerte er die Frau mit den überschwenglichsten Beteuerungen der Einmaligkeit seiner Liebe, sogar mit Heiratsanträgen. Gab sie aber dann nach, behauptete er, Madame de Staël das Leid seiner Untreue nicht zumuten zu können, und zog alle Zusagen für eine gemeinsame Zukunft zurück. Verlieren wollte er die Geliebte, die er getäuscht hatte wie sich selbst, jedoch nicht. Anna stürzte dieses Spiel in tiefste Verzweiflung, Julie durchschaute es und wechselte in das Fach der zärtlichen Freundin. »Was für ein bezaubernder Liebhaber Sie doch sind, abgesehen davon, daß sie unfähig sind zu lieben«, sagte sie und ließ sich keinen weiteren Schmerz zufügen.

Am Ende des Jahres 1802 fiel seine Bilanz düster aus: Seine politische Karriere war beendet. Außer einigen tagesaktuellen Essays hatte er nichts geschrieben. Seine Vermögensverhältnisse waren unerfreulich, konkrete Zukunftsaussichten gab es keine, und: »Seit langer Zeit liebe ich Germaine nicht mehr!« Mehr als je schätzt er ihren Verstand und fühlt sich mit ihr geistig verbunden, ist doch nur sie die ebenbürtige Partnerin seiner vielfältigen Begabungen und teilt seine Interessen. Aber er hat ihre Forderungen nach einem Gefühl, das er nicht mehr aufbringen kann, satt, er will sie nicht für ihre Angst vor dem Altern entschädigen müssen, er möchte in Ruhe arbeiten und mit Germaine zusammenleben, weil sie ihm mehr zusagt als alle Frauen, die er kannte, aber er erträgt nicht ihren beleidigten Anspruch auf seine Liebe, den er nach der langen Dauer der Liaison unangemessen findet. Wenn sie sich doch mit seiner Freundschaft begnügen wollte!

Offenbar zielen aber ihre Wünsche hauptsächlich auf verbale Liebesbeweise, denn wenn er eine ausreichende Menge an Treueschwüren liefert, ist sie befriedigt und besänftigt. Neben ihrem unersättlichen Verlangen, gelobt, bewundert und verherrlicht zu werden, bedeutet der körperliche Vollzug der Liebe für ihr Wohlbefinden offenbar weniger. In seinem Tagebuch pflegt Constant jeden Geschlechtsverkehr penibel mit einem bestimmten Zeichen festzuhalten. Obwohl diese Eintragungen darauf schließen lassen, daß auf diesem Gebiet bereits lange nichts zwischen ihnen stattgefunden hat, ist sie deswegen seiner nicht überdrüssig geworden. Sie hat auch seine sexuellen Beziehungen zu anderen Frauen nicht als Bedrohung ihres Besitzrechts angesehen, und er beschreibt die Lust Anna Lindsays an körperlicher Hingabe als eine beglückende Erfahrung, die er sonst nicht erlebte. Neben der seiner Meinung nach unsinnlichen Germaine sehnte er sich nach Sexualität, seine Bordellbesuche waren für ihn »traurige Hilfsmittel«.

Er brauchte Liebe (»für mein Herz, meine Fantasie und meine Sinne«, und wollte heiraten. »Ich brauche ein Wesen, das ich beschütze, das mir folgt, das ich im Arm halte, das leicht glücklich zu machen ist und dessen Existenz sich mühelos in meine schmiegt; mit einem Wort, ich brauche eine unauffällige Frau, mit der ich mich zu Hause fühle und die den süßen, vertrauten und angenehmen Teil meines Lebens ausmacht.« Selbst wenn sie gewollt hätte, wäre Germaine ungeeignet für die Verwirklichung dieses Ideals gewesen.

In tiefer Depression schreibt er Tagebuch, Tag für Tag, in exzessiver Ausführlichkeit. Die erste Funktion dieser Aufzeichnungen ist sicher der Wunsch, über sich selbst Klarheit zu erlangen und einen Weg aus der Stagnation zu finden. Immer wieder listet er die Soll- und Habenfaktoren auf und folgert daraus die Entscheidungen, die zu treffen wären. Aber nie wird es ihm gelingen, seinen Einsichten entsprechend auch zu handeln. Deshalb wiederholen sich die Bestandsaufnahmen, Selbstvorwürfe und Beschlüsse mit ermüdender Eintönigkeit. Die zweite Aufgabe dieser Foliohefte ist vergleichbar der Schweigepflicht des Beichtvaters. Unkontrolliert darf er hier seine zwischen Haß und Zuneigung extrem schwankenden Gefühle für Germaine äußern, braucht sich nicht einmal vor sich selbst wegen seiner ungerechten und schäbigen Urteile zu schämen und entlastet damit das Zusammenleben.

Ohne Widerspruch zu dulden, verlangt Germaine seine Anwesenheit: wenn sie nicht allein sein kann – sie fürchtet nichts so sehr wie Einsamkeit; wenn sie ihn als den Schuldigen benennen will für ihre schlechte Laune – die Szenen, die sie wegen seiner charakterlichen Mängel macht, ziehen sich bis in die Morgenstunden hin; wenn sie sich mit einem gleichwertigen Gegner messen will, um sich zu beweisen, daß ihre Meisterschaft im Schlagabtausch scharfer Dispute, ihr Witz und ihre Brillanz noch verführen können. Und er steht zur Verfügung: mit Mitleid für ihre Ängste, mit Schuldgefühl wegen seiner Unzulänglichkeit, mit Vergnügen am Duell zweier Intellekte. Dafür verflucht er sie. Er gibt ihr die Schuld, daß er seine Gesundheit untergräbt, seine Nerven aufreibt, seine Augen ruiniert. Sie zwinge ihm die Doppelrolle des Sklaven und Despoten auf. Sie zerstöre ihn in den Stürmen ihres exzentrischen Temperaments – Rettung könne es also nur geben, wenn ihn die aufopferungsvolle Liebe einer anderen Frau ermutigen wollte, seine Ketten zu zerreißen. Und wo wäre ein solches Wunder an Sanftmut und Geduld zu finden? Es flatterte ihm vor die Füße, als er die Hoffnung schon fast aufgegeben hatte.

Germaine hing in übertriebener Liebe an ihrem Vater. Sein Tod stürzte sie in so hoffnungslose Verzweiflung, daß Benjamin meinte, nun dürfe er sie nie mehr verlassen, hatte sie doch, nach ihren eigenen Worten, »ihren Vater, ihren Bruder, ihr Kind, ihren Mann« verloren. Gerade, als er sich mit der Unabänderlichkeit seiner Lage abfinden wollte, erreichte ihn ein Brief von Charlotte von Hardenberg, einer Jugendliebe. Viele Jahre hatten die beiden nichts voneinander gehört. Das Wiedersehen wurde zum Wendepunkt in ihrer beider Leben. Charlotte ließ sich für ihn scheiden, schenkte ihm unverbrüchliche Liebe, übermenschliche Beharrlichkeit in dem zermürbenden Kampf um seine Ablösung von Madame de Staël, »engelgleiches« Verständnis für seine Schwäche und schließlich ihr beträchtliches Vermögen. Nach Jahren des Versteckspiels heiratete er sie im Juni 1808. Aber ihm fehlte der Mut, Germaine die Wahrheit zu sagen, und Charlotte übernahm, nach einem weiteren halben Jahr, diese gefährliche Aufgabe.

Die orkanartigen Wutausbrüche, Schüttelkrämpfe, Tränenfluten, Drohungen, Beschimpfungen übertrafen alle bisherigen Szenen, mit denen Germaine ihren Lebensgefährten in Schreckenslähmung versetzt hatte. Sie befahl, daß die Ehe geheimgehalten werden müsse, und beanspruchte seine Anwesenheit auf ihrem Schloß noch mehr als sonst. Und wieder schaffte er es nicht, sich ihr zu entziehen. Erst als nach weiteren Monaten Langmut und Toleranz der verleugneten Ehefrau restlos verbraucht waren und sie durch Selbstmord die quälende Unentschiedenheit beenden wollte (sie überlebte knapp), gab Madame de Staël ihre Beute frei. Constant blieb von nun an bei seiner Frau, die sich langsam erholte.

Die Tagebucheintragungen dieser Jahre spiegeln die Seelenfolter der drei Menschen, besonders die Selbstverachtung Constants, der verzweifelt und ohnmächtig die Selbstlosigkeit Charlottes kontrastierte mit der furienhaften Besessenheit Germaines, die ihre Niederlage nicht hinnehmen wollte. 30. November 1806: »An Charlotte geschrieben. Roman begonnen, der unsere Geschichte sein wird. Jede andere Arbeit wäre mir unmöglich.« Dieser Roman, *Cécile*, ist die nur durch geänderte Eigennamen verschlüsselte Darstellung des Dreiecksverhältnisses. Die Fakten entsprechen den tatsächlichen Ereignissen, manche Passagen decken sich wörtlich mit seinem Tagebuch. Was Constant aber ab Februar 1807 bei verschiedenen Einladungen vorlas, kann dieser Roman nicht gewesen sein. Eine solche öffentliche Bloßstellung der für alle Welt erkennbaren Personen hätte er nie gewagt. Während der Arbeit scheint ein Nebenstrang der Handlung entstanden zu sein, der unter dem Titel *Adolphe* Eigenständigkeit erhielt und 1816, also auch erst Jahre nach der endgültigen Trennung von Madame de Staël, veröffentlicht wurde. Das Manuskript von *Cécile* verbarg er unter seinen Papieren, nirgends findet sich ein Hinweis, daß er es jemandem gezeigt oder daß er eine Publikation erwogen hätte. Erst 1948 wurde der Text unter seinen noch nicht herausgegebenen Papieren gefunden.

Am 8. Mai 1805 hatte Constant einen merkwürdigen Entschluß gefaßt: müde der permanenten Wiederholung der immergleichen Schwankungen zwischen einem Gefühl und seinem Gegenteil, einem Vorsatz und dessen Zurücknahme, wollte er von nun an sein Tagebuch in Kürzeln führen, deren Code von 1 bis 17 er folgendermaßen angab: *1:* körperliche [sexuelle] Befriedigung; *2:* Wunsch, seine »ewige Kette« [an Madame de Staël] zu zerbrechen; *3:* Rückkehr in diese Bindung »wegen Erinnerungen oder aus einer augenblicklichen Betörung«; *4:* Arbeit; *5:* Streit mit seinem Vater; *6:* Zuneigung zu seinem Vater; *7:* Reisepläne; *8:* Heiratspläne; *9:* Überdruß gegenüber Anna Lindsay; *10:* erneute Liebe zu Anna Lindsay; *11:* Zögern bezüglich seiner Liebe zu Charlotte; *12:* Liebe zu Charlotte; usw.

Neben dieser schablonenhaften Verknappung seiner Notizen war es ihm wohl ein Bedürfnis, auch ausführlich und zusammenhängend das Horrorszenario zu entfalten, um Abstand zu gewinnen von der eigenen Widersprüchlichkeit und dem Leid, das er seinen Freundinnen bereitete. Aus seiner zwanghaften Selbstbeobachtung schrieb er *Cécile*. Darin schildert er Germaine als eine Frau von Malbée, »deren Charakter und Leidenschaften, Zauber und Fehler, Unvollkommenheiten und Vorzüge« so große Macht über den Erzähler gewinnen sollten, daß er von ihr nicht loskam. Gleich als er sie kennenlernte, war er hingerissen: »Ihr Geist blendete mich, ihr Frohsinn bestrickte mich, ihre Lobreden machten mich schwindeln. Am Ende einer Stunde errichtete sie über mich die unbeschränkteste Herrschaft, die eine Frau vielleicht jemals ausgeübt hatte.« Zwar ist sie äußerlich nicht attraktiv, aber aus allen ihren Mängeln entsteht doch schließlich »ein Ganzes, das auf den ersten Blick unangenehm berührte, das aber, sobald Frau von Malbée sprach und angeregt war, zur unwiderstehlichen Verführung wurde«.

Doch im Lauf der Jahre entsteht in den »gewittrigen Beziehungen« zu ihr und vor allem aus dem Ärger über ihre gebieterische Manier, ihn ihren Wünschen gefügig zu machen, das immer heftigere Verlangen, sich von ihr zu lösen. Als er seine Jugendliebe Cécile (= Charlotte) wiedertrifft, bezaubert ihn deren demütige Bereitschaft, sich ihm völlig unterzuordnen. »Sie hat sich nie beklagt. Ich habe ihre Tränen gesehen, ohne je ihre Vorwürfe zu hören. Sie hat sich stets meinen kleinsten Wünschen gefügt und hat, lange im Stich gelassen, ihre Hingebung, Geduld und Entsagung verdoppelt.« Dennoch verläßt er Frau von Malbée nicht. »Sie besaß im Schmerz und in den fröhlichen Stimmungen, die sich bei der Beweglichkeit ihres Charakters in diesen Schmerz mischten, so viel Anmut, daß ich, so ungeduldig ich gegen sie und so verliebt ich in Cécile war, nicht anders konnte, als alle ihre Eindrücke teilen und für Augenblicke wieder dem Bann einer Frau zu verfallen, die dreizehn Jahre über mein Leben verfügt hatte.«

Frau von Malbée möchte Zeit gewinnen, die Trennung erst einmal vertagen, und obwohl der Erzähler weiß, wie es Cécile zermürbt, ertragen zu müssen, daß ihr Geliebter bei ihrer Nebenbuhlerin lebt, bleibt er. »Ein Werk, das ich in Angriff nahm, bot mir eine recht wirksame Zerstreuung. Frau von Malbée, mit der man in den kleinen Dingen auf das reizendste lebte, wenn sie sich in den großen durchgesetzt hatte, nahm lebhaften Anteil an meiner Arbeit. Die Einigkeit unserer Geister ließ den Gegensatz unserer Gefühle schwinden.« Die Wirklichkeit entsprach der Romanhandlung exakt. Germaine hatte sich noch eine Frist der Gemeinsamkeit ausbedungen, und Benjamin nutzte die Zeit und versuchte eine Umdichtung von Schillers *Wallenstein* für das französische Theater. Bei dieser Arbeit ist die »vollkommene Übereinstimmung im Geistigen«, wie Constant immer wieder betont, unschätzbar. »An meiner Tragödie gearbeitet. Madame de Staël ist eine hervorragende Beraterin.« – »Gut in meiner Tragödie vorangekommen. Madame de Staël ist mir auf diesem Gebiet sehr nützlich.« – »Den ersten Akt vorgelesen. Es gab starken Beifall.«

Wie in früheren Zeiten saß der Kreis der Freunde und Gäste auf Schloß Coppet abends zusammen, und jeder trug vor, was er geschrieben hatte. Germaine beschwerte sich zwar manchmal, sie werde zu wenig gelobt – keiner der Anwesenden hätte es gewagt, Kritik zu üben –, aber insgesamt verliefen diese Abende harmonisch, doch war der Frieden trügerisch. Völlig unvermittelt nämlich konnte sich vor den fassungslosen Unbeteiligten eine Szene gewaltigen Ausmaßes entladen. Durch die Unfähigkeit beider Kontrahenten, die aufgestaute Empörung für sich zu behalten, eskalierten diese Auseinandersetzungen in eine durch nichts zu bändigende Rage. »Sie stellte mich in meiner Schwäche so kläglich hin, daß sie mich noch mehr gegen sie als gegen mich aufbrachte. Eine sinnlose Wut bemächtigte sich unser: wir gaben jede Schonung auf, setzten uns über jedes Zartgefühl hinweg. Es war, als ob Furien uns aufeinander hetzten. Alles, was der unversöhnlichste Haß gegen uns erfinden konnte, schrieben wir uns gegenseitig zu, und zwei unglückliche Wesen, die einander kannten wie niemand sonst, die einzig einander hätten gerecht werden, verstehen und trösten können, schienen erbittertste Feinde, darauf versessen, sich zu zerreißen.« Danach verfällt das Paar in einen Zustand von Erschöpfung und Scham. Die offenbar unauslotbaren Energiereserven Germaines ermöglichen ihr, trotz der wahnwitzigen Krisen mit den Freunden vorzügliche Theateraufführungen zustandezubringen. Besonders Phädra ist eine ihrer Glanzrollen, in den Schreien der zurückgewiesenen, gedemütigten Königin kann sie all das ausdrücken, was sich in ihrer eigenen Sprache längst abgenützt hat. Benjamins Kommentar: »Madame de Staël hat bewundernswürdig gespielt, aber nicht durch dieses Talent wird ein Ehemann mit seiner Frau glücklich.« Mehrmals verschiebt sie ihre geplante Reise, weil sie bei ihm bleiben möchte, bis er sein Werk fertig geschrieben hat. »Sie wird ihren verfluchten Aufenthalt hier nicht ewig verlängern unter dem Vorwand meiner Tragödie!«

Doch endlich bricht sie auf, im November 1806. Frau von Malbée macht sich im Dezember 1807 auf den Weg. Aber statt der erhofften Erleichterung stellt sich bei dem Erzähler eine seltsame Trauer ein. »Da ich diese Frau verließ, die mir bisweilen wie eine Last auf meinem Leben erschienen war, empfand ich wieder, was ich schon mehrere Male verspürt hatte: Die Nähe meiner Freiheit verminderte die Bitterkeit meiner Knechtschaft (...) Aber in der Gewißheit, bald mir selbst wiedergegeben zu sein, überließ ich mich in Sicherheit den zärtlichen Regungen, die um so echter waren, als sie ohne Folgen blieben.«

Schwermütig und sich seiner Gefühle keineswegs sicher, reist er der Vereinigung mit Cécile entgegen. Ein geheimnisvoller Sektenführer macht ihm klar: »Sie versuchen umsonst, die Knoten zu lösen, die im Himmel geschürzt worden sind.« Er beschließt, zu Frau von Malbée zurückzukehren, für ein halbes Jahr. Daraufhin bricht Cécile zusammen, man muß um ihr Leben fürchten. Hier endet der Roman, alles bleibt wieder offen. Constant macht in seinen Tagebüchern, auch in Briefen, nie ein Hehl daraus, daß er mit seinen Stimmungsumschwüngen, denen er ausgeliefert ist, ohne sie beherrschen zu können, für andere Menschen eine Zumutung ist. Er versucht auch nie, für seine krankhafte Unzuverlässigkeit Gründe außerhalb seiner selbst zu finden. Er leidet und weiß, daß er Leiden verursacht. Am 22. November 1806 genießt er die Liebeserfüllung mit Charlotte. »Oh Rausch der Sinne, wie sehr bedarfst du doch der Liebe!« Am 23. November schläft er wieder mit ihr und notiert: »Teufel! Läßt das Fieber schon nach und beginnt bereits die Langeweile? Ich sterbe vor Angst.«

Verständlich also, daß Constant den Roman *Cécile* für sich behalten mußte, liest er sich doch haarklein als Autobiografie. In *Adolphe* verknüpft er die Wirklichkeit mit Erfindungen, eindeutig lassen sich die Figuren nicht festlegen – mit Ausnahme des Titelhelden, wieder ein schonungsloses Psychogramm des Verfassers. Germaine liebte das kleine Werk und hielt es für den »originellsten und ergreifendsten« Roman, den sie je gelesen hatte. Constant notiert erleichtert: »Mein Roman hat uns nicht entzweit.« Obwohl es um die Bemühung eines Mannes geht, sich von einer nicht mehr geliebten Frau zu trennen, brauchte Germaine das Bild der verlassenen Geliebten nicht auf sich zu beziehen, selbst wenn viele Charakterzüge und Verhaltensweisen mit den ihren übereinstimmen. Constant benutzt eine knappe, analytische Sprache, keine romantische Schönrednerei verbrämt die psychischen Defekte des Helden und seines Schöpfers, die Technik leidenschaftslosen Sezierens bestimmt die kühle Treffsicherheit der Darstellung, die schonungslose Aufrichtigkeit des Befunds.

Nicht um Wahrheit geht es in den Romanen Madame de Staëls, sondern um ihr Idealselbst, das sie der Öffentlichkeit vermitteln möchte. Sowohl Delphine als auch Corinna sind makellose Frauen, die an mißlichen Umständen, böswilligen Verleumdungen und der Schwäche der geliebten Männer edelmütig zugrunde gehen.

Dorothea Schlegel reagierte äußerst empfindlich auf die Eitelkeit der Autorin und deren Verklärung ihrer Delphine. Diese Frau, deren Souveränität im Verlauf der Handlung alle anderen Personen wegen deren Abhängigkeit vom »Urteil der Welt« bloßstellen soll, scheint selbst besonders fixiert zu sein auf Lob und Tadel »…sie gerät in die höchste Unruhe, wenn sie zu fürchten hat, daß auch nur einer über sie unvorteilhaft urteilen könne. Als sie halb wahnsinnig im Schmerz der Trennung an einem Abgrund steht, zwischen Felsen, dem Tod nah, schildert sie ganz genau ihren Anzug und den Ausdruck ihrer Gestalt, hört in diesem Zustand und erzählt es der Freundin, wie vorübergehende Landsleute ihre Schönheit preisen!« Der Scharfblick der späteren Übersetzerin der *Corinna* besticht.

Allerdings wäre es kleinlich, das schriftstellerische Werk der Madame de Staël unter autobiografischem Aspekt zu bewerten. Sie verstand unter Weiblichkeit die traditionellen Werte der Schönheit und Sanftmut (gab auch selbst zu, ihren außerordentlichen Verstand gerne für mehr Liebreiz eintauschen zu wollen, und suchte Selbstbestätigung fast ausschließlich im Begehren attraktiver Männer. Doch für ihre Zeitgenossen verkörperte sie mit ihrer Geltungssucht und Exaltiertheit, ihren Gefühlsausbrüchen und ihrer ausufernden Theatralik geradezu das Zerrbild der von ihr beschworenen Qualitäten. Sie galt als die Horrorvision einer Frau, die alle gültigen Normen sprengte und jede Konvention verachtete. Damit schadete sie den Bemühungen, Frauen aus dem althergebrachten System gesellschaftlicher Ordnung zu befreien. Wer sie näher kannte, schätzte neben ihren oft verhöhnten

Schwächen die Disziplin ihrer Arbeit, den Ernst ihrer Analysen historischer Abläufe und kulturpolitischer Phänomene. Inmitten privater Turbulenzen sind Werke entstanden, die ihr die Bewunderung ganz Europas einbrachten. Ihr großes Buch *Über Deutschland*, Literaturkritik und Kulturgeschichte in eigenwilliger Verknüpfung, schrieb sie in den Jahren erbittertster Kämpfe mit Constant, empört und verletzt über seine heimliche Heirat. Weder die gedankliche Leuchtkraft noch die bravouröse Leichtigkeit des Stils lassen vermuten, welch wütenden Affekten die geschliffenen Sätze abgerungen wurden. Sie wußte zu trennen zwischen den verschiedenen Bereichen ihres Lebens, wofür auch ihre Diskretion Zeugnis ablegt. Nie hat sie, nach dem vorliegenden Material zu schließen, die Partner ihrer schnell entflammten Leidenschaften zum Thema ihrer Briefe an Freunde oder auch Freundinnen gemacht. Sie hat in der direkten Konfrontation wortgewaltige Debatten erzwungen, sich aber nie in schriftlichen Eruptionen über ihr nahestehende Menschen beschwert. Die Unbescheidenheit ihrer Forderungen und die Großmut ihres Verzeihens hielten einander die Waage.

In zunehmendem Maß mutlos in ihrem von Napoleon verhängten Exil, in Panik, weil ihr Buch über Deutschland nicht veröffentlicht werden durfte, die Polizei sogar ihr Manuskript verlangte und es nur mit Mühe gelang, ein Exemplar des verfemten Textes ins Ausland zu schmuggeln, hat sie sich über Constant eine einzige negative Bemerkung erlaubt: »Benjamin spielt in Lausanne auf affektierte Weise den Ehemann. Er hat sich sehr verändert. Unsretwegen betrübt mich das. Doch die gewöhnlichen Frauen stechen die besonderen immer aus.« Sie bewunderte, was er schrieb, unabhängig von ihrer persönlichen Enttäuschung, ja, sie entzweite sich fast mit einem ihrer ältesten Freunde, Hochet, weil er den dramatischen Versuch Constants, *Wallstein*, nicht allzusehr schätzte. »Nicht die edle und einfache Schönheit der Poesie dieses Dramas zu spüren!« Sie verteidigte das Werk, das letzte, das er während ihres Zusammenlebens verfaßt hatte, wohl als einzige – Constant registrierte »betretenes Schweigen«, als er daraus bei Talleyrand vorgetragen hatte. Und noch Jahre nach der Trennung lobte sie jede Neuerscheinung von ihm emphatisch: »Ich glaube nicht, daß man sonst noch diesen Stil, diese Prägnanz, diese Klarheit der Sprache finden könnte.«

Constant vermerkt am 19. September 1816 in seinem Tagebuch: »Heute vor 22 Jahren zu genau dieser Stunde habe ich Madame de Staël zum ersten Mal gesehen. Ich hätte besser daran getan, diese Beziehung nicht einzugehen, und schließlich, sie nicht zu beenden.« Wenige Tage nach diesem Eintrag hört er auf, Tagebuch zu führen, als sei es in den weiteren sechzehn Jahren seines Lebens nicht mehr nötig gewesen, etwas festzuhalten. »Sie war der Tyrann, aber auch der Zweck meines Lebens.«

Ein Paar, das einander keine Geborgenheit geben konnte, dem Behaglichkeit fremd war, das eine rauschhafte Vereinigung des Intellekts feierte bei völligem Desinteresse der Körper.

Fieberwahn

George Sand und
Alfred de Musset

Hätte er ihr nach dem ersten Zusammentreffen Verse geschrieben
über die Nachtschwärze ihrer Augen oder die geschmeidige Anmut ihres Körpers, sie wäre in ihrem Vorurteil über den jungen
Frauenbetörer bestätigt worden (»Er ist zu sehr Dandy, wir würden nicht zueinander passen.«). So aber bezeugt er ihr »tiefe und
aufrichtige Bewunderung« für ihren ersten Roman: »Ich nehme
mir die Freiheit, Ihnen einige Verse zu senden, die ich nach erneu-
ter Lektüre eines Kapitels von *Indiana* verfaßt habe.« In diesem
Kapitel läßt sich Raymond von der schönen Dienerin Noun im
Schlafzimmer ihrer Herrin Indiana verführen, in Gedanken immer bei Indiana, die er in den Stoffen und Gerüchen ihres Bettes
leibhaftig zu spüren meint. Der junge Dichter Alfred de Musset
fragt, bestürzt und aufgewühlt, die Verfasserin des Romans, woher sie ihre Kenntnisse habe über »diese Genüsse ohne Glück, erfüllt von ungeheurer Leere«, über eine Leidenschaft, die an einer
ungeliebten Person die Sehnsucht nach einem fernen Menschen
zu befriedigen suche. Was wisse sie von der Täuschung der armen
Noun, die eine trunkene Nacht für Glück hält, was vom Begehren Raymonds, der den Leib der Dienerin mit Küssen bedeckt
und in den Spiegeln das Phantom der Geliebten ahnt? Musset
reizt die Erfahrung der Verfasserin, die Nachtseite der Erotik zu
beschwören, wie sie ihr selbst in ihrem provokant unkonventio-
nellen Leben vertraut zu sein scheint.

George Sand, verheiratete Baronin Dudevant, lebt getrennt
von ihrem Mann in Paris, verkehrt in der Gesellschaft berühmter
Männer, deren einige als ihre Liebhaber gelten, schätzt Männerkleidung, um sich ungezwungen in der Öffentlichkeit bewegen zu
können, verdient selbst ihren Lebensunterhalt, hat für ihren ersten Roman begeistertes Lob in der Presse und einen hochdotier-
ten Vertrag vom Verleger Buloz erhalten, homme de lettres steht
an ihrer Wohnungstür. Sie beantwortet den Brief Mussets noch
am selben Tag. Stolz sei sie, einige Seiten geschrieben zu haben,
die ihn einen Augenblick beschäftigen konnten. Sie bekennt ihre
Dreistigkeit, manchmal zwischen Figuren aus seinem Werk und

den ihren »eine geheime und schmerzliche Verwandtschaft« entdeckt zu haben. Allerdings seien seine Figuren ausgezeichnet durch den Zauber einer noch hoffnungsvollen Jugend, ihre dagegen belastet von Zerstörung und Kraftlosigkeit. Im übrigen wolle sie nur auf den literarischen Aspekt seiner Verse eingehen, weil es sie verwirre, auf Fragen zu antworten, die so persönlich an sie gerichtet seien: stünde es ihr doch schlecht an, einem so jungen Mann ihre traurigen Geheimnisse zu offenbaren. Er möge ihren gerade erschienenen Roman *Lélia* lesen und sie in ihrer abgeschiedenen Klause besuchen, sofern deren Strenge und Ernst ihn nicht abschreckten.

Er bekennt im Gegenzug, von *Lélia* ergriffen zu sein, stellt George Sand (»keineswegs eine Frau Irgendwer, die Bücher schreibt«) an die Seite Chateaubriands und Byrons, verbietet ihr, respektlos von den eigenen Büchern zu sprechen, wie es ihre Gewohnheit ist, bittet sie, ihr Kamerad sein zu dürfen »ohne Weiterungen und Rechte, daher auch ohne Eifersucht und Krachs«, und attestiert »dem lieben Monsieur George Sand« männliche Genialität. Eine Weile vergnügen sich beide an derlei Ergebenheitsgeplänkel unter Kollegen, doch eines Tages gesteht er, er habe sich in sie verliebt, leide und wisse keinen Ausweg. Wie aber kann er ihr Mißtrauen überwinden, das in ihm den Helden leichtfertiger Abenteuer sieht? »Erinnern Sie sich, Sie sagten mir einmal, jemand habe Sie gefragt, ob ich Octave oder Coelio sei, und Sie hätten geantwortet: alle beide, glaube ich…«

Das Doppelwesen: der Träumer und der Zyniker, der Fantast und der Lüstling. Ja, er habe eine Mauer um sich aufgebaut, »aber vergessen Sie nicht den Gefangenen dahinter!« Er liebe sie wie ein Kind. Die beiden Literaten werden einander verstehen und mißverstehen als Figuren aus ihren Romanen und Theaterstücken. Er wird in ihr Lélia erlösen, sie in ihm Coelio und Octave in eins verschmelzen wollen. Sie werden sich selbst als ihre literarischen Geschöpfe inszenieren und verletzt zurückschrecken, wenn die Realität das gehätschelte Selbstbildnis in Frage stellt und in die Fiktion einbricht.

In der ersten Zeit ihrer Liebe genießen beide ihre Auftritte als spektakuläres Liebespaar und das allgemeine Staunen über die ungewöhnliche Verbindung. Dann planen sie eine Reise, brechen auf nach Italien, um allein zu sein miteinander, und die Bilder zerbersten unter den ersten Mißlichkeiten. George hat sich vertraglich verpflichtet, in knappem Zeitraum weitere Romane zu liefern, mit dem Vorschuß finanziert sie die Reise. Daß sie auf ihrem täglichen Arbeitspensum besteht, stört den romantischen Rausch. Sie erkrankt: die Rolle des Krankenpflegers war in Mussets Konzeption nicht vorgesehen, zudem hatte die Faszination schon vorher Einbußen erlitten. Ohne den Rahmen der Öffentlichkeit, ohne die anbetenden Freunde als Statisterie verliert George ihre Aura. Der enttäuschte Liebhaber empfindet sie als »Langeweile in Person, als Einfältige, Träumerin, Nonne«, unfähig, »die Wonnen der Liebe zu schenken«. Je weniger die Partnerin den Erwartungen entspricht, desto verbissener klammert er sich an das vertraute Rollenfach des Libertin. Er verbringt seine Nächte in Kneipen und Bordellen, bis ihn ebenfalls eine heftige Krankheit aus dem Spiel wirft. Die ungeprobten Szenen des Dramas beginnen.

Sowohl George Sand als auch Musset stützen ihre fragile Identität mit einem exzentrischen Gehabe, das aus ihren verwirrenden Kindheitsprägungen stammt. Aurore Dupin, so der ursprüngliche Name der Autorin, vereinigte in sich die hocharistokratische Herkunft des Vaters und die Zigeunerabstammung der Mutter, die sich als Tänzerin in billigen Etablissements, schließlich als Adelsmätresse durchgeschlagen hatte, bis sie vom Vater des Kindes, das sie erwartete, geheiratet wurde. Trotzig weigerte sie sich, ihr Verhalten dem sozialen Aufstieg anzugleichen. Nach dem frühen Tod des Vaters konkurrierten die adelige Großmutter und die bürgerliche Mutter um Einfluß in der Erziehung des Mädchens, das beide Frauen liebte und vor der Entscheidung, welcher es nacheifern solle, verzagte. Es entzog sich dem Konflikt durch Flucht in eine selbstgeschaffene Fantasiewelt und entdeckte früh den Trost des Erfindens. Sollte Aurore für den Unterricht mit Hauslehrern und bei der Großmutter Geschichtsstoff aus Büchern exzerpieren, so fand sie großes Vergnügen daran, »die großen Charaktere, die edlen Taten, die wunderbaren Begebenheiten, die poetischen Zwischenfälle« auf ihre Art auszuschmücken. Sie merkte aber, daß es ihr nur selten gelang, wirklich das zu sagen, worauf es ihr ankam, und daß sie niemals mit dem, was sie geschrieben hatte, zufrieden war – eine Haltung, die sie nach ihren eigenen Worten bis ins Alter begleitete: »Es ist wieder nicht das, was ich geträumt und gefühlt und ganz anders geschaffen habe; es gibt nicht das volle Leben wieder, es sagt zu viel und

3 George Sand (1804-1876).
Holzstich um 1880, nach einem Gemälde von Auguste Charpentier

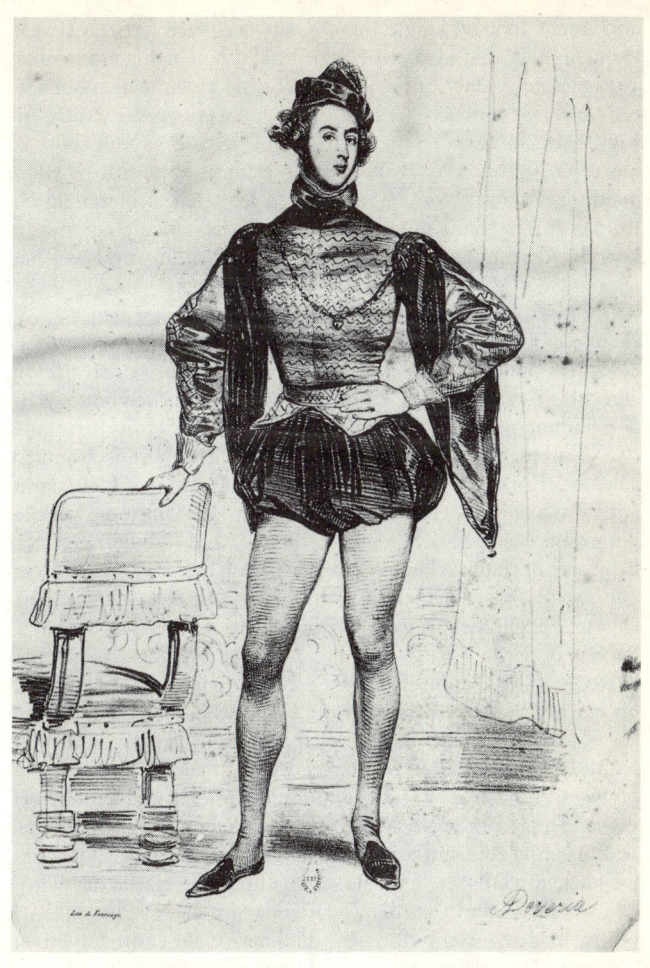

4 Alfred de Musset (1810-1857) im Pagenkostüm als Romanfigur
in dem Roman »Elle et Lui« von George Sand.
Lithographie von Forouge nach Achille Deveria

doch nicht genug«, klagte sie oft, wenn sie einen fertigen Text in Händen hielt, und »wäre die Arbeit nicht bereits Eigentum eines Verlegers gewesen«, hätte sie versucht, sie umzuformen oder sie gar über einem neuen Versuch an einem Werk zu vergessen. Als Kind hatte sie aus diesem Gefühl des Ungenügens aufgehört zu schreiben, »aber das Bedürfnis zu erfinden und zu schaffen, quälte mich immerfort… Solange ich lebe, hat sich ständig ein Roman in meinem Kopf entwickelt, dem ich einen längern oder kürzern Abschnitt zufügte, sobald ich allein war, und für welchen ich ohne Aufhören Materialien zusammentrug.«

Die zweite Möglichkeit, dem Zwiespalt zu entgehen, an welchem weiblichen Vorbild sie sich orientieren sollte, war, sich in einem Männlichkeitsgestus zu verbergen, der nur vordergründig gerechtfertigt war durch Zweckmäßigkeit. Natürlich hatte Männerkleidung praktische Vorteile beim Reiten, später in Paris auch den Nutzen, unbeanstandet an öffentlichen Veranstaltungen, Theater, Konzert, teilnehmen zu können, aber sie hielt daran auch fest, als ihre Berühmtheit und Finanzlage längst die Verkleidung zum Markenzeichen stilisiert hatten. Ein Männerhut, unter dem sie ihr langes Haar zusammenknotete, orientalische Negligés, ein scharfer Dolch im Gürtel, Herrenstiefel, spanische Fächer und englische Zigarren – exotische Requisiten auf der Suche nach dem Selbst.

Der Tod der Großmutter hinterließ der siebzehnjährigen Enkelin ein beachtliches Erbe, darunter Schloß Nohant, das lebenslang Stützpunkt und Heimat bleiben sollte. Um der Vormundschaft der launenhaften Mutter zu entkommen, heiratete sie den jungen Baron Casimir Dudevant, mit dem sie keinerlei Interessen verbanden. Trotz guten Willens auf beiden Seiten entfremdeten sich die Eheleute immer mehr, er widmete sich der Jagd und weiblichem Hauspersonal, sie setzte durch, die Hälfte des Jahres in Paris leben und sich dem Schreiben widmen zu dürfen. »Ich bin mehr denn je entschlossen, die literarische Laufbahn einzuschlagen. Das Handwerk des Schreibens ist eine glühende, fast unzerstörbare Leidenschaft. Wenn sie sich eines armen Kopfes bemächtigt, kommt er nicht mehr davon los.«

Allmählich hatte sie erfahren, welcher Männertypus ihre prekäre Weiblichkeit schätzte: zarte, sensible, fast feminine Jünglinge, oft von schwacher Gesundheit, bevorzugt schwindsüchtig, die sich ihrer Dominanz klaglos unterordneten. Der dritte in der

Reihe zierlicher blonder Liebhaber war Jules Sandeau, mit dem zusammen Aurore den Schritt in den Schriftstellerberuf wagte. Sie hatte einen Roman entworfen, den er »vollständig überarbeitete«, bevor er ihn unter dem Namen Jules Sand veröffentlichte, mit leidlichem Erfolg. Weitere Zusammenarbeit war undurchführbar, sie waren beide »zu unerfahren, um die Arbeit teilen zu können. Als wir es versuchten, kam es vor, daß jeder die Arbeit des andern gänzlich umstürzte, und dies mehrmalige Verändern machte aus unserm Werk die Stickerei der Penelope«. Also schrieb sie allein *Indiana*, und ihr Verleger schlug das an den ersten Erfolg angeglichene Pseudonym George Sand vor.

Ihre unerschöpfliche Energie löste bald die ersten privaten Konflikte aus. Sie schrieb nachts, von 23 bis 2 Uhr morgens mindestens, las Zeitungen und Bücher, kümmerte sich tagsüber um ihre Kinder, wenn sie gerade bei ihr lebten und nicht beim Vater, sie lud Freunde ein, kochte, nähte ihre Garderobe selbst, ritt täglich aus, nahm Einladungen an, tanzte, besuchte Theater und Konzert – und beschwerte sich über die Untätigkeit des Geliebten. Dieser konterte: »Du willst, daß ich arbeite, ich habe es ebenfalls gewollt, aber ich kann nicht. Ich bin nicht wie du mit einer kleinen stählernen Feder im Gehirn geboren, bei der man nur auf den Knopf zu drücken braucht, damit der Wille in Bewegung gesetzt wird.« Diese Aussage scheint sie so beeindruckt zu haben, daß sie diese mehr als fünfundzwanzig Jahre später wörtlich in einem Roman verwenden wird. Die Beziehung ist nicht mehr zu retten, George stürzt sich in die Arbeit.

Noch will sie die Bedeutung, die das Schreiben für sie gewonnen hat, nicht zugeben. »Sie täuschen sich, wenn Sie glauben, ich sei besessen von Liebe zum Ruhm. Darüber kann ich nur lachen. Ich habe das Bedürfnis, ein bißchen Geld zu verdienen, und weil ich dazu kein anderes Mittel kenne, als mir einen Namen in der Literatur zu machen, so versuche ich das.« Und außerdem: »Es muß eine Leidenschaft geben im Leben. Ich langweilte mich, als ich einfach nur glücklich vor mich hin lebte. Das aufregende und anstrengende Leben, das ich hier führe, vertreibt meinen Spleen. Ich fühle mich wohl, und Sie werden mich in rosigster Laune wiedersehen.« Ständig fühlt sie sich bedroht, in Grübelei und Weltschmerz zu versinken, das Schreiben kann sie davor bewahren.

Lélia entsteht und bringt George Sand einen fragwürdigen Sensationserfolg. Von Kritik und Publikum wird die Romanfigur autobiografisch interpretiert, die Verfasserin tut nichts, um diesen Eindruck zu korrigieren, betont im Gegenteil selbst die Gleichsetzung. Lélia leidet an ihrem Unvermögen zur Liebe. Sie ist gespalten in »die Frau und die Idee, die Hoffnung und die Wirklichkeit, Körper und Seele, Hingabe und Versprechen«. Sie weiß, daß ihre Fantasien, ihre Träume auch das übertreffen, was ihr an äußerster Zuneigung entgegengebracht werden könnte, deshalb verweigert sie sich dem Möglichen. So bleibt sie nicht nur körperlich unbefriedigt, sondern begleitet ihre Gefühlsohnmacht auch noch mit einer analytischen Lust, die jedes Zucken, jedes Wollen, jedes Tun ins Monströse aufbläht. Dem jungen Stenio gestattet sie Zärtlichkeiten und verspottet ihn, wenn sie seine Erregung spürt. Hat sie ihn zurückgestoßen, zieht sie ihn mitleidig wieder an sich, weil sein Schmerz und seine Schwäche sie rühren: »Es gefällt mir, dich anzufassen, dich anzuschauen, als wenn du mein Kind wärst.« Sie rächt sich für ihre eigene Kälte, indem sie ihre Macht genießt, ihn den Extremen »Liebe und Scham, Begierde und Angst, Ekstase und Agonie« ausgeliefert zu haben. Doch dieser düstere Triumph befreit nicht ihre gepanzerte Sexualität. Schon in ihrer ersten Liebesbeziehung war sie verzweifelt in einem Versagen, das sie gleichermaßen als das ihre wie das des Mannes empfand. »Meine Brust war von einem unauslöschlichen Feuer zerrissen, das seine Küsse nicht einmal streiften. – Meine Gier war ein Feuer meiner Seele; es war eine wütende Raserei, die sich in meinem Kopf ausbreitete und sich auf ihn auch beschränkte. Mein Blut war kalt.« So sind ihre Gefühle gegenüber Männern, die sich ihr phallisch fordernd nähern, geprägt von Haß und Verachtung, die rasende Wut, demütigen, zerstören zu wollen, beruhigt sich nur in der Sublimation auf mütterliche Zuwendung. So versucht sie, den Dichter Stenio vor sich zu retten: »Sei mein Bruder und mein Kind.« Alfred de Musset hat also keineswegs zufällig formuliert: »Ich liebe Sie wie ein Kind.«

George Sand haderte mit ihrem Frausein, das sie als dem Männlichen weit unterlegen einschätzte: »Und dennoch war ich eine Frau wie alle andern: schwächlich, reizbar, beherrscht durch die Fantasie und allen kindischen Sorgen und Rührungen der Mutterliebe unterworfen. – Ich trug in mir das Traumbild der Männertugenden, zu welchen die Frau sich erheben kann, und zu jeder Zeit befragte ich meine Seele mit naiver Wißbegier, um mich zu überzeugen, ob ihre Kräfte der Sehnsucht angemessen wären, und ob Rechtschaffenheit, Uneigennützigkeit, Verschwiegenheit, Beharrlichkeit im Schaffen, mit einem Worte, alle Tugenden, die sich der Mann ausschließlich zuschreibt, einem Herzen versagt sein sollten, das ihren Gesetzen mit glühendem Eifer anhing.«

So wie sie voller Abwehr nur allmählich ihre weibliche Identität zuließ, fand auch Musset zu seiner Männlichkeit. Als Kind von besonderem Liebreiz, trug er bis zu seinem Eintritt ins Collège mit neun Jahren schulterlange Locken, bezog fast täglich von den Mitschülern Prügel und den Spitznamen Mademoiselle Musset. Seine Waffe, sich zu verteidigen, war seine große Begabung, aber er machte sich von seinen Leistungen so abhängig, daß er in Tränen aufgelöst war, brachte ihm einmal ein Schultag keine Auszeichnung. Mit siebzehn beendete er seine Schullaufbahn mit einer pompösen Preisverleihung für seine Arbeit, die zweitbeste im »Concours général des Collèges« – inhaltlich wäre sie zwar weitaus die beste gewesen, doch fehlte es ihr an Frömmigkeit. In frühreifer Blasiertheit klagte er in einem Brief an einen Freund, welche Zweifel ihn bedrückten bezüglich einer Berufslaufbahn: »Ich langweile mich, ich bin traurig. Ich glaube nicht, daß Du lustiger bist als ich; aber ich habe nicht einmal den Mut zur Arbeit. Ach, was sollte ich tun? Soll ich in veraltete Positionen zurückkehren? Soll ich auf Originalität machen, mir und meinen Versen zum Trotz? – Ich möchte Shakespeare oder Schiller sein oder lieber gar nicht schreiben: also tue ich nichts!« Sein Leben ist ihm keinen Pfifferling wert, aber er sieht sich als typischen Franzosen, der seinen Lebensekel sofort vergessen kann, wenn er eine schöne Frau trifft. »Ich brauche Liebe.« Wie soll es weitergehen? Er könnte mit seinen »eignen Händen die Leute erwürgen«, die ihm ein bißchen Zerstreuung raten und dann ein Jurastudium. »Daß ein Wesen, das fühlen und lieben könnte, aus seiner Seele alles entfernt, was sie zu schmücken fähig wäre, und Liebe einen Zeitvertreib nennt und Jura eine gewichtige Sache« – »Nein, mein Freund – nicht Du und nicht ich sind dazu bestimmt, geschätzte Advokaten oder intelligente Notare zu werden. Ich habe im Grund meiner Seele einen Instinkt, der das Gegenteil schreit.«

In Paris verkehrt er in Künstlerkreisen, präsentiert erste Gedichte in betörend melodiösem Wohllaut – »Wir haben ein geniales Kind unter uns!« –, findet einen Verleger, eben jenen Buloz, der ihn später mit George Sand bekanntmachen wird, verdient mit dem ersten Gedichtband immerhin so viel Geld, daß er die auf Wunsch des Vaters angenommene Stelle in einem Büro aufgeben kann, er wird bewundert, aber nicht verstanden, und bei der Premiere seines ersten Theaterstücks entlädt sich die Ratlosigkeit in einem gellenden Pfeifkonzert und vernichtenden Kritiken für den zwanzigjährigen Dichter. Er war zwischen die Fronten einer Literaturfehde geraten zwischen dem Klassizismus und dem Programm der romantischen Schule, aber er verteidigte seine Eigenständigkeit: »Jeder von uns hat im Leib einen bestimmten Ton, den er wiedergeben kann wie eine Violine oder eine Klarinette.« Einzig und allein zählte die Emotion: »Wenn ich beim Verseschreiben ein mir wohlvertrautes Herzklopfen bekomme, so bin ich sicher, daß mein Vers von der besten Qualität ist, die ich überhaupt herstellen kann.« Dennoch hat ihn die heftige Ablehnung seines Dramas verletzt, und er beschließt, von nun an nur mehr Lesedramen zu verfassen, »Schauspiele im Lehnsessel« wird er sie nennen. *Die launische Marianne* ist bereits veröffentlicht, *Fantasio* fast fertig geschrieben. Thema ist die Glücksunfähigkeit junger Männer, die sich entweder zu schwärmerischen Illusionen versteigen (wie Coelio) oder, verzweifelnd an der Dummheit und Trivialität der Welt, sich zynisch aus aller Verantwortung heraushalten und für Gefühle nur spöttische Kommentare aufbringen (wie Octave).

Musset gibt seiner Erscheinung das Flair effeminierter Eleganz, übertrieben die Taille seiner Redingote, hauteng die himmelblauen Samthosen, üppig die blonde Mähne. Bei einer improvisierten Abendeinladung serviert er, als Mädchen verkleidet – keiner der Gäste hat die Täuschung gemerkt. Zum Kontrast posiert er als Draufgänger: Alkoholexzesse, Opium, käufliche Mädchen.

Nie widerspricht er, wenn ihm die Freunde im Literaturzirkel – Dumas, de Vigny, Sainte-Beuve – Raubbau an seinem Talent vorwerfen. Leicht könnte er mit Hinweis auf die Menge seiner literarischen Arbeit – Gedichte, Zeitungsartikel, mehrere Theaterstücke pro Jahr – die Vorwürfe entkräften, aber er besteht geradezu auf dem Bild des frühverdorbenen Lebemannes. Verantwortungsgefühl scheint er nur für seine Texte zu kennen, der flirrende Duft seiner Dialoge ist das Ergebnis einer unerbittlichen Stilrigidität.

Die leidenschaftliche gegenseitige Anziehung zweier höchst unterschiedlicher Menschen: George Sand, dunkel, kraftvoll, von eiserner Disziplin, und Musset, hellblond, zart, fast weichlich, unfähig, auch nicht willens, sich an irgendeine Regelmäßigkeit zu halten. Sie leicht zu verunsichern in ihrer weiblichen Erotik, er protzend mit dem Konsum sexuellen Raffinements. Sie, deren schwülstige Sprache oft knapp die Grenze der Komik streift (»...antwortete sie ihm mit einem Lächeln, wie Murillo es der himmelfahrenden Jungfrau gemalt hatte«), deren langatmige Erklärungen, mit denen sie ihre Figuren Gefühle und Verhalten erläutern läßt, biedere Beflissenheit aufweisen und deren schwüle Bilder erotischer Besessenheit, ungewöhnlich zwar aus der Feder einer Frau, einfach schlechten Geschmack bezeugen. Er, der aus den ersten Seiten von *Indiana* erst einmal alle überflüssigen Adjektive streicht, dem die Brechung des Rhythmus, das ungewöhnliche Wort, die geschliffene Behendigkeit der Sätze nicht selten den Inhalt unterjochen. Sie, die Vielschreiberin, die von sich selbst sagen wird: »Ich mußte ohne Ruhe und Rast aus mir herausschreiben, um die Erziehung meiner Tochter bezahlen zu können und den Pflichten zu genügen, die ich gegen andere und gegen mich selbst hatte. Es war mir nicht gestattet, einen Augenblick anzuhalten, um meine Arbeit noch einmal durchzusehen oder um die Inspiration zu erwarten – und ich erlebte Anfälle von Gewissensbissen, wenn ich bedachte, wieviel Zeit ich einer hektischen Arbeit widmete, während ich das Bedürfnis fühlte, mich einem ernsten, heilsamen Nachdenken zu überlassen.« Er, der Jahre später von einem literarischen Amselpärchen berichten wird: »Während ich meine Gedichte komponierte, schmierte sie stoßweise Papier voll. Ich rezitierte ihr meine Verse; das kümmerte sie wenig und sie schrieb unverdrossen weiter. Sie entwarf ihre Romane mit einer Leichtigkeit, die fast der meinen gleichkam, wählte stets die dramatischsten Themata, Vatermorde, Verführungen, Totschlag, Gaunerei. Im Vorübergehen attackierte sie die Regierung und predigte die Emanzipation der Amselweibchen. Keine Anstrengung kostete sie Geist und keine Kraftprobe Schamhaftigkeit. Sie radierte niemals eine Zeile und arbeitete niemals nach einem Plan. Eben der Typ einer literarischen Amsel.«

Hätten Sand und Musset gemeinsam arbeiten können? Sie wollten es versuchen und planten, aus einem Stoff, den sie in alten Chroniken in Florenz gefunden hatten, ein Drama zu machen, *Lorenzaccio*. Es blieb bei dem Plan.

Am 12. Dezember 1833 hatte die Reise ins Glück begonnen,

und schon ab Januar blieben in Venedig die Verbindungstüren zwischen ihren Zimmern im Hotel verschlossen. Den ganzen Januar über war George krank und erholte sich nur mühsam, ab Februar litt Alfred an einem schweren Nervenfieber mit Halluzinationen und wurde von seiner Geliebten und dem Arzt Piero Pagello gepflegt, zwischen denen ein Liebesverhältnis begonnen hatte. Ende März reiste Musset nach Paris zurück, er versuchte, die neue Liebeskonstellation zu akzeptieren, gab er sich doch selbst die Schuld daran. George lebte bis Juli mit Pagello in Venedig zusammen. Ein dramatischer Briefwechsel zwischen Paris und Venedig verrät die verzweifelten Anstrengungen, die Trennung in eine Seelenfreundschaft umzuwandeln.

Beide liefern staunenswerte Verrenkungen, um die vergangenen Schmerzen so zu interpretieren, daß man einander nicht verlorengehen müsse. »Bin ich nicht immer der Bruder George, der Freund von früher?« versucht sich die Frau wieder so zu definieren wie zu Beginn ihrer Bekanntschaft. Und Alfred läßt sie wissen: »Armer George! Armes teures Kind! Du hast Dich getäuscht: Du hast geglaubt, meine Geliebte zu sein, aber Du warst meine Mutter!« Zwar seien sie füreinander bestimmt, und höchstes Einvernehmen habe sie zueinander getrieben, aber »wir haben Inzest begangen«. Sie will die Unterscheidung zwischen Mutter und Geliebter nicht gelten lassen, sie liebe ihn, »mit männlicher Kraft und auch aller Zärtlichkeit weiblicher Liebe«. Und mögen ihre Umarmungen Inzest gewesen sein, so hätten sie doch unschuldig und aufrichtig geliebt. »Gibt es eine einzige Erinnerung an diese Liebe, die nicht rein und heilig wäre? Du hast mir an einem Tag des Fieberdeliriums vorgeworfen, ich hätte Dir niemals die Wonnen der Liebe geschenkt. Damals habe ich darüber geweint, aber heute bin ich ganz sicher, daß an diesem Vorwurf etwas Wahres ist. Ich bin ganz sicher, daß dieses Vergnügen ernster, zurückhaltender war als das, was Du anderswo bekommen könntest. Wenigstens wirst Du an mich nicht in den Armen anderer Frauen denken.« — »Die Wonnen in Deinen Armen waren keuscher, das ist wahr, aber nicht weniger groß als sonst« — so beteuern sie ihr unvergleichliches Verständnis füreinander und versuchen sich in neuen Rollen. Sie mimt die fürsorgliche Vertraute (»Der Gedanke macht mich krank, daß Du zu wenig auf Deine schwache Gesundheit achtest. Ich flehe Dich auf den Knien an, noch kein Wein, noch keine Mädchen! Das ist noch zu früh!«), er präsentiert sich geläutert als reifer Erwachsener (»Sei stolz, mein großer und tapferer George, Du hast aus einem Kind einen Mann gemacht. Sei glücklich, sei geliebt, gesegnet, erhole Dich, verzeih mir! Was wäre ich ohne Dich?« – »Mit Dir zusammen habe ich aufgehört, ein herzloser Wüstling zu sein.« – »Wenn ich Dich nicht gekannt und verloren hätte, wäre mir niemals klargeworden, wer ich sein kann und weshalb meine Mutter einen Sohn bekommen hat.«). Bei allem Überschwang bleiben die Beschwörungen kraftlos, gekünstelt, unglaubwürdig.

George arbeitet wieder wie besessen, hält sich wach durch Unmengen von Kaffee und Tabak, erfüllt alle Verträge, deren Termine durch ihre Krankheit und ihre Aufgabe als Krankenpflegerin gefährdet waren, und zusätzlich zu den Romanen, die sie abliefern muß, beginnt sie mit den *Briefen eines Reisenden*, deren ersten sie an Musset richtet. Sie stellt ihm frei, damit zu tun, was ihm beliebe. »Wenn Du Korrekturen oder Streichungen vornehmen willst – ich brauche Dir nicht zu sagen, daß Du völlig über meine früheren, jetzigen und zukünftigen Manuskripte verfügen kannst. Hältst Du es nicht für angebracht, den Text zu veröffentlichen, so wirf ihn ins Feuer oder trage ihn in Deiner Brieftasche, nach Belieben.« Sie liefert sich ihm und seiner Großmut aus, und das ist auch nötig, denn was sie sich in diesem ersten Brief leistet an Verurteilung seines Verhaltens, straft ihre Aussage Lügen, sie habe nur einen Vorwand gesucht, um über ihre Zärtlichkeit für ihn zu schreiben und mit einem Schlag all denen »das Maul zu stopfen«, die nicht aufhörten zu behaupten, er habe sie verlassen und damit zerstört.

Zunächst wendet sie sich an ihn, das wunderbare, das geniale Kind, das leichtfertig die Edelsteine aus der Krone verschleudert, die Gott ihm auf die Stirn gesetzt hat: Kraft, Schönheit, Genie, Unschuld. »Welche Zerstörungssucht brennt in Dir? Mit welchem Haß gegen den Himmel verachtest Du seine herrlichsten Gaben?« Gegen die Verführung aller Laster werde er doch immer der Dichter bleiben, der die Himmelsbotschaft bringt; setze er an zur Gotteslästerung, werde daraus unversehens ein Gesang der Lobpreisung. Seine Dichtung sei zugleich »zynisch und wüst wie eine antike Ode und keusch und süß wie das Gebet eines Kindes« – von antiken Oden versteht Sand offenbar weniger als von der Perfidie, unter dem Deckmäntelchen des Verzeihens den Geliebten bloßzustellen. Immer wieder gelinge es seiner Seele, sich aus den Niederungen verderbter Genüsse zu erheben: »Du hast Dich aus den Armen Deiner närrischen Mätressen gelöst, um seufzend anzuhalten vor den Jungfrauen Raphaels« – die Kränkung Sands, mit den Verwöhnungen der »Priesterinnen der Wollust« nicht mithalten zu können, schreckt auch nicht davor zurück, das fast tödliche Nervenfieber Mussets als Strafe Gottes für seinen Lebenswandel zu interpretieren. Für Gottes Erbarmen mit dem Sünder werde sie ihm ewig Preis und Dank schulden.

Religiosität, kleinliche Moral und Exhibitionismus sind in diesem Text eine höchst unerquickliche Verbindung eingegangen. Aber Musset, der Sprachpurist und Ästhet, reagiert auf die schwülstige Abrechnung mit demütigem Enthusiasmus – und, leider, im selben Stil: »Mein George, dieser kostbare Brief, niemals hast Du so schön geschrieben, so göttlich, niemals hat Deine Begabung besser mit Deinem Herzen übereingestimmt. Zu mir, von mir sprichst Du so! Nun, da bin ich! Und die Frau, die diese Seiten verfaßt hat, habe ich an meiner Brust gehalten. Sie ist darüber hingeglitten wie ein erhabener Schatten, und ich erwachte bei ihrem letzten Kuß.« Und noch tiefer verstrickt er sich in die Beteuerungen seiner Schuld und seiner Reue. Nur in wenigen Briefen verzichten die beiden Verfasser auf den hohen Ton der Ekstase. Da geht es dann um Geldmangel, Organisationsprobleme, schriftstellerisches Handwerk. George hat handfeste Aufträge für Alfred: er soll die Manuskripte, die sie ihm schickt, bevor er sie zum Verlag weiterleitet, auf Schlüssigkeit überprüfen, etwa, ob die Altersangaben der handelnden Personen korrekt sind, er soll fehlende Kapiteleinteilungen vornehmen, unpassende Ausdrücke und schlechtes Französisch verbessern.

Er tut dies alles, neben seiner eigenen Arbeit. Eine Komödie ist fertig, die er bereits vor der Reise begonnen hatte: *Man spielt nicht mit der Liebe*. Ganze Sätze aus den Briefen Georges übernimmt er wörtlich: »Ich habe oft gelitten, ich habe mich einigemale geirrt, aber ich habe geliebt. Und ich war es, die mein Leben gelebt hat, und keine von meinem Stolz und meiner Langeweile erschaffene Kunstfigur.«

Er schreibt *Lorenzaccio*, die Geschichte eines jungen Idealisten, der, um das Florenz der Renaissance von der Gewaltherrschaft der Medici zu befreien, in die Rolle eines Wüstlings schlüpft, um dem Tyrannen so nahe zu kommen, daß er ihn töten kann. Er muß aber erkennen, daß dieser Mord keineswegs die

Moral wiederherstellt, er selbst jedoch in der ständigen Verstellung seine Unschuld verloren hat.

George Sand bittet Musset, ihr diese neuen Stücke zu schicken. Sie hat den Plan, diese Dramen von ihrem Liebhaber, dem Arzt Pagello, ins Italienische übersetzen zu lassen. Nichts davon wurde verwirklicht, wie hätte der ehrenwerte Doktor auch den Anforderungen von Mussets differenzierter Sprache genügen können? »Der gute Pierre hat *Lélia* nicht gelesen, und ich glaube, daß er nichts davon verstehen würde. Er ahnt nichts von den Irrwegen unserer Dichterseelen« – sie ist sich also über seine geistigen Grenzen sehr wohl im klaren. Ein halbes Jahr hat sie nun in Venedig verbracht und aller Welt die Sehnsucht nach ihren Kindern geklagt. Nach Hause zurückzukehren ist ihr nicht möglich, aus Geldmangel, wie sie behauptet. Endlich entschließt sie sich doch zur Heimfahrt, reist aber zuvor noch ausgiebig durch Italien, Frankreich und die Schweiz. Und sie bringt Pagello nach Paris mit – mit dem Einverständnis Mussets, der sich dankbar zeigt, sie auf der Reise beschützt zu wissen.

In ihren Briefen hatten Sand und Musset keine Mühe gescheut, die gescheiterte Liebe in einen Kult heiliger Freundschaft umzumünzen. Dennoch zuckt durch die exaltierten Sätze, als Vorbote künftiger Gewitter, die Ahnung von Lüge und Betrug. Immer wieder setzt Musset an zu fragen, ob George ihn während der gemeinsamen Zeit betrogen habe, und tröstet sich selbst, dazu sei sie zu aufrichtig, nobel und stolz. Sie verharmlost ihr Zusammenleben mit Pagello: »Ich liebe zum ersten Mal ohne Leidenschaft« und will in Pagello lediglich den Vater gesehen haben, den sie als kleines Mädchen verloren hat. Pagello sei ihr Freund, ihre Stütze. Aber: »Er leidet nicht; er ist nicht schwach, nicht mißtrauisch, er hat die Bitterkeit, wie sie Dein Herz zerrissen hat, nie gekannt; er braucht meine Kraft nicht, er hat seine Gelassenheit und seine Tugend. Er liebt mich ganz friedlich, er ist glücklich, ohne daß ich dafür leide, ohne an seinem Glück arbeiten zu müssen. Nun gut, aber ich, ich brauche es, für jemanden zu leiden, ich muß dieses Übermaß an Energie und Gefühl in mir auch einsetzen. Ich muß dieses mütterliche Bedürfnis, das daran gewöhnt ist, ein leidendes und erschöpftes Wesen zu behüten, auch sättigen.« Sie wäre zufrieden, könnte sie leben mit Musset als ihrem Kind und Pagello als ihrem Vater. Diese Rollenverteilung würde sie von allem Druck, sich als gleichgestellte Partnerin behaupten zu müssen, befreien. Als Mutter, als Kind – im Schutz dieser Figurationen fühlt sie sich stark, deshalb wird sie auch alle noch folgenden Liebesbeziehungen uminterpretieren, eine lebenslange Konsequenz des Kindheitsschocks, den mörderischen Ambivalenzen des Weiblichen hilflos ausgeliefert zu sein.

Musset hat schon während ihrer Abwesenheit dem Freund und Verleger Buloz bekannt, er sei eigentlich davon überzeugt, in Venedig betrogen worden zu sein, und zählt eine Reihe von Indizien auf, deretwegen es mit George Sand zu furchtbaren Auseinandersetzungen gekommen war. In den Briefen wird nichts davon angesprochen, und wenn es Andeutungen gibt, dann nur perfekt sublimiert. Aber jetzt ist das neue Paar leibhaftig in Paris. Nur wenige Tage hält die Harmonie vor, dann verlassen George und Alfred fluchtartig die Stadt, er reist nach Baden-Baden, sie nach Nohant. Pagello bleibt etwas verloren in Paris zurück. George hat ihn der Obhut eines Erziehers ihrer Kinder anvertraut. Aus Baden-Baden erhält sie verzweifelte Briefe. Ihre Antwortschreiben versuchen die Liebesschwüre gewaltsam so zu deuten, wie sie die glühenden Worte verstehen will: Alfred täusche sich über seine Gefühle, sie gehörten einfach »zur poetischen Gewohnheit« seiner Sprache als Dichter. Schließlich habe auch sie selbst ihm gegenüber Worte verwendet, die bei anderen Menschen etwas anderes bedeuteten als bei ihnen: »Zwischen uns dreien drücken sie eine Seelenfreundschaft aus, bei der die Sinne nicht zählen.« In ihrer Bedrängnis spitzt sie das Bild von Vater Pagello und Kind Musset noch mehr zu: »Ich liebte ihn wie einen Vater, und Du warst das Kind von uns beiden.« Hatte Musset vergessen, wie er selbst in Venedig ihrer beider Hände zusammengelegt hatte: »Ihr liebt einander und auch mich, dessen Geist und Körper ihr gerettet habt?«

Aber endlich ist Schluß mit dem triefenden Edelmut. Musset erklärt, es sei ihm gleichgültig, ob Pagello leide, er habe schließlich auch ihn genug ertragen lassen. Pagello bekennt in einem Brief an seinen Vater, wenn irgend jemand Grund habe, sich in die Seine zu stürzen, so sei dies er, und zieht endlich die Konsequenz, zu verschwinden. Die von allen Verpflichtungen befreiten Liebenden eilen nach Paris, und die Romanze beginnt von vorne. Nach einer kurzen Zeit des Glücks im Oktober erfährt Musset von Pagellos Geständnis an einen gemeinsamen Freund, die Affäre mit George Sand habe bereits während Mussets Krankheit

bestanden – von Musset immer vermutet, von George immer ab-
gestritten. Daraufhin trennt er sich von ihr, nimmt keine Briefe
von ihr an und verweigert jede Zusammenkunft. Jetzt ist sie es,
die fleht, weint, sich ihm zu Füßen wirft und um seine Verzeihung
bettelt, vergeblich. In finsterster Verzweiflung verfaßt sie ein Tagebuch, in dem sie ihre Leiden festhält, auch ihre Gespräche mit
Freunden und Bekannten, die sie um Rat bittet und um Ablen-
kung von ihrer Qual. Franz Liszt, Heinrich Heine, Buloz, Sainte-
Beuve – George sammelt Verbündete. »O Einsamkeit, O Einsamkeit! Ich kann weder schreiben noch beten.«

Sie wäre nicht sie selbst, könnte sie tatsächlich nicht schreiben.
Sie tut es tagtäglich, ausufernd. Sie, die entlarvte Lügnerin, steigert sich in einen Wunschtraum: mit berühmten Künstlern will
sie zusammenleben, mit Delacroix, Liszt, Berlioz, Meyerbeer,
und zwar als Mann unter Männern. Sollte Musset der Unschuld
dieser Gemeinschaft mißtrauen, würden alle diese Männer für sie
aufstehen und Zeugnis ablegen, und nach einer gewissen Dauer
dieses ehrenwerten Lebens (sie würde kochen, arbeiten und ein
wenig Zerstreuung suchen gegen die Verzweiflung) könnte sie es
wagen, Musset um einen Händedruck zu bitten. Dieser allerdings, ohne Sinn für derartige Überspanntheiten, vermutet, daß
sie sich längst in eine neue Liaison gestürzt hat, mit Liszt, den er
selbst ihr vorstellte.

Um alle Zweifel an der Einmaligkeit ihres Gefühls zu besiegen,
greift sie zu einem theatralischen Effekt: sie schneidet ihre langen
Haare ab und schickt sie dem zürnenden Geliebten als Sühneop-
fer, läßt sich sofort von Delacroix mit der neuen Frisur und
schmerzbewegten Zügen porträtieren, besorgt sich einen Totenkopf, in dem sie die Briefe Mussets aufbewahrt – Magdalena, die
Sünderin, zwar »ohne Haare, aber nicht ohne Tränen, ohne
Kreuz und ohne Totenkopf, zu der Jesus gesagt hatte: dir wird
vergeben werden, denn du hast geliebt«. Musset ist durch die
spektakuläre Geste gewonnen, und am 14. Januar 1835 kann sie
stolz mitteilen: »Alfred ist wieder mein Geliebter.«

Natürlich wird die Versöhnung von fürchterlichen Szenen getrübt. Nach dem Triumph, ihn wiedergewonnen zu haben, kann
sich George aus ihrer Obsession lösen. Heimlich entfernt sie sich
aus Paris, ohne Musset von ihrem Aufbruch zu benachrichtigen,
diesmal ist die Trennung endgültig. Kurz danach verliebt sie sich
in einen anderen Mann. Auch Musset findet bald eine neue Ge-

liebte, aber noch lange wird er damit beschäftigt sein, die Liebe zu George Sand zu verarbeiten. Im Gedichtzyklus »Die Nächte« gelingt es der Muse, den schmerzgelähmten Dichter davon zu überzeugen: »Nichts aber macht uns so groß wie gewaltiges Leid.« Die süßesten Lieder seien in Verzweiflung entstanden. Nachdem der Dichter noch einmal seine Enttäuschung und Bitterkeit über den Verrat der »Frau mit dunklem Blick« beklagt hat, gelingt es der Muse, ihn zu neuem Schaffen zu inspirieren: »Die Ernte braucht den Tau, um auszureifen / der Mensch braucht Tränen, um zu leben –«, er verbannt aus seinem Denken »Reste schlimmer Leidenschaften« und findet im Verzeihen neue schöpferische Kraft.

Dieses Verzeihen schlägt sich real nieder in der Romanbiografie *Bekenntnisse eines Kindes seiner Zeit*. Gleich nach seiner Abreise von Venedig hat Musset erklärt, er werde seiner Geliebten ein Denkmal setzen und sein Versagen in der Liebe schonungslos darstellen, um sich von seinen Selbstvorwürfen zu befreien. Der Plan verdichtet sich nach dem unglücklichen Wiedersehen in Paris, Musset kündigt vor seinem Aufbruch nach Baden-Baden an, er werde über seine »heilige Braut« ein Buch schreiben, damit diese kalte Erde erfahren solle, wen sie getragen hat. »Die Nachwelt wird unsere Namen im Munde führen wie die jener unsterblich Liebenden, die nur noch einen gemeinsam haben, wie Romeo und Julia, Héloïse und Abaelard. Man wird niemals von dem einen sprechen ohne vom andern auch.« Und er errichtet für seine Geliebte einen Altar, vor dem alle Fehler des Mannes aufgeschichtet sind. Die Frau erscheint als das unschuldige Opfer des zerstörten, gequälten Geistes ihres Peinigers. Musset nennt als Grund für die seelische Zerrüttung seines Protagonisten Octave den Lebensekel, den das Jahrhundert bei der Jugend auslöst, die ohne Ideale, ohne sinnvolles Ziel, abgestumpft und abgebrüht die leeren Tage verdämmert. Die engelgleiche Brigitte wird von ihrem Geliebten verletzt und beleidigt, weil er, von seiner ersten Geliebten betrogen, den Glauben an ein echtes, tiefes Gefühl und die Zuverlässigkeit der Frauen verloren hat. Als es ihr schließlich gelingt, sich einem andern Mann zuzuwenden, verzichtet Octave, um ihre neue Liebe nicht zu beeinträchtigen.

George Sand weint »wie ein Tier«, als sie den Roman liest, und empfindet Mussets Darstellung einer »unglückseligen Intimität« wahrheitsgetreu und ergreifend. »Dann habe ich dem Autor ein paar Zeilen geschrieben, um ihm ich weiß nicht was zu sagen: daß ich ihn sehr geliebt habe, daß ich ihm alles verziehen habe, daß ich ihn niemals wiedersehen wolle. Diese drei Dinge sind wahr und unverrückbar. – Ich gestehe Ihnen, ich hege für ihn noch immer eine tiefe mütterliche Zärtlichkeit im Herzen. Es ist mir unmöglich, über ihn Böses sagen hören ohne Zorn, und deshalb meinen einige meiner Freunde, ich sei noch nicht ganz geheilt. Und doch bin ich so gut von ihm geheilt wie Kaiser Karl der Große von Zahnschmerzen.« Dieser wenig elegante Scherz verrät die Anstrengung, sich unberührt zu geben. Kann sie tatsächlich in der hingebungsvollen, sanften Brigitte, deren zurückgezogenes Leben von einem manisch eifersüchtigen Geliebten verwirrt, beinahe zerstört wird, ein Porträt ihrer Persönlichkeit sehen? Läßt nicht eher die schwarzäugige, untreue erste Geliebte, die durch ihre Selbstverständlichkeit im Lügen das Vertrauen des jungen Octave vergiftete, Rückschlüsse auf den Betrug in Venedig zu? Müßige Spekulation. Musset äußert sich darüber 1836 in einem Brief an Liszt: »Diese Art von Werken, seien sie interessant oder nicht, scheinen mir nicht zur Kunst zu gehören; nicht aufrichtig genug für Memoiren, nicht genügend fiktiv für Romane; der Leser muß vergeblich nach der Spur der Realität suchen, die ihm jeden Augenblick entgleitet, während der arme Autor, nackt unter einem an tausend Stellen zerlöcherten Mantel, die Kritik ganz lebendig fühlt und dort die Degenstöße erhält, wo er sich entblößt.«

Nun hätte man meinen können, die Affäre habe sich für alle Beteiligten gütlich erledigt. Madame Sand ist es gelungen, im Jahr nach der Trennung die Scheidung von ihrem Mann durchzusetzen und die Vermögenslage zu ihren Gunsten zu klären, sie ist wieder verliebt und wird weiterhin erfolgreich publizieren. Musset gefährdet seine zarte Konstitution durch Alkohol und Drogen, wodurch die Gespaltenheit seines Wesens verstärkt wird: gutmütig, sanft, liebevoll, geistvoll, bescheiden, sensibel, einfühlsam, aber auch schwach, reizbar, hochmütig, despotisch, närrisch, hart, schäbig, mißtrauisch, egoistisch (so charakterisiert ihn eine Freundin).

Nach seinem Tod mit nur 47 Jahren hielt es George Sand für nötig, noch einmal die Beziehung in dem nur wenig verschlüsselten Roman *Elle et Lui* aufzurollen. Da ihr Musset in seiner noblen Art immer ein großzügiges Andenken bewahrt hat, ist es nicht leicht verständlich, weshalb sie noch einmal ansetzen mußte, ihren Part in dieser Beziehung zu verklären. Die Zeitgenossen empfanden es als kleinlich, dem Dichter ein so jämmerliches Gedenken nachzusenden. Sätze wie diese empörten Paris: »Zudem war Therese ihre Liebe zu Laurent selbst unverständlich. Sie wurde nicht durch die Sinne verleitet, denn Laurent, besudelt von Wollust und Ausschweifungen, in die er sich immer wieder stürzte, um seine Liebe abzutöten, da er sie aus eigener Kraft nicht auslöschen konnte, flößte ihr mehr Ekel ein als eine Leiche; sie hatte keine Liebkosungen mehr für ihn übrig, und er wagte nicht, sie darum zu bitten. Sie erlag nicht mehr dem Charme seiner Beredsamkeit und der kindlichen Anmut seiner Buße und Reue. – Was sie an ihn fesselte, war das grenzenlose Mitleid, das zur zwingenden Gewohnheit wird im Umgang mit Menschen, denen man viel und immer wieder verziehen hat.« Die makellose Liebe der Therese opfert dem Geliebten, vor dessen Genie sie sich respektvoll beugt, »ihren Stolz, ihre eigene Arbeit und das, was jemand, der weniger ergeben und treu ist, vielleicht ihren eigenen Ruhm hätte nennen können«. Hier läßt sich gewiß keine Parallele nachweisen. Aber vielleicht gilt die späte Abrechnung der nie verheilten Wunde, daß der gebildete, poetische, stilsichere Musset die schreibende Partnerin auf dem Feld beruflicher Konkurrenz doch weit hinter sich gelassen hatte.

Der Bruder Mussets veröffentlichte als Reaktion auf den Sturm der Entrüstung über Sands Schlüsselroman eine eigene Biografie des Dichters mit dem Titel *Lui et Elle* und stutzte den Wahrheitsgehalt der umstrittenen Darstellung zurecht. Wir erfahren daraus, wie die kurze Liebesbeziehung dem Selbstbild der beiden Beteiligten geschmeichelt hatte, das nie wieder den betörenden Glanz dieser gegenseitigen Spiegelung gewinnen sollte.

Nachspiele

Gustave Flaubert
Louise Colet, George Sand

Und noch ein Buch drängte auf den Markt, um von dem lüster-
nen Interesse an der hinlänglich zerredeten Affäre zu profitieren:
Lui. Darin erzählt ein Dichter, müde, gebrochen, krank, einer
empfindsamen Marquise, um die er wirbt, die unheilvolle Liebesgeschichte, von der sein Leben zerstört wurde. Die Geliebte seiner
Jugend, eine berühmte Schriftstellerin, habe versucht, ihn nach
ihren Vorstellungen zu erziehen, ihm ihren regelmäßigen Arbeitsrhythmus aufzuzwingen, und hätte sein Genie versklavt, wenn es
ihm nicht gelungen wäre, sich dem despotischen Zugriff zu entziehen. Die Marquise, vor der er diese Beichte ablegt (deren
Selbstgerechtigkeit Musset zutiefst peinlich gewesen wäre), ist
das geschönte Alter ego der Autorin, Louise Colet, die ihre kurze
Bekanntschaft mit dem Dichter, um dessen Protektion sie sich bemühte, nach dessen Tod breitwalzte.

Das Werkchen verdiente keine Erwähnung, böte es nicht auch
noch das Porträt eines anderen berühmten Mannes. Die Marquise lehnt das Liebeswerben des kranken Dichters ab, weil sie an
einen gewissen Léonce gebunden ist, der ihre Zuneigung nicht
verdient: ein Schriftsteller, der ihr zwar in täglichen Briefen seine
Liebe beteuert, sie aber fast nie in Paris besucht, sondern sich in
der Provinz vergräbt, um in fanatischer Arbeitswut einen Roman
zu schreiben. Alle Freunde warnen die Marquise vor diesem lächerlichen Menschen: er sei unfähig zur Liebe, zu geizig, um sie,
die sich mit ihrem Kind kläglich mit Übersetzungen durchschlägt,
finanziell zu unterstützen, habe sich in einen Wahn künstlerischer
Perfektion verbohrt, die ihm gleichwohl doch nie gelingt – dieses
verknöcherte Ekel ist Gustave Flaubert, ehemaliger Liebhaber
der Colet. »Was für eine merkwürdige Sache, die Literatur so in
den Dienst seiner Leidenschaften zu stellen, und welche in jeder
Hinsicht traurigen Werke dabei herauskommen!« schreibt Flaubert darüber an einen Freund, und: »Was mich betrifft, so gehe
ich daraus weiß wie der Schnee hervor, aber als ein gefühlloser,
geiziger Mensch und im ganzen als ein finsterer Dummkopf. Da
hast Du, was es einbringt, mit den Musen den Beischlaf ausgeübt

zu haben! Ich habe gelacht, daß mir die Rippen weh taten.«

Die Beziehung zwischen dem 25jährigen Flaubert und der dreizehn Jahre älteren Colet, die er seine Muse nannte, begann 1846 und dauerte, mit Unterbrechungen, neun Jahre. Da Flaubert seine Geliebte tatsächlich nur selten sah und sich im Landhaus seiner Familie in Croisset bei Rouen vergrub, ließ er sie in seinen Briefen teilnehmen an all den Schmerzen, die er sich während des Schreibprozesses selbst zufügte. Er beklagt die »Impotenz seines Herzens«, seine frühe Vergreisung, seine Manie der Selbstanalyse, die ihn lähme, und »einen radikalen, bitteren, unaufhörlichen Überdruß, der mich hindert, irgend etwas zu genießen, und der mein Herz bis zum Zerplatzen füllt«.

Er ist so besessen von einem fast unerreichbaren Ideal vollendeter Form, daß er davon überzeugt ist, nie etwas veröffentlichen zu wollen. »So wisse denn, daß ich vom Schreiben erschöpft bin. Der Stil, etwas, was mir am Herzen liegt, reizt meine Nerven aufs schrecklichste. Ich ärgere mich und zerfleische mich. (…) Was für eine seltsame Manie, sein Leben damit zu verbringen, sich über Wörtern zu verbrauchen und den ganzen Tag zu quälen, um an Satzperioden zu feilen.« Die Schwierigkeit, nicht einmal die einfachsten Dinge ausdrücken zu können, nimmt zu wie die Angst, »daß ich vor lauter gutem Geschmack noch dahin komme, überhaupt nicht mehr schreiben zu können.« Dabei weiß er, daß seine Ansprüche an den einzig treffenden Ausdruck von den Lesern gar nicht anerkannt würden. Die Folter, Seiten um Seiten »gekritzelt« zu haben, ohne daß ein einziger Satz vor dem eigenen Urteil bestehen bleibt, muß ertragen werden, denn: »Schreiben ist etwas Köstliches, nicht mehr man selbst zu sein, sondern in der ganzen Schöpfung kreisen, von der man spricht. Heute zum Beispiel bin ich als Mann und Frau zugleich, als Liebhaber und Geliebte an einem Herbstnachmittag unter den gelben Blättern durch einen Wald geritten, und ich war die Pferde, die Blätter, der Wind, die gesprochenen Worte und die rote Sonne, die sie ihre von Liebe getränkten Augenlider halb schließen ließ.« Vertrauensvoll breitet er die mühevolle Entstehung der *Madame Bovary* vor seiner Muse aus, nicht nur sind ihm die Personen »zutiefst zuwider«, sondern er fühlt sich wie jemand, »der mit Bleikugeln auf jedem Fingerglied Klavier spielt«, weil er will, daß es in seinem Buch »keine einzige Bewegung und keine einzige Betrachtung des Autors gibt«. Die Wiedergabe der Realität sei nur möglich durch

»aufmerksamste Beobachtung der banalsten Details«. Verständlich, daß ihn, »über die Schimmelflechte der Seele gebeugt«, oft die blanke Verzweiflung für Stunden untätig auf den Diwan wirft.

Louise Colet scheint für diese ausschließliche Verantwortung für die Reinheit der Sprache nur wenig Verständnis aufgebracht zu haben. Sie beklagt sich über die seltene Anwesenheit des Geliebten, der ihr zu erklären sucht, »daß für mich die Liebe nicht die erste Sache auf der Welt ist, sondern die zweite«. Andererseits weiß er die sinnlichen Freuden, die er mit ihr erlebt, zu schätzen, begreift nur nicht, warum sie durch »exaltierte Gefühle« wie »tobende Verzweiflung« ihre Vertrautheit belasten muß. »Ich empfinde für Dich eine Mischung von Freundschaft, Anziehung, Achtung, Zärtlichkeit des Herzens und Hingerissenheit der Sinne, die ein komplexes Ganzes bildet, dessen Namen ich nicht weiß.« Da sie verheiratet ist, zudem in Paris einen großen Kreis von Freunden und Bewunderern um sich schart und genug zu tun hätte, um ihre schriftstellerische Begabung zu kultivieren, versteht er nicht, warum sie sich dauernd über Mängel in ihrer Beziehung beschwert. »Ich habe geglaubt, daß Du mir in meiner Seele Gesellschaft leisten würdest und daß es um uns beide einen großen Kreis geben würde, der uns von den anderen trennt. Aber nein! Du brauchst das Normale und von allen Gewünschte.«

Er verbessert ihre Gedichte, redigiert ihre Artikel für Zeitungen und ist ein sorgfältiger, gründlicher künstlerischer Berater. Er bittet sie wiederholt, ihm ihre Manuskripte nicht zu spät zu schicken, damit er genügend Zeit für die Korrektur habe. Sie wird mit Preisen überschüttet, über die er sich freut, dennoch rät er ihr dringend, an ihrer Sprache zu arbeiten: »Arbeite tüchtig! Wenn ich Dich nur vier Monate lang unter meinen Augen hätte, frei von allen anderen Dingen, würdest Du sehen, wie ich Dich zum Arbeiten brächte, und wie wenig es bedarf, um das Mittelmäßige in etwas Gutes und das Gute in etwas Ausgezeichnetes zu verwandeln.« Er selbst hält es so: zwei Stunden für die Sprachen, acht für den Stil und am Abend im Bett noch eine Stunde für die Lektüre eines Klassikers.« Ich finde, das ist vernünftig. (…) Du mußt es Dir zur Gewohnheit machen, jeden Tag (wie ein Gebetbuch) etwas Gutes zu lesen. Mit der Zeit dringt das in uns ein. (…) Das Talent überträgt sich durch Infusion wie das Leben, und man muß in edler Gesellschaft leben und den Geist des Umgangs mit den Meistern annehmen. (...) Dein Vers ist oft philosophisch oder leer, im Übermaß gefärbt oder ein wenig verwickelt. Lies, lies immer wieder, seziere La Fontaine, der keine dieser Eigenschaften oder Fehler hat. Ich habe weiß Gott keine Angst, daß Du Fabeln schreibst.«

Doch manchmal wird es ihm zuviel, sich mit ihren Ergüssen zu beschäftigen, obwohl er ihr immer wieder versichert, für wie genial er sie halte. Wenn er Kritik formuliert, bemüht er sich, sie so abzufassen, daß sie seine Einwände auch anderen zeigen kann ohne Verlust an Ansehen. Aber zwischen ihnen besteht er auf Ehrlichkeit: »Dieses Werk ist, so wie es ist, zur Veröffentlichung nicht reif, und ich flehe Dich an, es nicht zu veröffentlichen.« – »Wenn man die Charaktere so auffaßt, wie Du sie darstellst, entbehren sie jeder Kunst! Du hast all das mit einer persönlichen Leidenschaft geschrieben, die Dir den Blick für die grundlegenden Bedingungen jedes erdachten Werkes getrübt hat. Es fehlt an der Ästhetik! Ich versichere Dir, daß das Gedicht, abgesehen von den lyrischen Stellen und einigen Beschreibungen, schwach und vor allem langweilig ist. Du hast aus der Kunst einen Ausguß für leidenschaftliche Gefühle gemacht, eine Art Nachttopf, in den etwas, ich weiß nicht was, überläuft.« Entschließt sie sich aber doch, das von ihm so heftig kritisierte Werk zu veröffentlichen, resigniert er: »Was habt Ihr dort in Paris doch alle für eine Sucht, Euch bekannt zu machen, Euch zu beeilen, die Mieter zu rufen, noch bevor das Dach des Hauses fertig ist! Wo sind die Leute, die den Rat des Horaz befolgen, daß man sein Werk neun Jahre geheimhalten soll, bevor man sich entschließt, es zu zeigen. Man ist in der heutigen Zeit in nichts mehr meisterhaft.«

Dies sagt er in dem letzten der vielen Briefe, die er in den neun Jahren an sie gerichtet hat. Der Konflikt zwischen ihnen ist nicht auf dem Gebiet der Kunst aufgebrochen, sondern ganz persönlich. Seit einem Jahr Witwe, wollte sie Flaubert heiraten, bestand darauf, seiner Mutter vorgestellt zu werden, und als er ihr dies abschlug – seine Bedürfnisse zielten nie auf Heirat ab –, erschien sie gegen seinen Willen in Croisset, verlangte vorgelassen zu werden, und wurde abgewiesen. Flaubert nahm es seiner »lieben, wilden Alten« übel, daß sie ihn mit ihren siebenundvierzig Jahren dermaßen unter Druck setzte. Dies war der Bruch einer Beziehung, in die er mehr investiert hatte als in jede andere in seinem Leben. Mehr zu geben war er nicht bereit, wohl auch nicht fähig.

Louise rächte sich mit seinem Porträt, fünf Jahre später, wofür er aber nur Spott übrig hatte. Die Mühsal der Arbeit an *Madame Bovary* nahm ihn so gefangen, daß er kaum Interesse für andere Belange des Lebens aufbrachte. Er vermißte Louise nicht. Die beiden waren in ihrer Berufsauffassung so weit voneinander entfernt, daß kaum noch Verständigung möglich war. Seine strikte Ablehnung eines Werks von ihr – zum ersten Mal während ihrer Beziehung – gab dem privaten Streit vielleicht erst seine Bedeutung. In dem umfangreichen Briefwechsel entwickelte Flaubert eine ausgefeilte Poetologie, worauf sie nie einging, an dieser Art der Auseinandersetzung wohl auch kein Vergnügen hatte. Flaubert ordnete sein künftiges Leben ausschließlich seiner Arbeit unter. Er saß unentwegt am Schreibtisch, bewegte sich zu wenig, schlang Unmengen von Essen hinunter, wurde immer fetter und massiger.

45 Jahre war er alt, als seine Freundschaft mit George Sand begann, siebzehn Jahre älter als er und über stürmische Liebesaffären hinaus. Sie schätzte den Eigenbrödler, der sich als ihren Troubadour bezeichnete und sie als »liebe Meisterin« titulierte. Dabei hielt er ursprünglich von ihren Büchern nicht viel, denn »die Kunst darf nicht als Kanzel dienen für irgendeine Doktrin, wenn sie nicht ihren Rang einbüßen will.« Der Kontakt zwischen den beiden, die einander ab und zu bei kulturellen Anlässen, im Theater oder bei literarischen Diners in Paris treffen, wird erst ab 1866 enger. Er brütet über die *Lehrjahre des Herzens* und bekennt sein altes Leiden, daß er seinen Kopf zermartere, um ein einziges passendes Wort zu finden. »Oh, ich kann sagen, daß ich die Schrecken des Stils kennengelernt habe.« Sie entgegnet darauf, daß sie nach ihrem »alten Trott« in die Haut ihrer Romanfiguren schlüpfe und Schwierigkeiten habe, »unter den tausenderlei Kombinationsmöglichkeiten des Handlungsverlaufs« zu wählen. »Doch was den Stil betrifft, da geb ich's billiger als Sie.« Er vertritt immer rigider das Prinzip der Objektivität: »Außerdem empfinde ich eine unüberwindliche Abneigung, etwas aus meinem Herzen zu Papier zu bringen. Ich finde sogar, daß ein Romancier nicht das Recht hat, seine Meinung über irgend etwas auszudrücken. Hat der liebe Gott jemals seine Meinung gesagt?« Der Schriftsteller dürfe »nicht seine Persönlichkeit in Szene setzen. Ich glaube, daß die große Kunst wissenschaftlich und unpersönlich ist.«

Beider Leben könnte unterschiedlicher gar nicht sein: er verkriecht sich in Croisset, um mit seinem Roman weiterzukommen, und sie genießt das Familienleben mit ihren Enkelkindern und den häufigen Besuchen von Freunden, schreibt längst nicht mehr so unentwegt wie noch vor wenigen Jahren, produziert aber immer noch rapide. Dennoch entsteht eine loyale Freundschaft. Sie bemüht sich um bessere Verträge für ihn, er nimmt sie gegen politische Gerüchte in Schutz, die ihr schaden. Sie lesen alles, was der andere schreibt, und liefern einander liebevolle Kritik. Als sich die Presse sehr negativ über die *Lehrjahre des Herzens* äußert, veröffentlicht sie einen lobenden Artikel und fordert ihre Freunde auf, Flaubert Briefe zu schreiben, um ihn über den Mißerfolg zu trösten. Sie vermeiden Reizthemen wie Politik – allerdings zeigt sich, daß bezüglich der Kommune 1871 die Meinungen der sozialistischen Utopistin und des hoffnungslosen Reaktionärs gar nicht weit auseinanderliegen.

Mißverständnisse werden schnell ausgeräumt, so etwa, wenn George Sand ihm empfiehlt zu heiraten, weil Alleinsein »widerwärtig« sei, und er antwortet, daß er zu alt und anständig sei, um seine Person auf die Dauer einer anderen zuzumuten, daß seine Renten nicht ausreichten, um eine Frau zu sich zu nehmen, und »daß die Frau, konkret gesprochen, niemals Bestandteil meiner Lebensgewohnheiten gewesen sei«.

Beide sind sich einig in ihrer Resignation über die Aufnahme ihrer Bücher. Sie bestärken einander in der Einsicht, daß das literarische Leben an Qualität eingebüßt habe (»Welcher Kritiker liest denn das Buch, das er zu besprechen hat?«), und sind zufrieden, im anderen »einen Leser gefunden zu haben, der zehntausend andere aufwiegt«. Sie versucht, seine Perfektionsansprüche zu normalisieren: »Ich habe meinen Ehrgeiz nicht so hochgeschraubt wie Du. Du willst für alle Zeiten schreiben. Ich glaube, daß ich in fünfzig Jahren völlig vergessen und vielleicht sogar gröblich verkannt sein werde. Das ist der Lauf der Dinge, die nicht erstklassig sind, und ich habe mich nie für erstklassig gehalten« – doch gerade dahin zielt sein penibler Ehrgeiz: nicht auf Anerkennung ist er aus, ihn treibt die Suche nach dem gültigen, »erstklassigen« Ausdruck, der vor seinem eigenen Maßstab bestehen kann. Seit 1867 duzt sie ihn, er wird sich trotz zunehmender Vertrautheit nie zu dieser Anrede durchringen.

Seine Niedergeschlagenheit, sein »wochenlang anhaltender

Trübsinn« bereiten ihr Sorgen. Sie vergleicht ihn mit ihrem mit ihm fast gleichaltrigen Sohn, der in der Blüte seines Leben steht, während sich Flaubert »zu sehr von den Bindungen des Lebens« löse. Die charakteristischen Merkmale des Einzelgängers fallen ihr an ihm auf: er hält das Spielen ihrer Enkelkinder bei einem Besuch in Nohant nicht aus, kann Lärm nicht ertragen, übersieht aber, daß er, wen er sich einmal zum Reden aufgerafft hat, keinen anderen mehr zu Wort kommen läßt. Sie mag ihn sehr, aber: »er zerrüttet mir die Nerven«.

Ein halbes Jahr vor George Sands Tod erörtern beide ein letztes Mal ihren jeweiligen literarischen Standpunkt. 1875 war für beide mühsam gewesen, Krankheiten hatten zugenommen, aber während sich George Sand gelassen mit den Leiden des Alters abfindet, ist Flaubert zusätzlich zu den körperlichen Unpäßlichkeiten von Melancholie beschwert. Der drohende Bankrott des Ehemanns seiner über alles geliebten Nichte treibt ihn zur Verzweiflung, und er befürchtet, das Haus in Croisset, in dem er fast sein ganzes Leben verbracht hat, verkaufen zu müssen. Gegen Jahresende scheint die Gefahr gebannt. George Sand kann nach einer Reihe ernsthafter Erkrankungen wieder daran denken zu arbeiten. »Was werden wir beide machen? Du, da gibt's keinen Zweifel, wirst wieder etwas Trostloses schildern, und ich werde Trost spenden. Ich weiß nicht, wer uns das so vorbestimmt hat. Du schaust zu, wie das Geschick abläuft, enthältst Dich literarisch jeder Stellungnahme. Du beschränkst Dich darauf, es darzustellen und kaschierst mit großer Sorgfalt, mit System Dein persönliches Empfinden. Dabei läßt es sich aus Deinem Bericht sehr wohl herauslesen, und daher stimmst Du Deine Leser noch trauriger. Mir liegt daran, ihre Trübsal zu lindern.« Sie findet es nun einmal nicht ausreichend, sich nur auf die Form zu konzentrieren, die Leser wollen wissen, meint sie, was der Autor denkt, welche Botschaft er ihnen vermitteln möchte. – Er antwortet verstört und irritiert: »Der Künstler darf in seinem Werk nicht mehr sichtbar sein als Gott in der Natur. Der Mensch ist nichts, das Werk ist alles!«

»Wer sagt denn, Du solltest Deine Person in Szene setzen? Das taugt allerdings nicht, falls es nicht offenherzig als Bericht ausgegeben wird. Aber seine Seele zurückhalten bei dem, was man tut, was soll denn diese krankhafte Einbildung? Seine eigene Meinung über die Personen, die man in Szene setzt, verbergen und den Leser folglich im Ungewissen lassen über die Meinung, die er sich bilden soll, das bedeutet, nicht verstanden werden zu wollen, und von diesem Augenblick an verläßt einen der Leser. (...) Der Leser will vor allem unsere Gedanken durchschauen, und gerade das verweigerst Du ihm hochmütig.« Sie wirft ihm und allen Autoren der realistischen Schule vor (kränkt ihn damit, weil er sich nur als einzelner sieht), die eigene Position so perfekt zu verbergen, daß der Leser sie als teilnahmslos einstuft. Und »er hat recht: die auf die Spitze getriebene Unparteilichkeit ist etwas Antihumanes, und ein Roman muß in erster Linie human sein.« Sie befürchtet zwar, daß sie ihn nicht beeinflussen kann, doch will sie ihm zumindest erklären, weshalb die Kritik sein Werk durchgehend ablehnt. Um immer neue Mißerfolge zu vermeiden, müsse er auch das Gute, Wertvolle zeigen. »Bewahre ruhig Deinen Formkult, aber kümmere Dich intensiver um den Gehalt!«

Für Flaubert liegt in ihren Vorschlägen, in ihrem Programm der Bankrott von allem, wofür er sich sein ganzes Leben gequält hat. Sie hat ihm ihre beiden neuen Romane geschickt, und er fragt nach der Lektüre der Geschichten über außerordentlich tugendhafte Menschen: »Aber halten Sie sie für sehr echt? gibt es viele von dieser Art?« Er selbst will partout nicht idealisieren und auch keine Wertungen abgeben, er traut dem Leser mehr an eigenem Urteil zu: »Wenn der Leser einem Buch nicht die Moral entnimmt, die darin sein soll, so ist der Leser ein Dummkopf, oder das Buch ist vom Gesichtspunkt der Genauigkeit her falsch. Denn in dem Augenblick, da eine Sache wahr ist, ist sie auch gut.« Dennoch lobt er ihre neuen Bücher trotz all ihrer Naivität als meisterhaft, »bezaubernd, poetisch und wahr«, denn er will die Kunst seiner lieben alten Freundin nicht nach den Kriterien messen, die für seine Bemühungen unverzichtbar sind. Er will sie schonen und scheut grundsätzlich Debatten, die doch nicht weiterführen. Sie will nun einmal den Lebensmut der Leser stärken, will nicht glauben, daß die Gesellschaft »nur aus lauter Schurken und elenden Wichten« besteht, und ist davon überzeugt, der Schriftsteller müsse die Gegenkräfte zum Bösen mobilisieren. Was aber hat Flaubert mit Moral im Sinn? Er sucht die »notwendige Beziehung zwischen dem zutreffenden und dem musikalischen Wort«! Zur Zeit des Austauschs dieser Briefe ist George Sand bereits todkrank und leidet furchtbare Schmerzen. Als sie stirbt, ist Flaubert tief getroffen: »Man mußte sie kennen, wie ich sie gekannt habe, um zu wissen, was alles an Weiblichem in diesem großen Mann war, welche unermeßliche Zärtlichkeit in diesem Genie.«

Um ihr eine Freude zu machen, hat er eine Erzählung ganz in ihrem Sinn geschrieben: »Sie werden bei meiner *Histoire d'un cœur simple*, wo Sie Ihren unmittelbaren Einfluß erkennen können, sehen, daß ich nicht so dickköpfig bin, wie Sie glauben. Ich glaube, daß die moralische Tendenz, oder eher der menschliche Hintergrund dieses kleinen Werkes Ihnen gefallen wird!« Sie hat es nicht mehr lesen können. Drei Monate vor ihr ist Louise Colet gestorben. Flaubert hat seine Muse und seine »liebe Meisterin« nur um vier Jahre überlebt.

Arthur Rimbaud und Paul Verlaine

Ein Liebespaar? »Ich will mir nicht einmal die Mühe machen, solche Verleumdungen zu dementieren.« Verlaine steht in Brüssel vor Gericht, er hat auf Rimbaud geschossen, ihn verletzt, beinahe getötet. Rimbaud leugnet »unlautere Beziehungen« – was hätte er sonst sagen sollen? Die beiden Dichter haben längst alle Normen bürgerlicher Wohlanständigkeit gesprengt, doch die Hoffnung, aneinander Halt zu finden als Verfemte, hat sich nicht erfüllt. Der Eklat in Brüssel war Höhepunkt und Abschluß einer qualvollen Verstrickung, aus der sich beide lösen wollten. Und doch konnten beide eine Trennung nicht ertragen.

3. Juli 1874: Verlaine verläßt London nach einem besonders heftigen Streit allein, Rimbaud verfolgt vom Quai aus verzweifelt die Abfahrt des Dampfers. »Komm zurück, komm zurück, liebster Freund! Mein einziger Freund, komm zurück! Ich schwöre, daß ich von nun an gut sein werde.« Die flehentlichen Bitten zielen auf den Satz: »Haben wir nun zwei Jahre zusammengelebt, um uns so zu entzweien?« Auch Verlaine hat sofort geschrieben, noch an Bord des Schiffes. Er teilt dem Geliebten mit, daß er, wenn es ihm nicht gelinge, sich in drei Tagen mit seiner Frau zu versöhnen, sich »eine Kugel in den Kopf jagen werde«. Also das alte Lied. Immer schwankt Verlaine zwischen dem Wunsch nach einem ruhigen, abgesicherten Leben, für ihn personifiziert in seiner wohlhabenden jungen Frau, und der Bereitschaft, die radikalen Risikogefährdungen Rimbauds zu teilen. »Ich umarme Dich, ehe ich sterbe. – Dein armer Verlaine.« Die Larmoyanz des Briefes ernüchtert Rimbaud sofort: »Und was das Sterben angeht – dazu kenne ich Dich zu gut. Du wirst vor Aufregung schnauben, wie ein Verrückter herumlaufen und eine Menge Leute mit Deinem Elend belästigen.« Er beschwört ihn: »Denk daran, was Du warst, ehe Du mich kanntest!« Er reist ihm nach, die Katastrophe ist nicht aufzuhalten.

1871 hat der siebzehnjährige Arthur Rimbaud die Einladung des bereits berühmten, zehn Jahre älteren Paul Verlaine angenommen, in Paris zu leben. Aus der Öde seiner provinziellen Herkunft und aus lähmender familiärer Enge bricht er auf mit seinem Hunger nach Erfahrungen, der beinahe sofort auch Verlaine in

einen Sog der entfesselten Sinne reißt. Alkohol- und Drogenex-
zesse, Ausschweifungen – Rimbaud wird später über sein »Laster« schreiben, »welches seine schmerzhaften Wurzeln in meine
Lenden trieb, schon in frühester Zeit – das zum Himmel wächst,
mich schlägt, mich niederreißt, mich fortschleift«. Verlaine gibt
sich mit der Befriedigung, auch Betäubung der Sinne zufrieden, er
erkennt nicht die fanatische Sucht des Freundes nach Erlösung,
die dieser nur in der bewußten Zerstörung seiner Existenz zu finden glaubt. Um Dichter zu sein, um eine neue Sprache zu finden
(»Diese Sprache wird von der Seele kommen und zur Seele gehen
und alles zusammenfassen: Düfte, Töne, Farben und den Gedanken, der dem Gedanken folgt und ihn weiterführt«), müsse er
sich »zum Seher machen«, »alle Formen der Liebe und des Lei-
dens, des Wahnsinns durchforschen«: »…es geht darum, die
Seele zum Ungeheuer zu weiten.« Dies wußte er, bevor er mit
Verlaine zusammentraf, und fälschlicherweise hatte er diesen
weichlichen, trunksüchtigen, selbstmitleidigen Mann für einen
ebenbürtigen Gefährten zum Ausloten der Hölle gehalten. »Und
ich glaubte, man könne ihm seine Kindheit zurückgeben als einem Sohn der Sonne.«

Mit absichtsvoller Brutalität provoziert er den Freund, will ihn
in die Tollheit treiben, aus dem Aberwitz die Würde hervorlok-
ken. Verlaine kann nicht mithalten. Als »törichte Jungfrau« por-
trätiert ihn Rimbaud, läßt ihn in der verächtlichen Rolle über den
»Höllengemahl« lamentieren, der sie zugrunde richte und dem
sie ausgeliefert sei. »Was für eine sonderbare Ehe!« mokiert er
sich. Während Verlaine seine Gefängnisstrafe abbüßt, schreibt
Rimbaud *Une saison en enfer* zu Ende, das einzige Werk, um dessen Veröffentlichung er sich gekümmert hat. Der Abstieg ins In-
ferno hat ihm nicht zur »Alchimie des Wortes« verholfen, seine
Suche nach dem Absoluten sieht er als gescheitert an, zumindest
den Weg als verfehlt (»La débauche est bête, le vice est bête.«)
Nach seiner Entscheidung, nicht mehr zu dichten, sich der unauf-
fälligsten Normalität zu verschreiben, hat er Verlaine nie mehr
auch nur erwähnt. Dieser dagegen löst sich nie von den Erinnerungen an den Geliebten:

> Tot meine Sünde, strahlend groß,
> All die Vergangenheit, die immer
> Noch brennt in meinem Hirn, im Blute

Und überglänzt mit ihrem Schimmer
Die Leidenschaft, die niemals ruhte?

Doch scheut er sich nicht, die gemeinsame Zeit als eine Art seliges
Über-die-Stränge-Schlagen zu verharmlosen, als Festefeiern, einen stolzen Männerbund, Frauenverachtung (dagegen Rimbaud:
»Wenn die unendliche Knechtschaft der Frau gebrochen ist,
wenn sie für sich lebt und durch sich selbst, wenn der Mann – erbärmlich bis jetzt – zurückgibt, was ihr gehört, dann wird auch
sie Poet sein, auch sie!«), Protzen mit dem »Stolz der wahrhaft
Freien«. Noch zu Lebzeiten Rimbauds schreibt er Artikel über
ihn und veröffentlicht seine Gedichte, nach dessen Tod mit 37
Jahren widmet er ihm die Worte: »Vom Schicksalsweg geformt,
vom Tode unverletzt, / Genießt Du voll Triumph bis zum Exzeß
das Leben« – kaum ein Satz wird ihm weniger gerecht.

Else Lasker-Schüler und
Gottfried Benn

Zu den Menschen, die jede Liebe mit Herzblut bezahlen, gehörte
Else Lasker-Schüler. Die Obsession, der Liebestaumel, die selbst-
vergessene Hingabe an Männer, die sich ihrer Intensität entzogen, weil sie sich in einen Zauber eingesponnen sahen, den sie
weder wollten noch aushielten – Muster der Realitätsabkehr in
ihrer Biografie. In Berlin, zu Ende des Jahrhunderts, hatte sie sich
zunächst zaghaft aus der Enge ehelicher Geborgenheit wegge-
stohlen, einen Sohn geboren, dessen Vater sie nie nennen sollte,
doch erst an der Seite des Dichters Peter Hille vollzog sie radikal
von Herkunft und Verwandtschaft die Abkehr, die sie für ihre
künstlerische Entwicklung benötigte. Der Einsicht, was für ein
mittelmäßiger Dichter dieser Peter Hille, Schlüsselfigur der Berliner Boheme, gewesen ist, brauchte sie sich nicht zu stellen – er
starb, und von keiner Wirklichkeit beeinträchtigt, konnte sie sich
ihn erfinden als den Propheten ihrer Berufung: »Und eine Stimme
riß sich vom Gipfel des Felsens los und rief: ›Was geizst du mit
dir!‹ Und ich schlug mein Auge empor und blühte auf, und mich
herzte ein Glück, das mich auserlas.«

Dreiundvierzig Jahre alt war sie, als sie sich in Dr. Gottfried
Benn verliebte. Er wußte nicht, daß sie siebzehn Jahre älter war
als er, denn im Kreis der expressionistischen Jugend hatte sie sich
erheblich jünger gemacht. Gerade geschieden von Herwarth Wal-
den (der immerhin den von ihr erfundenen Namen als Liebesgabe
behielt), konnte sie kaum für sich und ihren Sohn den Lebensunterhalt aufbringen. König Giselheer nannte sie den jungen Geliebten, einen Heiden und Barbaren. Unheimlich ist ihr sein Beruf
(»Er steigt hinunter ins Gewölbe seines Krankenhauses und
schneidet die Toten auf. Ein Nimmersatt, sich zu bereichern an
Geheimnis«), sein erster Gedichtband – *Morgue* – ist für sie das
»grauenvolle Kunstwunder, Todesträumerei, die Kontur annahm«. Sie verklärt ihn zu ungebärdiger Wildheit (»Jeder seiner
Verse ein Leopardenbiß, ein Wildtiersprung«), gestattet ihm, den
Mund ziemlich voll zu nehmen: »Aber wisse: / Ich lebe Tiger-
tage.« Großartig darf er sich gebärden:

Ich treibe Tierliebe.
In der ersten Nacht ist alles entschieden.
Man faßt mit den Zähnen, wonach man sich sehnt.
Hyänen, Tiger, Geier sind mein Wappen.

1952, da ist die Freundin eines einzigen Jahres bereits seit sieben Jahren tot, hält er eine Rede zur Erinnerung an sie. Noch nach vierzig Jahren drängt sich das Unbehagen, das sie in ihm ausgelöst hat, durch die Zeilen, die sie loben wollen: »Man konnte weder damals noch später mit ihr über die Straße gehen, ohne daß alle Welt stillstand und ihr nachsah.« Sie trug »extravagante weite Röcke oder Hosen, unmögliche Obergewänder«, hatte die Hände geschmückt mit »Dienstmädchenringen«, ihr kleines möbliertes Zimmer quoll über von »Krimskrams«, ihre Dichtung »hatte einen exhibitionistischen Zug«, »sie exponierte ihre schrankenlose Leidenschaftlichkeit, bürgerlich gesehen, ohne Moral und ohne Scham«. Nachdem er dem Bürgerbefremden Ausdruck verliehen hat – warum eigentlich? –, läßt er nun doch gelten, »sie nahm sich die großartige und rücksichtslose Freiheit, über sich allein zu verfügen, ohne die es ja Kunst nicht gibt«. Als Abschluß seiner Rede zitiert er das an ihn gerichtete Gedicht *Höre* und nennt es eines der »schönsten und leidenschaftlichsten, die sie je geschrieben hat«. Er erwähnt nicht seine Zurückweisung. »Ich bin dein Wegrand«, hat sie ihm gesagt, und: »Die dich streift / Stürzt ab.« Davon wollte er nichts wissen. »Hier ist kein Trost«, lautete seine Antwort:

Keiner wird mein Wegrand sein.
Laß deine Blüten nur verblühen.
Mein Weg flutet und geht allein.

Ein Einsamer ist er, Fernweh treibt ihn zur Suche nach dem Paradies: »Eden und Adam und eine Erde / aus Nihilismus und Musik.« Ein Paradies ohne Eva, das ist deutlich. Sie wollte nicht verstehen. »Immer bettle ich vor deiner Seele«, schreibt sie an ihn, »Bin doch mit dir verwachsen, / Warum reißt du mich von dir?«

Die Spiele heißen »König und Prinz«, Dschungeltiger, auch ein »Skalpspiel« bietet sie ihm: »Bis mein Haar an deinem Gürtel flattert« – je mehr sie die Ekstase fordert, desto spröder verschließt er sich. Sein Herz »läßt keine Meere mehr ein« – was bleibt ihr als die Klage »O ich möcht aus der Welt«?

Benn hat den Rang ihrer Dichtkunst erkannt, er widmet ihr beziehungsvoll die Gedichtsammlung mit dem Titel *Söhne*, zitiert für die Widmung eine Zeile von ihr: »ziellose Hand aus Spiel und Blut« – leben konnte er diese explosive Kombination nicht. Auf seine Weise ist er treu gewesen, stand neben ihr am Grab des Sohnes, den sie nach langer Krankheit beerdigen mußte, war ihr »in freundschaftlicher Verehrung« verbunden (mit diesen Worten übereignete er ihr 1931 sein mit Hindemith geschriebenes Oratorium *Das Unaufhörliche*). Daß er ihr Begehren nicht erwidern konnte, ist keine Schuld, wohl aber, daß er sie verraten hat, indem er sich einer Rassenlehre anbiederte, die sie vernichten sollte. »Du bist Ruth!« Das hat er gewußt.

Als er ihr deutlich machte, daß er keine Liebesbeziehung wünschte, klagte sie in einem ihrer Briefe an Franz Marc, ihren »blauen Reiter«: »Seit ich Giselheer verlor, kann ich nicht mehr weinen und nicht mehr lachen. Er hat ein Loch in mein Herz gebohrt. Das blutet nicht. Das steht offen wie der Grund eines ausgelaufenen Auges.« Die Perspektiven taumeln ineinander: »Ich habe dem Doktor Benn ehrenwörtlich versprochen, nicht mehr an den armen König zu denken, der noch nicht einmal ein Herz besitzt zum Verschwenden.«

Sie hat sich immer verschwendet; Vorsicht, sich zu verlieren, wie sie alle Liebesaffären Benns kennzeichnen wird, war ihr fremd. Noch im hohen Alter, gebückt und verwirrt, hat sie Liebesworte gestammelt, ausgeliefert an ihr Sehnen, schutzlos gegenüber der Enttäuschung:

> Er legte Brand an meines Herzens Lande
> Nicht mal sein Götterlächeln
> Ließ er mir zum Pfande.

Zu ihrer Freiheit gehörte, sich nie von außen anzuschauen, zu glühen tief in sich selbst und sich keinen Schmerz zu ersparen:

> Aber du kamst nie mit dem Abend –
> …Ich stand in goldenen Schuhen.

Wer seines Betts Geheimnis preisgibt, verwirkt sich alle Liebe

Ingeborg Bachmann,
Paul Celan, Max Frisch

Er kam von weither, aus dem Zusammenbruch, dem Grauen. Sie kam aus der Provinz, aus erstickender Geborgenheit. Sie trafen sich in Wien. Paul Celan hatte zwei Jahre in Bukarest auf die Gelegenheit zur Flucht nach Wien gewartet, seine Heimatstadt Czernowitz war russisch besetzt und die Bukowina, bis 1918 österreichisches Kronland, nicht länger das Land seiner Muttersprache. Sein Familienname Antschel wurde ihm in der rumänischen Schreibweise Ancel fremd, da bildete er ein Anagramm für die ersten Veröffentlichungen seiner Gedichte und Übersetzungen. Seine Gewandtheit in mehreren Sprachen ließ ihn nach Kriegsende leicht seinen Lebensunterhalt verdienen. Er verkehrte in Künstlerkreisen, die sich am französischen Surrealismus orientierten, hatte Freunde, Geliebte, doch nichts konnte ihn halten. Belastet vom Tod seiner Eltern im Konzentrationslager – der Vater war an Erschöpfung, die Mutter durch Genickschuß gestorben – und von den demütigenden Erfahrungen des Arbeitslagers, kam er im Dezember 1947 in Wien an, verletzt und unversöhnlich. Es hielt ihn nicht lange. Schon im darauffolgenden Juni war Paris sein Wohnsitz geworden und blieb es bis zu seinem Tod 1970. Dabei hatte er in Wien Menschen kennengelernt, die ihn schätzten, liebten, ihn aber nicht besänftigen, gar heilen konnten. Nicht einmal Verstehen war möglich.

Ingeborg Bachmann war in Klagenfurt aufgewachsen, in kleinbürgerlichen Verhältnissen mit Bildungsanspruch. Sie begann Philosophie zu studieren, zunächst in Innsbruck und Graz, entschied sich schließlich für Wien. Sie hatte Förderer junger Literaten kennengelernt, ließ sich aber nicht in die verschiedenen Literaturzirkel integrieren, befreundete sich nur mit Ilse Aichinger, deren früher Ruhm sie beeindruckte und ansporne. Erste Gedichte wurden gedruckt, maßlos, ja »krankhaft« ehrgeizig soll sie gewesen sein. Das behütete Mädchen wagte tollkühn einen eigenen Ton anzuschlagen, als sei es an der Zeit, das Programm aus einem Gedicht ihrer Pubertät umzusetzen:

Darum bin ich stets nur eines
Ich bin immer ich
Steige ich, so steig ich hoch
Falle ich, so fall ich ganz.

Celan hatte ihr mehr voraus als nur die sechs Jahre Altersunterschied. Aus der im Krieg von den Deutschen okkupierten Bukowina war er nur durch eine Reihe von Zufällen lebend entkommen, Verwandte und Freunde hatte er durch deren Tod oder im
Chaos der Flucht verloren, davon blieb er sein Leben lang geprägt. Er hatte bereits gelernt, sich in sein Wort zu retten vor der
Verzweiflung, sich zu wappnen gegen den Tod. Die fremden
Sprachen, die er beherrschte – Französisch (in Tours hatte er Me-
dizin studiert), Englisch (in London Shakespeare auf der Bühne
gesehen), das Hebräisch seiner Kindheit, Rumänisch, Russisch –
machten ihm deutlich, woran er nie gezweifelt hatte: »Nur in der
Muttersprache kann man die eigene Wahrheit aussagen, in der
Fremdsprache lügt der Dichter.« Die Gedichte, die er mit sich
brachte, wußte er auswendig, alles Schriftliche hatte er bei Freunden zurückgelassen. Aus diesem Vorrat entstand in Wien sein erster Gedichtband: *Der Sand aus den Urnen*.
  Ingeborg Bachmann stand am Anfang, tastete, suchte. In dem
von Celan an sie gerichteten Gedicht »Chanson einer Dame im
Schatten« heißt es:

Es ist einer, der hat, was ich sagte.
Er trägts unterm Arm wie ein Bündel.
Er trägts wie die Uhr ihre schlechteste Stunde.
Er trägt es von Schwelle zu Schwelle, er wirft es nicht fort.

Bestätigung, Zuspruch, Einverständnis. Und dennoch spricht sie
in ihrem Gedicht »Beim Hufschlag der Nacht« von einer zerstörten Liebe und von bitterem Abschied:

Nur einmal verhalt ich den Schritt, deine treulosen Lippen zu
küssen, schon fängt sich dein Haar in den Zügeln,
und dein Schuh schleift im Staub.

Sie antwortet dem »eisernen Cherub von Akra«, der »mit gefäll-
tem Visier den Trümmern der Himmel entgegen« – galoppiert.

Jahrzehnte später wird sich der Fremde über die Prinzessin von Kagran neigen und ihr den Dorn ins Herz treiben. Davon weiß der Freund jetzt schon:

> Stille! Der Dorn dringt dir tiefer ins Herz:
> er steht im Bund mit der Rose.

Nach dem Tod Celans wird sie ihren Roman *Malina* eine »einzige Anspielung« auf seine Gedichte nennen, als brauche sie jetzt die Liebesbotschaft nicht mehr zu verbergen.

Ein halbes Jahr haben sie nur gemeinsam in Wien verbracht, nach ihrer Promotion ist sie zu ihm gefahren nach Paris, lebte dort zwei Monate und reiste weiter nach London – die Art der Beziehung zueinander wird sich erst benennen lassen, wenn der Briefwechsel zur Einsicht freigegeben wird, so lange bleibt das Geheimnis gewahrt, wie die beiden es so offensichtlich wünschten. »Über seine persönlichen Beziehungen zu ihr ließ er nichts verlauten – nichts deutete auf die frühere Nähe…« In der Lyrik beider finden sich Bezüge, die weit über die auffallende Verwendung ähnlicher Bilder und korrespondierende Aussagen hinausgehen. So, wenn beide ihre »Erinnerung an Frankreich« in Poesie umsetzen, Celan in seinem bereits in Bukarest geschriebenen Gedicht diesen Titels, worauf Ingeborg Bachmann sich bezieht: spricht er von Paris als der »großen Herbstzeitlose« und kauft er »Herzen bei den Blumenmädchen: / sie waren blau und blühten auf im Wasser«, so behaupten bei ihr die Liebenden stolz: »doch wo wir sind, ist Licht. / Wir haben die Arme voll Blumen, / Mimosen aus vielen Jahren«. Die giftige Herbstzeitlose ist ausgetauscht gegen das Symbol empfindlichster Verletzungen, angetan in früheren Jahren. Bedroht sind die Liebenden von der Kälte und der Last des Steins. Obwohl sie noch fragen nach Möglichkeiten, die Liebe zu erhalten, wissen sie doch, daß sie verloren sind, betonen aber abschließend, noch trotziger als zu Beginn des Gedichts: »doch wo wir nicht sind, ist Nacht.«

In Celans Gedicht wird das lyrische Ich vom Nachbarn, »Monsieur Le Songe, ein hager Männlein«, in einem verderblichen Kartenspiel besiegt (»ich verlor die Augensterne; / du liehst dein Haar mir, ich verlors, er schlug uns nieder«), dann verläßt sie der zerstörerische Traum: »Wir waren tot und konnten atmen.« – Die Prinzessin von Kagran wird mit utopischem Furor auf eine Zukunft jenseits aller Zerstörung verweisen: »wir werden tot sein und atmen, es wird das ganze Leben sein.«

Beiden Dichtern gemeinsam ist der lyrische Fundus, sie adaptieren Verse von Goethe und Hölderlin, den Ton des deutschen Volkslieds, wie ihn die Romantik zelebrierte, und verwandeln Schönheit und Harmonie in skeptisch montierte Zitatfetzen. Es fällt schwer, in den Versen, die sich des altvertrauten Vorrats bedienen, nicht auch eine persönliche Auseinandersetzung der beiden Dichter zu sehen. Steht der rauschende Brunnen für ihn für eine deutsche Vergangenheit, die ihm für immer verloren ist – endgültig ist die Zäsur durch den Holocaust –, so ordnet er auch die Geliebte in einen Bezug ein, der sie endgültig von ihm trennt:

> So bist du denn geworden
> wie ich dich nie gekannt:
> dein Herz schlägt allerorten
> in einem Brunnenland
> (...)
> Du steigst in alle Brunnen,
> du schwebst durch jeden Schein.
> Du hast ein Spiel ersonnen,
> das will vergessen sein.

Die rhythmische Ähnlichkeit mit Gerhardts-Kirchenlied zementiert zwischen ihm, dem Juden, und der deutschen Protestantin den Abstand. Sie will dies so nicht gelten lassen. Sie will ihren Beitrag leisten zum Verstehen, zur Sühne. Sie übernimmt die Celan-Zeile »sieben Rosen später rauscht der Brunnen« und wirbt mit Versen von Brecht:

> Sieben Jahre später
> fällt es dir wieder ein,
> am Brunnen vor dem Tore,
> blick nicht zu tief hinein,
> die Augen gehn dir über.

> Sieben Jahre später
> in einem Totenhaus,
> trinken die Henker von gestern
> den goldenen Becher aus.
> Die Augen täten dir sinken.

Die Buhle, der der König von Thule unverbrüchliche Treue über den Tod hinaus hält, weiß um die Entweihung des Bechers durch die Mörder. Aber der Geliebte weint nicht mit ihr, deshalb beschwört sie die Hoffnung:

> Lös ihr die Fessel, führ sie
> die Halde herab, leg ihr
> die Hand auf das Auge, daß sie
> kein Schatten versengt!

Sie hat versucht, »wo Deutschlands Erde den Himmel schwärzt«, mit ihren Worten zu beweisen, daß sie an seiner Seite steht, ihr ganzes Leben lang hat sie die Solidarität beschworen. So sagt sie in einem Interview im Dezember 1971: »Es hat einen bestimmten Moment gegeben, der hat meine Kindheit zertrümmert. Der Einmarsch von Hitlers Truppen in Klagenfurt. Es war etwas so Entsetzliches, daß mit diesem Tag meine Erinnerung anfängt: durch einen zu frühen Schmerz, wie ich ihn in dieser Stärke vielleicht später überhaupt nie mehr hatte. Natürlich habe ich das alles nicht verstanden in dem Sinn, in dem es ein Erwachsener verstehen würde. Aber diese ungeheure Brutalität, die spürbar war, dieses Brüllen, Singen und Marschieren – das Aufkommen meiner ersten Todesangst.« Ihre Mutter hat dargelegt, daß sie zum Zeitpunkt des Einmarschs mit Diphtherie im Krankenhaus lag, in einem Trakt, in den nichts von dem Ereignis hatte eindringen können. Gleichgültig, ob man nachweist, dieser Schock sei eine Fiktion – wesentlich ist der Grundgestus, sich mit denen zu identifizieren, über die der Stiefel der Sieger hinwegtrampelte. Und wenn später das Ich in *Malina* Träume seiner Vernichtung in den Gaskammern aus sich herausschleudern wird, so hat die Dichterin längst eine Übertragung vorgenommen: »Es ist ein so großer Irrtum zu glauben, daß man nur in einem Krieg ermordet wird oder nur in einem Konzentrationslager – man wird mitten im Frieden ermordet.« Und das gelte vornehmlich für Frauen in der patriarchalischen Gesellschaft. Nichts weist darauf hin, daß Celan mit dieser Gleichsetzung einverstanden gewesen wäre, ob er diese Aneignung des jüdischen Traumas nicht als anbiedernd, als massive Kränkung empfunden hätte. Seit 1960 gab es keinen Kontakt mehr zwischen den beiden. Aber 1948 scheint er durchaus den Versuch unternommen zu haben, mit der nichtjüdischen Gelieb-

ten zu leben, ohne damit die Frauen des eigenen Volks zu verraten.

> Du sollst sie rufen aus dem Wasser: Ruth! Noëmi! Mirjam!
> Du sollst sie schmücken, wenn du bei der Fremden liegst.
> Du sollst sie schmücken mit dem Wolkenhaar der Fremden.
> Du sollst zu Ruth und Mirjam und Noëmi sagen:
> Seht, ich schlaf bei ihr!

Doch offenbar haben alle Bemühungen nicht ausgereicht, um zu-
sammenbleiben zu können. Bei Ingeborg Bachmann finden sich
die Zeilen:

> Und ich gehör dir nicht zu.
> Beide klagen wir nun.

Als sie 1952 eingeladen wird, bei der Tagung der Gruppe 47 in
Niendorf zu lesen, setzt sie sich dafür ein, daß auch Celan gebeten wird. Das Treffen wird zu einem denkwürdigen Debakel. Sie
liest so leise, daß ein Autor mit wohltönendem Organ ihre Gedichte noch einmal vorträgt, da niemand sie verstanden hat. Auf
ihr Zimmer gebracht, fällt sie in Ohnmacht. Celans »Todesfuge«
wird einhellig abgelehnt, was vielleicht auch daran gelegen haben
mag, daß sich die Gruppe mit einer kämpferisch jüdischen Haltung nicht belasten mochte, war doch die eigene »Reuearbeit«
bereits so wohl gediehen. Celan nimmt keine weiteren Einladungen an, ein Zerwürfnis wird aber vermieden. Bachmann erhält im
Jahr darauf den Preis der Gruppe 47 und wird einer ihrer Stars.
   Ab 1953 lebt sie in Italien, zusammen mit Hans Werner Henze,
für den sie Libretti schreibt und der Gedichte von ihr vertont.
Nach Wien will sie nicht zurückkehren, die österreichische Legende, nur durch den »Anschluß« in den Nationalsozialismus
einbezogen worden und daher von keiner Verantwortung belastet zu sein, macht ihr zu schaffen. Auch Celan meidet Wien, bis
an sein Lebensende, obwohl er immer wieder dringend um Le-
sungen gebeten wird. »Was Wien für ihn auf dem Wege nach Paris bedeutet hatte – und diese Bedeutung ist kaum zu überschät-
zen –, darüber gab er weder Auskunft noch eine Begründung für
seine Zurückhaltung.« Allerdings reagiert er auf das Bachmann-
Gedicht »Große Landschaft bei Wien« aus ihrem Zyklus *Die ge-*

stundete Zeit, veröffentlicht 1953, mit »Bahndämme, Wegränder, Ödplätze, Schutt«, zwar erst 1959 erschienen, aber im inhaltlichen Bezug sehr deutlich. Um das Marchfeld geht es, um die Steppenebene Kagran, »Asiens Atem ist jenseits«, aber im Kern ist seine Antwort eine Konfrontation im Bereich der Form. Die extreme Komprimiertheit der Sprache auf ihren kargsten Ausdruck setzt er in Kontrast zu den schwermütigen Bildern auf der Schiene ungebrochener Syntax in ihrem frühen Gedicht. Und sie nimmt an, wie schroff er sich vom ehemals gemeinsamen Gestus dichterischer Mitteilung abgrenzt, und verweist bei der zweiten ihrer Frankfurter Poetik-Vorlesungen (zwischen November 1959 und Februar 1960, ausdrücklich auch auf dieses Gedicht, um ihren Respekt vor der Veränderung seiner Mittel zu zeigen: »Die Metaphern sind völlig verschwunden, die Worte haben jede Verkleidung, Verhüllung abgelegt, und kein Wort fliegt mehr einem anderen zu, berauscht ein anderes.« Tatsächlich schwelgte der junge Celan in einer Überfülle betörender Genitivmetaphern, »wir lagen im Uhrwerk der Schwermut«; »stößt dein Wort zu den Monden des Herzens«; »schwangen die Hämmer frei im Glockenstuhl deines Schweigens« … Seither hat er sein Schreiben immer strenger zur Chiffre geführt, bis es wieder möglich war, »etwas zu sagen, sehr direkt, unverschlüsselt. Es ist dem möglich, der von sich sagt, daß er wirklichkeitswund und wirklichkeitssuchend mit seinem Dasein zur Sprache geht.« Mit diesem Satz zitiert sie ihn selbst, so hat er sich in seiner Rede bei der Annahme des Bremer Literaturpreises charakterisiert.

Bachmann hat für sich eine noch striktere Konsequenz gezogen: sie hat aufgehört, Gedichte zu schreiben, die Gattung gewechselt. »Ich habe nichts gegen Gedichte, aber Sie müssen sich denken, daß man plötzlich alles dagegen haben kann, gegen jede Metapher, jeden Klang, jeden Zwang, Worte zusammenrücken zu lassen, gegen dieses absolute glückliche Auftretenlassen von Worten und Bildern. Daß man es ersticken möchte, damit man noch einmal überprüfen kann, was daran ist, was es ist, was es sein sollte.« Und gerade in ihrer radikalen Selbstzensur ist sie fähig, das Risiko im Schaffen anderer zu erfassen.

Am 25. Mai 1960 kam es in Zürich zu einem folgenreichen Zusammentreffen. Nelly Sachs sollte in Meersburg den Droste-Preis für Dichterinnen in Empfang nehmen, und sie, die seit ihrer Flucht keinen Fuß mehr nach Deutschland gesetzt hatte, wurde von Freunden behutsam über die deutsche Grenze geleitet: sie flog nach Zürich und reiste von dort weiter über den Bodensee auf deutschen Boden. Mit ihrer Begleiterin traf sie sich mit Celan, Hans Rudolf Hilty (der in Meersburg die Festrede halten sollte), Ingeborg Bachmann und Max Frisch zum Abendessen im Zürcher Restaurant Kronenhalle. Sie kannte persönlich keinen der Anwesenden, war aber durch einen intensiven Briefwechsel mit Celan befreundet. Als er und Bachmann 1957 als Gastredakteure eine Nummer der mehrsprachigen Literaturzeitschrift »Botteghe Oscure« betreuten, bat er Nelly Sachs um unveröffentlichte Gedichte. Die beiden fühlten ihre Verbundenheit vor dem gemeinsamen Lebenshintergrund und der Enttäuschung über die geringe Beachtung ihres Werks – für Nelly Sachs in ihrem schwedischen Exil noch bedrohlicher als für Celan, der regeren Austausch mit dem deutschen Literaturbetrieb pflegte.

Seine Gedichtsammlung *Sprachgitter* (1959) beeindruckt sie so tief, daß sie ihn anspricht: »Paul Celan, lieber Paul Celan, gesegnet von Bach und Hölderlin, gesegnet von den Chassiden...« Beide wurzeln in der besten deutschen und jüdischen Tradition, sie erkennt in ihm einen jüngeren »Bruder«, der in ihrem Geist ihre Bemühungen fortführen kann. Sie spürt in seinen Briefen aber auch die manische Präsenz der Angst vor neuerlichen Verfolgungen, vor wiederauflebendem Haß.

Das Zürcher Abendessen kreiste um das Thema eines neuen Antisemitismus in der Bundesrepublik. Celan vertrat die Meinung, Preisverleihungen an Juden seien nur als Alibi zu verstehen, um über das Desinteresse an der Judenvernichtung hinwegzulügen, so faßte er auch seine Nominierung zum Büchner-Preis auf. Er warnte die verstörte Freundin davor zu verzeihen, könne sie doch als Vergebende allzu bequem vereinnahmt werden. Bachmann stimmte ihm mit ihrem Ekel vor einem heuchlerischen Philosemitismus zu. Am nächsten Tag redeten Celan und Nelly Sachs allein weiter, das Ergebnis dieses Gesprächs ist sein Gedicht »Zürich. Zum Storchen«, das er offenbar in seinem nächsten Brief an sie beilegte. Dieses verzweifelte Gedicht, das von der Hoffnung auf ein »haderndes« Wort Gottes spricht, bekundet seine Enttäuschung über die Haltung der bewunderten Freundin:

Dein Aug sah mir zu, sah hinweg,
dein Mund
sprach sich dem Aug zu, ich hörte:

Wir
wissen ja nicht, weißt du,
wir
wissen ja nicht,
was
gilt.

Nicht im Druck, aber im Manuskript stehen die letzten Zeilen in
Anführungszeichen, wörtliche Rede von Nelly Sachs also. Dabei
hatte sie ihm in Zürich drei ihrer Gedichtausgaben geschenkt mit
Widmungen, deren eine heißt: »Es gilt Paul es gilt / nur vielleicht
anders als wir glauben Nelly«. Aber in ihm hat sich die Angst
festgefressen, und als die fast siebzigjährige Dichterin nach der
Preisverleihung nach Paris kommt, fährt er fort in der Beschwörung der wiederaufbrechenden Gefahr. So sehr sich Nelly Sachs
von ihm in seine Familie aufgenommen fühlt – er ist seit 1952
verheiratet und hat einen Sohn –, so sehr bedrücken sie seine
schrecklichen Beweise für den anwachsenden Judenhaß. Zurück-
gekehrt nach Stockholm kann sie sich noch einige Wochen gegen
den aufsteigenden Wahn wehren, dann bricht er über ihr zusammen, und sie verschwindet für Monate im Krankenhaus, unfähig
oder nicht willens, Celan, der zu ihr reist, zu empfangen.
    Das Treffen in Zürich war Celans letzte Begegnung mit Inge-
borg Bachmann. Auch sie reagierte mit einem Gedicht, das sie
Nelly Sachs »in Verehrung« widmete. Nach mehrjähriger Absti-
nenz von Lyrik erteilt sie mit dem Gedicht »Ihr Worte« eine Ab-
sage jeder »Wortbegier«, verbittet sich jedes Geschwätz (»zum
Tod fall dir nichts ein«) und bestätigt nachdrücklich, daß es für
den Holocaust eben keine Worte geben könne und dürfe:

Und nicht nur dies: das Bild
im Staubgespinst, leeres Geroll
von Silben, Sterbenswörter.

Kein Sterbenswort,
Ihr Worte!

Sie weiß sich einig mit dem Jugendgefährten, dessen Verzicht auf poetische »Delikatessen« sie gerade in Frankfurt gerühmt hatte. Sie selbst verstummt für beinahe zehn Jahre. Ihr Erzählband *Das dreißigste Jahr* enthält im Titel den Hinweis darauf, daß sie sich mit dreißig vom Gedichteschreiben verabschiedet hat. Ihr Schweigen unterbricht sie mit ihrer Rede zur Verleihung des Büchner-Preises 1964. Sie handelt von Krankheit, Auflösung, Wahnsinn. Sie handelt von Ingeborg Bachmanns eigenem Elend.

Zwischen 1958 und 1962 versuchte sie sich mit Max Frisch als Paar. Die Dichterin und der Erfolgsschriftsteller – sie verletzten einander gründlich. Der Beziehung zu entkommen war für beide eine Frage des Überlebens. Ingeborg Bachmann ist an der Rettung ihres Lebens fast zugrunde gegangen. Kleinlich die Frage nach der Schuld an der Katastrophe. Die Frau trug schwerer an den verheerenden Folgen der strapaziösen Partnerschaft. Dies ließ den Mythos um ihre Person unkontrollierbar anschwellen, verdunkelte die Sicht auf ihr Werk. Sie selbst kultivierte die Legendenbildung, verschmolz mit ihrem Bild in den Medien.

Die Widersprüchlichkeit ihres Wesens faszinierte alle, die sie kennenlernten. Die ihr zugewiesenen Attribute irrlichtern zwischen scheu und mondän, zerbrechlich und wirkungsbewußt, schutzbedürftig und machthungrig, elitär und wahllos in ihren Affären. Aus der Zeit, in der sie als Dramaturgin beim Bayerischen Rundfunk arbeitete (1957/58), berichtet Martin Walser, wie sie in einer winzigen Wohnung in München die »Gastgeberin spielte«, »nicht ohne schöne Mühe«. Die »vielen mißglückenden Kleinigkeiten« zeigten ihren Wunsch nach Unterstützung, »als hätte sie in ihrem Leben viel zu viele Türen selber aufmachen müssen, viel zu oft einen Regenschirm selber aufheben…« Doch löste sie auch rund um sich die Bereitschaft zur Dienstfertigkeit aus, denn jeden, der ihr zu Hilfe eilte, überraschte die große Wirkung einer kleinen Geste.

Reinhard Baumgart, in jenen frühen Jahren ihr Lektor beim Piper Verlag, setzt ihre inszenierte Hilfsbedürftigkeit und das Chaos, das sofort um sie herum ausbrach, in Kontrast zu ihrer Kraft (sie hatte »ganz junge, ganz resolute, energische, schöne Hände – Hände zum Geflügelausnehmen«) und zu ihrem Humor. Sie konnte selbst darüber lachen, wenn es jemandem gelang, sich ihren Erwartungen zu entziehen, und damit eine neue Rollenverteilung nötig wurde. Er bezeichnet ihr Verhalten als einen

»Versuch, die Weiblichkeit als einen Machtanspruch voll auf die Welt auszuspielen«.

Max Frisch muß schon beim ersten Zusammentreffen oder bald danach in ihr die Bestätigung all seiner Ängste vor dem Unwägbaren, Geheimnisvollen, Zerfließenden und daher extrem Bedrohlichen gefunden haben, wie es seiner Meinung nach das Weibliche charakterisiere. Gegenüber dem kapriziös-amorphen »Widermännlichen« kann der Mann nur plump auftrumpfen oder sich geschlagen geben. Vielleicht verkörperte Ingeborg Bachmann exakt die Weiblichkeits-Imago Max Frischs, so daß er hoffen konnte, in der reizvoll leibhaftigen Konfrontation würden sich seine Schreckensfixierungen als überflüssig erweisen. Das Gegenteil trat ein: »in ihrer Nähe beginnt der Wahn«. Denn sie schien in ihm einen Gegenpol erkannt zu haben, vor dem ihre Selbstinszenierung zur Perfektion gedieh. Hingerissen und gebannt litt er an ihren Kapriolen, wodurch sich gerade die Wesenszüge, die in sein Schmerzensmuster paßten, an ihr verstärkten: Verwirrtheit, Unberechenbarkeit, der Hang, sich zu entziehen, sich kryptisch zu verhüllen, Unnahbarkeit. Ein solcherart quälendes, aber in sich aufs äußerste stimmiges Zusammenspiel läßt sich nun auch nicht einfach wieder auflösen, bestürzende Nähe sich nicht in höfliche Distanz umwandeln. »Das Ende haben wir nicht gut bestanden, beide nicht.« Der karge Satz trifft nur unzulänglich das Ausmaß des Entsetzens. Nach der Trennung verbot Bachmann, daß in ihrer Gegenwart über ihn gesprochen wurde, angeblich durfte nicht einmal sein Name genannt werden. Anläßlich eines knappen, beruflich bedingten Briefwechsels soll sie auf der Anrede »Sie« bestanden haben. Und Frisch sperrte sich bis zu seinem Tod, über diese Beziehung zu reden, verwies darauf, was er in *Montauk* darüber mitgeteilt hatte, und entzog sich den Befragern.

Während des Zusammenlebens in Rom und Zürich hatte sie geklagt, wie sehr sein regelmäßiger Arbeitsrhythmus sie belaste, ihre eigene Produktivität lähme. (1974 erläutert er in einem Interview, warum er seinen Arbeitstag an der Schreibmaschine verbringe: »Wie ein Bildhauer bei seinen Materialien ist, in der Werkstatt ist, und nicht nur dann, wenn er die sogenannte Imagination hat, so muß ich an der Schreibmaschine sein, Dinge ändern, nochmal abschreiben, Entwürfe machen für etwas anderes, um bereit zu sein für Überraschungen, daß ich einmal einen

Schritt weiter denken kann, weiter formulieren kann als vorher.« Meistens beginnt er um sieben Uhr morgens mit seiner Arbeit.) Wenn die Aussage Reinhard Baumgarts stimmt, sie habe »Schreiben als Machtkampf« verstanden, mußte sie sich besiegt fühlen. Außer dem 1961 veröffentlichten Band mit Erzählungen, *Das dreißigste Jahr*, entstand jahrelang nichts Neues, wogegen seine Schaffenskraft nicht beeinträchtigt war. Mehrfach betonte er, es habe keinerlei Zusammenarbeit zwischen ihnen gegeben, keine Beeinflussung, auch keine gegenseitige Kritik, »vielleicht, weil ich ihr mit einer zwar nicht blinden, aber großen Verehrung gegenüberstand, und die Verehrung macht es schwer, Kritik anzunehmen.« Offenbar für beide. In einem Interview 1983 zitiert er auswendig Gedichtzeilen von ihr und fügt hinzu, er habe ihre »Attitüde der Verweigerung, des Hochmuts« bewundert. 1985 gibt er zu Protokoll, er wisse nicht, was sie von seiner Arbeit gehalten habe.

Ist es vorstellbar, daß beide das Werk des anderen so konsequent ausklammerten? Dabei war der erste Kontakt zustande gekommen, als Frisch der ihm unbekannten Autorin über den Verlag geschrieben hatte, er schätze ihr Hörspiel *Der gute Gott von Manhattan*: »wie gut es sei, wie wichtig, daß die andere Seite, die Frau sich ausdrückt«, gebraucht werde »die Darstellung des Mannes durch die Frau, die Selbstdarstellung der Frau«. Später, in *Montauk*, hat er korrigiert, die »berühmten Eichhörnchen« im Central Park, Boten des Guten Gottes, seien in Wirklichkeit Baumratten – aber nie äußerte er sich inhaltlich zu diesem oder einem anderen Werk Bachmanns. Erst recht sei er unfähig, über sie selbst zu sprechen:« die Figur ist mir zu nahe, so daß ich sie kaum von außen sehe, sie ist ein Teil des eigenen Lebens, was sie natürlich nicht ist, sie ist eine eigene Figur, und dann doch so fern.« Würde er versuchen, über sie zu schreiben, wäre dies »wahrscheinlich etwas zwischen Hymnus und Klage«.

1983, als er dies sagte, hatte er längst über sie geschrieben, nicht nur mit Nennung ihres Namens, in *Montauk* (1975), sondern in vielfältiger Spiegelung, in *Mein Name sei Gantenbein* (1964), *Biografie* (1967), *Triptychon* (1978). Lila, die weibliche Zentralgestalt in *Gantenbein,* ist gebündelte Projektion, Produkt männlicher Fantasien, aber nicht von ungefähr, sondern bewußt: »Lila ist überhaupt keine Figur. Und das ist ja der Jammer, der erzählt wird. Lila ist eine Chiffre für das Weibliche, das andere

5 Max Frisch (1911-1991)

6 Ingeborg Bachmann (1926-1973)

Geschlecht, wie es das Buch-Ich sieht; seine Chiffre, von der er nicht loskommt. Darum gibt es nur sie, die es nicht gibt. (...) Lila ist ein Phantom, also nicht zu fassen, daher seine Eifersucht.« Der Erzähler kann nur in der Rolle eines Blinden ertragen – ja, was denn nun? nicht, wie die Partnerin in Wirklichkeit ist, sondern was er in ihr vermutet. Nach einer Trennung, die ihn in einer ausgeräumten Wohnung zurückgelassen hat, will er sein Leben grundlegend ändern, die Fiktion der Blindheit beschert ihm durch den Filter der Blindenbrille in der nun grau-lila verfärbten Welt zunächst Camilla, die »grünliche Undine«, dann Lila, die Frau, deretwegen der Aufwand des Erfindens betrieben wird. An dem Callgirl Camilla kann der Blinde seine Toleranz, die er seinem Gebrechen verdankt, erproben, um für den Ernstfall, die Gemeinsamkeit mit Lila, der »berühmten Schauspielerin«, gerüstet zu sein. Schauspielerin scheint die passendste der ihr zugedachten Rollen, geeigneter als Wissenschaftlerin, als Contessa, etc. Erzählt werden Geschichten um einen Eifersuchtsexzeß. Verschiedene Varianten werden durchgespielt: der verborgene Ehebruch, mehr oder weniger geschickt verheimlicht, die eingestandene neue Liebe und damit das Ende der bestehenden Verbindung, die nur eingebildete Untreue, geahndet mit so aberwitzigen Verhaltensweisen des vermeintlich Betrogenen, daß der Frau gar nichts anderes übrigbleibt, als den Unzumutbaren zu verlassen, schließlich das ratlose Resümee: »Ich weiß nicht, was wirklich geschehen ist...«

Die Grenzen zwischen Wahrheit und Wahn sind längst durchlässig geworden, das Debakel entzieht den Fragen nach den Fakten, die es verursacht haben, ihren Sinn. Burri, der vernünftige Freund, bietet Einsichten, wie sie ein nicht involvierter Blick gewährt, »über Männer, die Unheil anrichten, indem sie die Frau zu wichtig nehmen«. Die Hörigkeit der Männer sei das Ergebnis ihrer nicht eingestandenen Verachtung der Frauen: »Was man verachtet: ihre Passivität, ihre Koketterie noch da, wo es um ganz andere Dinge geht, die Permanenz ihrer Frau-Mann-Position, alle anderen Interessen entlarven sie als Vorwand oder Tarnung oder Zwischenspiel, ihr unstillbares Liebesbedürfnis, ihre Gewöhnung daran, daß sie bedient werden (Streichhölzer, und immer das Vorrecht haben, enttäuscht zu sein, überhaupt ihr Hang zum Vorwurf, wobei der Vorwurf erraten werden muß, ihr Schweigen-Können, sie wollen und können sich selbst undurchsichtig bleiben, ihr Dulden-Können, ihr Kniff, das Opfer zu sein, dazu ihre entsetzliche Tröstbarkeit in jedem Augenblick, ihre Flirt-Anfälligkeit noch im Glück, ihre Bereitschaft und List dabei, daß sie es dem Mann überlassen, was geschieht, und wenn der Mann, um handeln zu können, wissen möchte, woran er ist, ihre Kunst des Offen-Lassens, sie überlassen ihm die Entscheidung und damit die Schuld von vornherein, ihre Kränkbarkeit überhaupt, ihr Bedürfnis nach Schutz und Sicherheit und dazu der geisterhafte Wankelmut ihrerseits, kurzum: ihr Zauber... Der Mann gibt sich umso ritterlicher, je mehr Verachtung er zu verheimlichen hat...«

Soweit die Meinung Burris, einer Nebenfigur, nicht weiter von Belang, gäbe es da nicht in einem anderen Werk eine weibliche Person namens Ingeborg Bachmann, die in sich alle genannten Elemente des kapriziösen Grauens vereinte und dem Erzähler mit Namen Max Frisch arg zu schaffen machte. *Montauk* – eine Erzählung, keine Autobiografie, worauf der Autor besteht, eine Kunstwirklichkeit also – lockt den Leser in die Falle, meinen zu dürfen, hier entblöße sich die Intimität des prominenten Paares, er brauche nur die dargebotenen Fakten beim Schopf zu packen. Der Leser, als zudringlicher Voyeur, erfährt von den Weibchentricks, mit welchen Frau Bachmann Herrn Frisch in eine Abhängigkeit lockte, in der er sich immer tiefer verfing, so daß er sich auch nicht daraus befreien konnte, indem er »zu einer anderen Frau« ging – peinliche Preisgabe des Substratcharakters dieser anderen Beziehung, von der nur zu wünschen wäre, die so benutzte Partnerin habe sich mit dem Wissen um ihre Funktion dazu bereit gefunden.

Im schmerzlichen Nachbeben der Gefühle zwei Jahre nach Bachmanns Tod wird ihre Geheimniskrämerei vorgeführt, ihre Verwirrtheit, wenn sie vom Bahnhof abgeholt wird und anscheinend jemand anderen erwartet hat, ihr Verbot, daß der Lebensgefährte an ihrem Leben auch teilnehme, nur zur ersten ihrer Frankfurter Poetikvorlesungen darf er sie begleiten (und ihren Mantel auf den Knien halten), nie dagegen zu den Tagungen der Gruppe 47; sie verschweigt ihm, wo sie in Rom gewohnt hat, wird von nervösem Zittern befallen beim Überqueren einer Straße, die offenbar mit gravierenden Erinnerungen verbunden ist, sie führt neben dem verstummenden Begleiter lange Gespräche mit einem Schriftstellerkollegen, ohne die beiden Männer miteinander bekanntzumachen – absurde Begebenheiten, die der Leser aber nicht als authentisch begreifen darf, sondern als Spiegelung der »Gemütsverfassung« des Autors. Kennt aber der Leser andere Werke des Autors, wie kann er sich dem Eindruck verschließen, er werde doch einbezogen in die Mitteilung von Privatem?

Die Figur Ingeborg Bachmann ähnelt anderen weiblichen Kunstgeschöpfen des Autors, auch diese bieten nämlich konfuse Erlebnisberichte und lassen sie in Widersprüchen stranden, sie deuten Geständnisse an, legen Fährten aus und verwischen sie elegant, in den Werken der Literatur und in der fiktiven Autobiografie verletzt ein Eifersüchtiger das Briefgeheimnis (literarisch raffiniert zugespitzt durch die Entdeckung, in den eigenen Liebesbeteuerungen von früher geschnüffelt zu haben), das Bild einer launischen Sphinx wird geschaffen, aber vom Autor selbst als Täuschung der daran scheiternden Männer entlarvt, Situationen wiederholen sich, identische Sätze spuken durch die verschiedenen Texte (»Wenn sich zwischen uns etwas ändert, so werde ich es dir sagen«), dabei ist aber gerade die Angst, der Ekel vor Wiederholung Thema (MY GREATEST FEAR: REPETITION) – offenbar nicht stark genug, um dem Leser die Verlegenheit zu ersparen, Privatpersonen in der Verstrickung ihrer Obsessionen vermuten zu müssen. Warum etwa ist Antoinette, Kürmanns anstrengende Gattin *(Biografie)*, mit ihrer Unzuverlässigkeit, ihrer Irrationalität, ihrer Praxis erotischer Ungebundenheit ausgerechnet eine promovierte Philosophin, die über Wittgenstein parliert?

Auf die Interview-Frage, ob Frisch den Vorwurf für zutreffend halte, in *Montauk* sei er »mit Ingeborg Bachmann eigentlich unfair umgegangen«, antwortet er: »Wieso unfair? Es ist allerdings eine Huldigung aus der Nähe, nicht auf Grund verzückter Unkenntnis.« Huldigung? Der Interviewer läßt es dabei bewenden. Freilich ist von dem Glanz der Verstorbenen die Rede, von ihrer Freiheit, die diesen Glanz erzeugt habe. Aber auch davon, daß sie, krank in einer Klinik, von Frisch verlassen wegen einer sehr viel jüngeren Frau, einen Liebhaber erfand und sich selbst täglich Rosen schickte, um ihn wieder für sich zu interessieren. Vergeblich, »seine Hörigkeit ist aufgebraucht«. Will man das erfahren? Und damit nicht genug. Noch einmal kreist Frisch um das Trauma der unbewältigten Beziehung: im dritten und letzten Bild des Theaterstücks *Triptychon* versucht der Mann Roger im Dia-

log mit seiner verstorbenen Geliebten Francine ihre Auseinandersetzungen über die Zäsur der Trennung hinaus weiterzuentwik-
keln. Natürlich ist die Mühe umsonst, da die Tote nur die ihm bekannten Sätze produzieren kann, etwa: »Wir hätten nie zusammen wohnen sollen.« Die Klarsicht des Mannes – »du hast dir
recht gegeben, ich habe mir recht gegeben, der Rest ist Bitterkeit«
– hätte nicht noch durch nachträgliche Urteile über die Tote bestätigt werden müssen: »Francine liebt ihre Liebe. Und das hat
überhaupt nichts zu tun mit dem Mann, der ihr begegnet. Francine gehört zu den Großen Liebenden. Sie liebt ihre Verzückung,
ihre Angst und ihre Sehnsucht und ihre Bitternis, ihre Hingabe im
Übermut, und der Mann, der das auf sich bezieht, ist selber
schuld. Francine ist nicht in sich verliebt, das meine ich nicht. Sie
liebt! – wie die Portugiesische Nonne. Sie liebt ihre Liebe.« Die
Portugiesische Nonne – bekannt aus Interviews der Bachmann.
Das Stagnieren des Austauschs mit einem verstorbenen Menschen ist eine schmerzliche und geläufige Erfahrung, aber ein
künstlerisch weder origineller noch bühnenwirksamer Einfall –
was also außer Verlockung zur Spekulation? Oder ist Frisch tatsächlich »zu der Gattung der Notwehrschriftsteller« zu rechnen:
»Das heißt, ich schreibe, um zu bestehen; ich schreibe, um mir
klar zu werden…«

Sofern ein Autor Literatur als »ein Stückchen Lebenshilfe« benutzt, wie Frisch in einem Interview einräumt, wird jeder Ein-
wand müßig, wenn sich diese Lebenshilfe auf das Lesepublikum
überträgt und angenommen wird. Aber die Hoffnung, sich Klarheit über sich selbst zu verschaffen, zu begreifen, warum eine
große Leidenschaft endete, wird unglaubwürdig, wenn der Autor
die tote Geliebte eine Abfolge aller Schlüsselsätze aus dem Zen-
trum der Kränkung abspulen läßt. Was an diesem Rekapitulieren
von Abschiedsformeln trägt zu selbstkritischem Verstehen bei?
»Du willst, daß ich dich brauche. Das hältst du für Liebe. Wenn
du Mut hast, so bin ich dir eine heimliche Last. Du hängst an mir,
wenn du feige bist, und dazu bin ich nicht da, Roger.« – »Manchmal hasse ich dich, Roger, aber ich werde nie vergessen, daß ich
dich einmal sehr geliebt habe.«

Wenn so der Traum vom Paar, »das sich als das Erste Paar versteht, als die Erfindung des Paares«, schrumpft auf das Banale,
das Allzu-Bekannte, verringert sich dann die Not des Nicht-Be-
standenhabens vor dem eigenen Anspruch? Bringt es Heilung, die

Ursache der Wunde zu zerreden? Der Erzähler in *Montauk* nennt Gefühle, »die nicht mehr zu brauchen sind«, verfault, weil er nicht ehrlich, nicht bewußt genug von ihnen Abschied genommen habe. Ungeschönte Wahrheit zu finden gilt es also, um sich selbst auf die Schliche zu kommen in diesem »Leben als Mann«. Versagen wird aufgezeigt, Lieblosigkeit, Schwäche und die Trauer darüber, doch durchschaut der Autor die Selbstbezichtigung als »eine Kehrseite der Selbstherrlichkeit« – anderen zuvorkommen in ihren Einwänden, ihrer Ablehnung, ihrem vernichtenden Urteil, dem durch die eigene Zustimmung die Spitze genommen ist. »So bin ich selber, Leser, der einzige Inhalt meines Buches«, heißt es als Motto des Buches in den Worten Montaignes. Aufrichtigkeit als die subtilste Maskerade – und einziger Inhalt bleibt der Verfasser längst nicht. So bricht er die Verabredung mit seiner Frau Marianne, über sie nichts zu veröffentlichen, Kränkung für sie, die sich nun doch als »literarisches Material« verwendet sieht. Aber Frisch schreibt ja dieses Buch, als habe er nichts mehr zu verlieren. Schwermut beim Rekapitulieren der Verluste, Eingeständnis der Resignation, die Last der eigenen Unzumutbarkeit außer in der Rolle des »Arrivierten« – darf einer, der so viel von sich preisgibt, nicht auch »andere ausplaudern«?

Ingeborg Bachmann hat nichts ausgeplaudert. Die Entwürfe zu ihrem *Todesarten-Zyklus* rotieren um Erinnerungen, die durch Frischs Publikationen *Gantenbein* und *Biografie* nicht zur Ruhe kommen konnten. Im Nachlaß fand sich die Geschichte der Fanny Goldmann, die sich von ihrem Schriftstellerfreund »ausgeschlachtet« sieht (»ja, es heißt ausgeschlachtet, so heißt es, sie hatte es einmal gehört, er hatte sie ausgeweidet, hatte aus ihr Blutwurst und Braten und alles gemacht, er hatte sie geschlachtet...«), da geht Franziska Jordan daran zugrunde, daß sie von ihrem Mann zum Objekt seiner Beobachtungen degradiert wird, da scheitert die Journalistin Aga Gräfin Rottwitz an der Mediokrität ihres Geliebten, des Schriftstellers Jung, der ihre Überlegenheit nicht erträgt und die Beziehung zerstört... Doch waren diese Entwürfe nicht zur Veröffentlichung bestimmt, in so leicht zu entschlüsselnden Bezügen wollte sich Bachmann gerade nicht zeigen.

Nur *Malina* hat also zu gelten. In diesem Roman nennt die weibliche Ich-Figur den 3. Juli 1958 einen Tag »sicher noch ohne Kopfschmerzen, ohne Angstzustände, ohne unerträgliche Erinnerungen« und spricht von diesem Datum als von einem Tag, »an dem ich mich nicht gewehrt habe und etwas geschehen ließ«. An diesem Tag hatten sich Bachmann und Frisch in Paris kennengelernt, sie wollte das Zürcher *Gastspiel von Biedermann und die Brandstifter* besuchen, wurde aber von ihm davon abgehalten und verbrachte den Abend mit ihm allein. In den Angaben zum Zeitablauf der Handlung des Romans sind die Jahre 1958 bis Anfang 1963 ausgeklammert, so daß die Dauer ihrer Liebesbeziehung als Leerstelle betont wird. Doch fallen diese Details nur einem Leser auf, der mit der Biografie der Autorin vertraut ist. Eine Reihe anderer Details ließe sich vorweisen, wie dies in verschiedenen Untersuchungen auch mit Entdeckerstolz geschieht, doch sind die in dem Text versteckten Anspielungen unwichtig gegenüber dem Faktum, daß kein Mann in diesem Roman als ähnlich oder gar identisch mit Max Frisch entschlüsselt werden könnte (sofern man nicht in dem Vater, der die Ich-Figur quält bis zur Vernichtung, Frisch erkennen mag – eine wohl abstruse Dämonisierung des ehemaligen Lebensgefährten, zudem nur fünfzehn Jahre älter als die Autorin).

Bachmanns Abrechnung zielt über Privates hinaus ins Grundsätzliche, mit einem Gegenentwurf zur Weiblichkeit, wie sie in Frischs Werk erscheint. (Frisch über sich in *Montauk*: »Als der Sohn fünfundfünfzig war, sagte seine Mutter nicht ohne Strenge: Du solltest nicht immer über Frauen schreiben, denn du verstehst sie nicht.«) Frauen in seinen Romanen und Theaterstücken lassen die von ihnen abhängigen Männer leiden an ihrer Undurchsichtigkeit, an ihren koketten Spielen, ihrer Amorphie – in *Malina* prallt die Ich-Figur an der männlichen Indifferenz Ivans ab. Zwar erteilt er immer wieder Ratschläge, womit die allzu hingebungsvolle Geliebte ihn für sich interessieren könne, »mit kleinen Rückzügen, mit Taktiken«, er wirft ihr vor, »zu durchsichtig« zu sein, um ihn fesseln zu können. Er kritisiert: »Lach mehr, lies weniger, schlaf mehr, denk weniger«, er will nicht, daß sie auf ihn wartet, daß sie ihn braucht, daß sie einen Kult um ihn zelebriert (»Ich kann dort nicht atmen, wo du mich hinstellst«). Die Unverbrüchlichkeit und Ausschließlichkeit ihrer Liebe, ihr »offenkundiges Nichtspielenkönnen«, der Ernst ihrer Sätze, der Mangel an »Gesten, Capricen, Allüren zum Schein« belasten sein freundlich vernünftiges Funktionieren, und Beschwernis will er nicht gestatten. So entzieht er sich ihr, und trotz ihrer Verzweiflung deswegen pocht die Frau auf ihre hochmütige Sicherheit, daß er ohne sie »in einem gewöhnlichen Leben« selbst gewöhnlich werden wird (so wie Roger in *Triptychon* den Briefen der toten Francine nicht gewachsen ist mit ihren »Sätzen wie aus dem Hohen Lied«).

Die Ich-Figur erklärt pauschal, alle Männer seien unheilbar krank (und man muß gesehen haben, wie Ingeborg Bachmann einen Fernsehinterviewer fragt, ob er denn dies nicht wisse, und dabei so strahlend lächelt, als habe sie allen Männern einen köstlichen Streich gespielt). »Von den Frauen könnte man höchstens sagen, daß sie mehr oder weniger gezeichnet sind durch die Ansteckungen, die sie sich zuziehen, durch ein Mitleiden an dem Leiden.« Daher haben die Frauen »immerzu den Kopf voll« von den Männern, weil sie jedesmal versuchen, sich auf jeden Mann neu einzustellen, und dabei unvermeidlich unglücklich werden. Der Mann dagegen wechselt nur die Partnerin, verändert nie sein Verhalten, »denn sein krankes System ist unfehlbar, er wiederholt, er hat sich wiederholt, er wird sich wiederholen« *(my greatest fear: repetition)*.

Und so herrscht Krieg zwischen Männern und Frauen, den immer die Frauen verlieren, weil sie lange vor den Geliebten schon von den Vätern zerstört worden sind. »Es ist immer Krieg. / Hier ist immer Gewalt. / Hier ist immer Kampf. / Es ist der ewige Krieg.« Die Ivan-Männer verweigern die Kenntnis dieser Realität, weshalb sollten sie sich auch damit beschäftigen, ihre Zeit ist mit Wichtigem ausgefüllt, für Nachdenken über die Liebe ist kein Platz, die Erkundigung, ob sie für Frauen Verachtung empfänden, verstehen sie nicht: »Aber nein, was für eine Verachtung denn? was willst du für eine Komplikation?« Wenn das Ich ein Kleid anprobiert, das ihm Malina ausgesucht hat, dann wird dieses Kleid zum »Nessusgewand«, das die Haut aufscheuert und den Atem beklemmt. Anprobieren von Geschichten? Es gibt nur eine Geschichte, die unausweichliche, unveränderbare, an der man zugrunde geht. Manche der betont trivialen Aussagen in *Malina* haben wohl keine andere Funktion, als Max Frischs Männerrunde – Gantenbein, Burri, Kürmann und wie sie alle heißen mögen – ihre armseligen Fehlurteile über Frauen zurechtzurücken (worauf dann wieder der Erzähler in *Montauk* kontern wird: Jeder Frau, die er liebt, verpaßt er einen »Entwurf zu ihrem Wesen« und staunt, wie sie sich entsprechend diesem Entwurf verhält. »Erfahrungen mit einer Partnerin zu übertragen auf die nächste Partnerin, davor hüte ich mich.« Die Frauen fügen sich in seine Erfindung, und der Erfinder muß zugeben: »Es sind nicht die Frauen, die mich hinters Licht führen; das tue ich selber«).

Die Ich-Figur in *Malina* sieht in ihrer Not mit den Männern keinen anderen Ausweg, als das Weibliche in sich abzutöten, die männlichen Anteile ihres Wesens ganz von sich Besitz ergreifen zu lassen. Das Verstummen der eigenen Rede ist nicht aufzuhalten: »Ein Tag wird kommen, und es wird nur die trockene heitere Stimme von Malina geben, aber kein schönes Wort von mir, in großer Erregung gesagt.« Malina: das Alter ego der Frau, »mit dem sie sehr oft eins ist. Sie kommen immer wieder auseinander, sie geraten aneinander, und dieser männliche und ihr überlegene Doppelgänger, also dieses denkende Ich, hilft ihr am Ende den Tod finden, weil sie nicht mehr weiter kann«, kommentiert Bachmann selbst.

Mit der Auslöschung des Weiblichen verbindet sich aber auch der Bankrott der Erlösungsutopie: »Ein Tag wird kommen, an dem die Menschen rotgoldene Augen und siderische Stimmen haben, an dem ihre Hände begabt sein werden für die Liebe, und die Poesie ihres Geschlechts wird wiedererschaffen sein…« Diese Vision ist verbunden mit der Figur des Fremden, der die Prinzessin von Kagran aus der Hand der Barbaren befreit. Mit ihm erfährt sie eine nie gekannte Vertrautheit, und doch ist er es, der ihr die schmerzhaftesten Verletzungen zufügt. In diesem Fremden beschwört die Dichterin den Geliebten ihrer Jugend, Paul Celan, der sich 1970 das Leben genommen hatte, er war in der Seine ertrunken. Deutlich ist er zu erkennen – »Mein Volk ist älter als alle Völker der Welt und es ist in alle Winde zerstreut«, auch weil fast wörtlich Zeilen seiner Gedichte übernommen sind (so heißt es z. B. in seiner »Erinnerung an Frankreich«: »Wir spielten Karten, ich verlor die Augensterne« und im Text der Bachmann: »Wir werden Karten spielen, ich werde meine Augen verlieren.«, Eingebaut in die Beschreibung des schleichenden Verlusts der Liebe Ivans führen die Textpassagen aus dem Kagran-Märchen zum Ende der Träume, die Prinzessin hat die Orientierung verloren, und das Ich muß zum Ursprung allen Leids vordringen, tief eintauchen in die Angst. Und hier findet es die erste Liebe, die es lange gesucht hat, den Fremden im schwarzen Judenmantel, mit seiner sanften Frau und seinem Kind, vor dem Abtransport in die Lager gibt es noch eine Umarmung, doch die Nachricht von seinem Tod im Fluß zerstört jede Hoffnung: »Er war mein Leben.«

Ein diffiziles System von Zeichen verbindet die Figuren und ihre Geschichte im Roman und in der Wirklichkeit, der Türkenbund verknüpft die erste Begegnung von Ich und Ivan mit dem Wiederfinden des Fremden (»steht ein Strauß Türkenbund in dem leeren Zimmer, neben ihm«, und verweist auf den einzigen Prosatext Paul Celans, *Gespräch im Gebirg* (1960). Neben den beiden Juden (»Geschwisterkinder«), welche die ihnen Gleichen nicht lieben können und als Nichtgeliebte den Weg zu sich selbst suchen, blüht am Wegrand der Türkenbund (»rot und siebenmal röter als rot«). Das Ende: nichts ist geblieben (»es war einmal ein Strauß Türkenbund und ein schwarzer Mantel«), das Scheitern der Verheißungen wird nur noch lapidar registriert (»Kein Tag wird kommen, es werden die Menschen niemals, es wird die Poesie niemals und sie werden niemals, die Menschen werden schwarze finstere Augen haben, und von ihren Händen wird die Zerstörung kommen…«), Malina hält sein weibliches Alter ego nicht davon ab zu verschwinden, sich aufzugeben: »Es war Mord.«

1974 wurde Max Frisch gefragt, ob er es richtig finde, wenn *Gantenbein* und *Malina* als Erfahrungsbericht der Autoren über ihr gemeinsames Leben bezeichnet werden. Antwort: »Sicher ist (…), daß diese Begegnung, dieses Scheitern der Begegnung, beide zentral beschäftigt hat – also ohne die beiden Bücher zu kennen, könnte man die legitime Vermutung haben, daß hier zwei Äußerungen zu einer Geschichte, die ja nie eine Geschichte ist, es ist die Geschichte zweier Menschen, dastehen.« Und wenn man die beiden Bücher kennt, ließe sich ergänzen, ist die Vermutung nicht von der Hand zu weisen.

Frisch hatte sich in seinem Werk auseinandergesetzt mit seinem Bild der Person Ingeborg Bachmann, sie dagegen attackierte nicht ihn, sondern seine Darstellung des Weiblichen. Inhaltlich verfechten beide seltsam antiquierte Positionen: die Mann-Frau-Beziehungen in der Prosa beider Autoren wirken konstruiert und heutigen Lesern so fern wie der Typus der Femme fatale des Fin de siècle oder des süßen Mädels aus Schnitzlers Wien. Ausnahme ist der poetische Text Bachmanns *Undine geht*. Hier gelingt ein radikaler Schlag gegen jede nur denkbare Ordnung, die als das Gegenteil von Liebe begriffen wird. Ist im *Todesarten-Zyklus* die Zerstörung liebender Frauen durch die ihrer Liebe unwürdigen

Männer das durchgehende Thema, so gilt die Verachtung der Undine den Frauen, weil sie sich benutzen lassen und daraus noch ihren Vorteil ziehen. Das Angebot der Wasserfrau, das trockene Element mit den Fluten zu vertauschen, gilt aber den Männern. Denn immer wieder wagt einer von ihnen, dem Lockruf zu folgen. Und trotz der immer neuen Kränkung durch den Verrat aus Zaghaftigkeit wird die Undine ihrer Vision nicht müde.

Eine Wegstrecke nur...

Über die kurze Zeit der Liebe zwischen ihr und Joseph Roth mußte Irmgard Keun ihr Leben lang Fragen beantworten; mit dem Namen Elisabeth Hauptmann verbindet wohl kaum einer die Herausgabe des Gesamtwerks von Brecht, sondern eine seiner vielen Jugendaffären; über die kurze Liebesbeziehung zwischen Rilke und Lou Andreas-Salomé wird mehr geschrieben als über die lebenslängliche Freundschaft zwischen den beiden – eine Wegstrecke nur als Paar, dennoch scheint die Zuordnung unaufhebbar.

*»...und ich kann sehen,
wie ich traurig bin.«*

Lou Andreas-Salomé
und Rainer Maria Rilke

»Du allein weißt, wer ich bin. Nur Du kannst mir helfen und ich fühle schon an Deinem ersten Briefe die Macht, die Deine ruhigen Worte über mich haben. Du kannst mir aufklären was ich nicht verstehe, Du kannst mir sagen was ich tun soll; Du weißt, wovor ich mich fürchten muß und wovor nicht –: Muß ich mich fürchten?« Rainer Maria Rilke flüchtet im Sommer 1903 aus einer der bedrängendsten Krisen seines Lebens zu Lou Andreas-Salomé, die zweieinhalb Jahre zuvor die Liebesbeziehung zu ihm beendet und ihm jeden, auch schriftlichen, Kontakt verboten hatte – allerdings mit der Zusage, er dürfe sich in der »schlechtesten Stunde« an sie wenden. Er tut es, besorgt, »es könnte viel zu früh sein; aber wer weiß, ob ich in der schwersten Stunde kommen kann«. Die Qualen seiner Ängste, Selbstzweifel, Selbstbezichtigungen läßt sie ihn darlegen, geht auch einfühlsam darauf ein, doch einem Wiedersehen versagt sie sich – erst zwei Jahre später wird es dazu kommen. Briefe erscheinen ihr ausreichend, »zwei alte Schreiberiche wie wir« brauchten darin »nichts Künstliches« zu sehen. Was für eine absonderliche Formulierung! Abwiegelnd kumpelhaft, als müsse jede Exaltiertheit im Umgang miteinander im Keim erstickt werden.

Sie wird diesen Ton in ihren Antworten nicht beibehalten. Seine Not motiviert ihren therapeutischen Eros, und zudem erkennt sie in den Büchern, die er seit der Trennung veröffentlicht hat, eine künstlerische Qualität, die sie offenbar während der gemeinsam verlebten Jahre nicht vermutet hatte. Sie gestattet ihm also, ihr zu schreiben, und hofft, er werde bereits daraus »etwas Helfekraft« gewinnen. So breitet er vor ihr die »großen unbeschreiblichen Ängste« aus, die ihn bestürmen: »alles verändert sich, fällt mir von den Sinnen ab und ich fühle mich hinausgedrängt aus der Welt, darin alles vertraut und nahe und sinnvoll ist, in eine andere ungewisse, namenlos bange Umgebung«. Von seinen Schmerzen im Kopf, an den Zähnen berichtet er, von Katarrhen und Fieber, von seiner Erschütterung über das Elend der

Armen in Paris, wo er lebt, von bestürzenden Krankheiten, die er fassungslos beobachtet, von seiner eigenen Fremdheit, die ihn dem Jammer der Ausgestoßenen ähnlich macht. Und er beklagt seine Unfähigkeit, das, was er sieht, künstlerisch zu gestalten, im Gegenteil, die Wahrnehmungen richteten sich gegen ihn selbst: »statt sie zu Dingen meines Willens zu machen, gab ich ihnen nur ein eigenes Leben, das sie wider mich kehrten und mit dem sie mich verfolgten weit in die Nacht hinein.«

Dazu gesteht er sein persönliches Scheitern: »mein kleines Kind muß bei fremden Leuten sein, meine junge Frau, die auch ihre Arbeit hat, hängt von Anderen ab, die für ihre Ausbildung sorgen, und ich selbst kann nirgends nützlich sein und nichts erwerben.« Sein Wunsch nach einer stabilen Existenz mit Menschen, »die weithin sichtbar mir gehörten«, habe sich als Trug, zu einem verantwortungsvollen bürgerlichen Leben habe er sich als ungeeignet erwiesen: »O Lou, in einem Gedicht, das mir gelingt, ist viel mehr Wirklichkeit als in jeder Beziehung oder Zuneigung, die ich fühle; wo ich schaffe bin ich wahr und ich möchte die Kraft finden, mein Leben ganz auf diese Wahrheit zu gründen, auf diese unendliche Einfachheit und Freude, die mir manchmal gegeben ist.« Hierbei stehe ihm aber seine Disziplinlosigkeit im Wege, der Mangel an Kontinuität bei der Arbeit, das Fehlen jeder Methode: »denn ich bin gleich ratlos, wenn es gilt aus Büchern oder aus Begegnungen das meine zu nehmen; kaum erkenne ich es: äußerliche Umstände entstellen und verdecken es mir und ich weiß Wichtiges nicht mehr von Überflüssigem zu trennen und bin von dem Vielen verwirrt und eingeschüchtert.« Er verfüge also über kein Handwerk, das ihn befähigen könnte, regelmäßig und zielstrebig vorzugehen, so »daß ein Werktag dem andern gliche und hätte Arbeit, die immer gelänge, weil sie beim Erfüllbaren und Geringen begänne und doch schon im Großen wäre von Anfang an«.

Dieses lebenslange Verzweiflungsthema Rilkes, nach Phasen intensiven Schaffens in Lethargie, in Nichtstun zu versinken und durch gar nichts auch nur den Anschein irgendeiner nützlichen Tätigkeit herstellen zu können, bündelt sich hier in der Klage »ich bin fast ohne Kultur«. Wie solle bei seiner geringen Bildung »das schöne Handwerk, das zu einer schönen Kunst gehört«, erworben werden? Er entwickelt Pläne für ein Universitätsstudium (»1. Ich will naturwissenschaftliche und biologische Bücher lesen und Vorlesungen hören, die zum Lesen und Lernen solcher Dinge anregen [Experimente und Präparate sehen]. – 2. Ich will archivarische und historische Arbeit lernen, soweit sie Technik und Handwerk ist.«), fragt Lou, wo er »Physiologie, Biologie, experimentelle Psychologie, etwas Anatomie u. s. w.« am besten belegen würde, äußert aber auch, vorerst noch als Frage, die Einsicht, die alle aufs Universelle zielenden Pläne überdauern wird: »Liegt das Handwerk vielleicht in der Sprache selbst, in einem besseren Erkennen ihres inneren Lebens und Wollens, ihrer Entwicklung und Vergangenheit?«

Lous Antworten: in gezielter Selektion verweigert sie jede Stellungnahme zu seinen privaten Schwierigkeiten. Das Kind, die Frau, sein mißglückter Abstecher in ein Familienleben – darauf geht sie nicht ein. Dagegen erklärt sie ihm ausführlich, daß er der bedrückenden Not der Ärmsten in Paris eben nicht ausgeliefert sei, wie er dies empfinde, sondern die Fähigkeit habe, »sie im höheren Prozeß zu wiederholen«. Er habe erst reif werden müssen, um imstande zu sein, das Wirkliche als Kunst zu gestalten. Zu verstehen gelte es, »daß Du wie ein Stückchen Erde geworden bist, worin alles was da hineinfällt, und sei's auch das Zerbrochenste, Mißratene, Widerwärtigkeiten und Abfall, sich einheitlich verarbeiten muß zur Nahrung für den Samen, der gesäet ist. Und da schadet es nicht, wenn es zu Beginn aussieht wie ein über die Seele ausgestürzter Kehrichthaufen: es wird jetzt alles zu Erde, es wird Du. Nie warst Du der Gesundheit so nah wie jetzt!« Er müsse Schmerzen leiden, um durchlässig zu werden für das Eindringen der Wirklichkeit und für ihre Verwandlung in Kunst.

Obwohl Rilke meint, Lous Zustimmung noch nicht zu verdienen, beruhigt ihn ihre Auslegung seiner Probleme. Er hat ihr sein Buch über Rodin geschickt, und sie führt nach der Lektüre seine Erschöpfung, seine Kraftlosigkeit auf diese spezifische Arbeit zurück: mußte er doch die Kunst des Bildhauers umsetzen in Sprache, das körperhafte Schaffen in das eigene Medium. »Denn Worte bauen doch nicht wie Steine, tatsächlich und unmittelbar, vielmehr sind sie Zeichen für indirekt vermittelte Suggestionen, und an sich allein weit ärmer, stoffloser als der Stein.« Der Dichter aber sei sich selbst Material. Und später werde Rilke sich gerne an das Zusammenwirken von »Mensch und Künstler, Leben und Traum« erinnern, sagt sie ihm voraus. Dann der entscheidende Satz: »Du kannst Dich von jetzt ab auf mich verlassen.«

Diese Zusage wird sie halten, bis an sein Lebensende. Als Rilke sie im Juni 1905 besuchen darf, bringt er ihr das Manuskript vom *Stundenbuch* mit. Es ist ihr gewidmet, und zusätzlich zur gedruckten Inschrift wird er in das Exemplar, das er ihr schenkt, schreiben: »Zurück – für alle Zeit. Rainer, Advent 1905.« Lou kann dem Künstlerfreund eine Zuneigung bewahren, die sie dem Liebenden schroff entziehen mußte. Rilke war nicht der einzige Mann, den sie mit abruptem Abbruch der Liebesbeziehung verletzte. Auch die Aufenthalte während ihrer zahlreichen Reisen beendete sie meist unvermittelt: »aber dann kam die Stunde, da etwas oder jemand mir, in irgendeiner Nacht, zuzuwinken scheint – und ich fort muß. Nie hab ich verständlich ergründet, warum und wann das jedesmal geschieht –«. Auf ihre Freundschaft dagegen ist Verlaß, auch nach längeren Unterbrechungen des Briefwechsels kann sich Rilke ihrer konstanten Anteilnahme gewiß sein.

Vielleicht hat sie dazu beigetragen, daß er seinen Briefen aus den Jahren 1903 und 1904 literarischen Rang zuerkannte. Die skizzierten Schrecken von Paris wurden der Grundstock der *Aufzeichnungen des Malte Laurids Brigge,* woran er bald danach zu arbeiten begann. Ganze Passagen hat er aus diesen Briefen, die ihn zunächst so verworren dünkten, in sein Werk übernommen. Fertiggestellt und veröffentlicht ist es erst 1910, und wieder ist Lou mit ihrem Urteil unverzichtbar, nicht, was die Qualität dieses formal höchst ungewöhnlichen Romans betrifft, sondern die Meinung einiger Freunde, die ihn mit seiner Figur Malte gleichsetzen: »niemand als Du, liebe Lou, kann unterscheiden und nachweisen, (...) ob er, der ja zum Teil aus meinen Gefahren gemacht ist, darin untergeht, gewissermaßen, um mir den Untergang zu ersparen, oder ob ich erst recht mit diesen Aufzeichnungen in die Strömung geraten bin, die mich wegreißt und hinübertreibt.« In einem nicht erhaltenen Brief muß sie ihn beruhigt haben, denn er dankt: »...was tat ich ohne diese Stimme: Deine. Ich kann Dir nicht sagen, wie vertraut und tröstlich mir das war, ich bin die einzelne kleine Ameise, die den Kopf verloren hat, Du aber siehst den Bau und versicherst mir, er sei heil...«

Sie stärkt seine Sicherheit für sich selbst, indem sie ihm immer wieder darlegt, wie gerade all das, was ihn ängstigt, das Wesen seines Künstlertums bedinge. Diese Erkenntnis war ihr keineswegs vom Beginn ihrer Bekanntschaft an selbstverständlich gewesen. Zwar wird sie nach seinem Tod schreiben, daß schon von Anfang an seine »Traumsicherheit« für seine »unwidersprechliche Berufung« eine ganz unangefochtene Einheit von Mensch und Künstler gestattet hatte, gibt aber auch zu, daß er »nicht vorwiegend als der zukunftsvoll große Dichter, der er werden sollte«, auf sie gewirkt hatte. Mehr noch, sie gesteht in ihrem *Lebensrückblick* dem toten Freund ihr Versagen, »insofern ich Deiner frühen Lyrik, trotz ihrer Musikalität, kein Verständnis entgegenbrachte« und: »daß ich den Überschwang Deiner Lyrik in den meisten seiner Äußerungen nicht voll genug mitempfand«. Erst sein Werk legitimierte in ihren Augen manch prekäre Züge seines Charakters, erst mit dem Ergebnis seines Kampfes gegen die Mißhelligkeiten in seinem Wesen erwarb er ihren Respekt – gerade zu einem Zeitpunkt, als ihr selbst offenbar klargeworden war, daß ihre Bestimmung nicht im Künstlerischen liege. Als sie Rilke kennenlernte, fühlte sie sich ihm nicht nur durch den Altersvorsprung, sondern auch als bereits erfolgreiche Schriftstellerin überlegen und sparte nicht mit Kritik. Er lernte aus ihren sicher oft überheblichen Zurechtweisungen und bestätigte ihr später: »die mich umgestaltende Erfahrung, die damals, an hundert Stellen zugleich, mich ergriff, sie ging von dem unsagbar Wirklichen aus das Du warst. (...) Die Welt verlor das Wolkige für mich, dieses fließende Sich-Formen und Sich-Aufgeben, das meiner ersten Verse Art und Armut war...«

Seine sehnsuchtsvollen Erinnerungen an die für ihn so kostbare gemeinsame Zeit überhört sie geflissentlich. Sie hält ihn auf Distanz, erzählt kaum über sich selbst, beschreibt lediglich ihr Haus in Göttingen, wohin sie wegen der Professur ihres Mannes umgezogen war, und auch in den weiteren Jahren wird sie selten etwas von sich mitteilen, wird Zuhörerin bleiben, überlegene Freundin, Wissende, therapeutische Ratgeberin. Um so stärker fällt die Ausnahme auf, als sie eigene Erfahrungen einbringt, um Rilke die Balance zwischen »Kunstleben und Lebenskunst« zu erklären: »Ich bin, ganz wie Du davon durchdrungen, daß dabei vieles Abseitsstehn vonnöten ist, viel Einsamkeit, – ja ich selbst könnte von mir sagen, daß ich (obwohl kein Künstler) aus solcher Strenge und Bescheidenheit mir die Mutterschaft versagt habe.« So heißt es am 10. August 1903. Im Jahr davor hatte sie eine Fehlgeburt erlitten, ausgelöst durch den Sturz von einer Leiter.

7 Lou Andreas-Salomé (1861-1937)

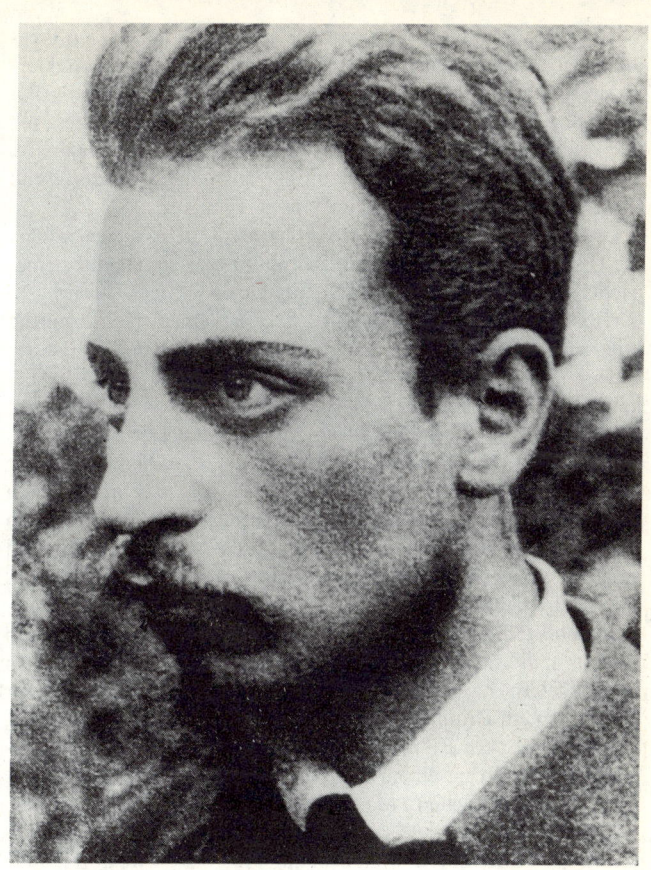
8 Rainer Maria Rilke (1875-1926). Aufnahme von 1903

Versagung der Mutterschaft? So wie sie ihren langjährigen Liebhaber Dr. Pineles, genannt Zemek, beharrlich als ihren Arzt deklariert, mit dem sie aus gesundheitlichen Gründen verreist (»Für
Wochen will Zemek mich noch unter seiner Aufsicht haben; ich
war etwas leidend«), so hatte sie auch im unklaren belassen, ob
die Leidenschaft für diesen Mann der ausschlaggebende Grund
für ihre Trennung von Rilke im Januar 1901 war.

Die Fakten: Anfang Juni 1897 wurde Lou Andreas-Salomé
die Geliebte Rilkes. Zu diesem Zeitpunkt war sie, Tochter eines
geadelten zaristischen Generals, im europäischen Kulturleben
bereits prominent. Man wußte, daß sie einen Heiratsantrag
Nietzsches abgelehnt hatte (seiner besitzergreifenden Schwester
gegenüber sollte Nietzsche einmal bekennen: »von allen Bekanntschaften, die ich gemacht habe, ist mir die wertvollste und
ergebnisreichste die mit Fräulein Salomé. Erst seit diesem Ver-
kehr war ich reif zu meinem Zarathustra«), man las deshalb mit
Neugier ihre Untersuchung *Friedrich Nietzsche in seinen Werken*
und stellte überrascht fest, daß sie ihrem Thema durchaus gewachsen war. Sie bot fundierte Kenntnis seiner Philosophie und
eine exakte Arbeitsmethode; sie hatte einen Roman, Erzählungen, zahlreiche Rezensionen und eine Analyse von *Ibsens Frauengestalten* veröffentlicht; sie zählte berühmte Wissenschaftler und
Literaten, die sie bei ihren Aufenthalten in Berlin, Paris und Wien
kennengelernt hatte, zu ihren Freunden (Wedekind wollte mit ihr
zusammen ein Drama schreiben, Schnitzler zählte auf ihr Urteil).
Gesellschaftlichen Rückhalt bezog sie aus der Ehe mit dem Ori-
entalisten Andreas, einem hochgeschätzten Privatgelehrten, der
ihr jeden erdenklichen Freiraum für ihre Arbeit und ihre Reisen
gewährte. Sie faszinierte durch das exotische Flair ihrer Herkunft, verblüffte durch ihren brillanten Intellekt. Ihre auffallende
Erscheinung war stets Mittelpunkt eines Kreises von Bewunderern, doch als sie mit 36 Jahren dem Liebeswerben des 21jährigen
Rilke nachgab, war sie, wie Briefe und Gedichte belegen, Jungfrau.

Was hat sie dazu bewogen, sich ihrem Ehemann zu verweigern? Sie selbst bezeichnete das »Vermählende« mit Andreas als
sehr viel wertvoller als körperliche Anziehung oder selbstverständlich auch Freundschaft. Zwischen ihr und Andreas habe es
ein »Gebundensein« gegeben, »eine gemeinsame Höhe gleichsam, in der wir Beide gipfeln wollen«. Ob dieses Arrangement

von außen plausibel erscheint, ändert nichts daran, daß die Ehe-leute trotz häufigen Getrenntseins, trotz auch lange andauernder sexueller Beziehungen zu anderen Partnern dennoch an ihrer Zu-sammengehörigkeit festhielten. Nicht zu leugnen ist andererseits auch, daß Andreas zur Zeit der Liebe zwischen Lou und Rilke sehr eifersüchtig war und rücksichtsvoll getäuscht wurde. Nur engste Freunde vermuteten in den beiden ein Paar. Eine russische Bekannte beschreibt das »auffallende Pärchen«: »Die stattliche, etwas füllige Luisa Gustawowna im selbstgenähten Reformkleid von eigenartiger Farbe – und daneben der schlanke mittelgroße Dichter… Die beiden (…) hielten sich wie Kinder bei der Hand. Sie zogen Lächeln und Blicke auf sich, doch ließen sie sich davon nicht stören.« Bezeichnend für Lou: seit sie die Gertenschlankheit des jungen Mädchens verloren hatte, verzichtete sie auf das übli-che Korsett und hüllte sich in wallende Gewänder mit Pelzboas, die sie noch wuchtiger wirken ließen. Nie wäre ihr in den Sinn ge-kommen, sich nach einer geltenden Mode zu richten. Auch von dieser Selbstsicherheit war Rilke beeindruckt. Ihm ist es sein gan-zes Leben nicht gelungen, seine bescheidene Herkunft zu akzep-tieren, eifrig bastelte er an der Legende adliger Vorfahren. Seine Mutter, »diese verlorene, unwirkliche, mit nichts zusammenhän-gende Frau«, verachtete er und behauptete, »schon als Kind von ihr fortgestrebt« zu haben. Er vermißte an ihr Seelenadel, Güte, Bildung und sah in ihrer Verzärtelung eine Gefahr, die ihn noch als erwachsenen Mann bedrohte (»Ach wehe, meine Mutter reißt mich ein«).

In Lou liebte er die reife Frau, deren Neigung zum Belehren-den, Erzieherischen er als Mütterlichkeit auslegte. Trotz ihrer Weltgewandtheit und ihres Ruhms als Schriftstellerin war sie un-erfahren wie ein junges Mädchen, so daß er in der beseligenden Vorstellung schwelgen durfte, sie habe auf ihn, auf die Erlösung durch ihn, gewartet. Er verfaßte ein kleines Drama, *Die weiße Fürstin*, in dem der Gatte es elf Jahre nicht gewagt hat, seine Frau zu berühren, die sich aufspart für die Begegnung mit dem einzig Ersehnten (die Liebeserfüllung wird dann allerdings durch den Ausbruch der Pest verhindert). Nach elf Ehejahren begann die Liebe Renés, den sie Rainer nannte, um ihn aus der Mädchenprä-gung seiner Kindheit zu befreien. Er hatte bereits Gedichte veröf-fentlicht, die sich hauptsächlich durch gefällige Reime, durch Überschwang und gekünstelte Delikatesse auszeichneten. Erst in den Liebesgedichten an Lou fand er einen neuen Ton echter Empfindung.

Den Sommer 1897 verbrachten die beiden in Wolfratshausen, der Ortsname wird zum Codewort zwischen ihnen. Als »vorwolfrathshausensch« werden sie einen Zustand von ihm benennen, in dem er sich in Hysterie, manische Fixierungen und Exaltiertheit verstrickt. Sie befahl ihm eine Reise allein nach Italien, damit er lerne, auch eine Weile ohne sie auszukommen. Er kam ihrem Wunsch nach, verfaßte auch das aufgetragene Tagebuch für sie, es ließ sich aber nicht verhehlen, daß es für ihn ein einziges Ziel gab: ihr »entgegengehn«.

Er zog mit ihr nach Berlin, wo sie mit ihrem Mann zusammenlebte, und nahm in ihrer Nähe eine Wohnung. In vielen Gesprächen über ihre russische Heimat hatte sie solche Sehnsucht nach Rußland in ihm geweckt, daß er begann, die Sprache zu lernen und sich intensiv mit russischer Literatur zu beschäftigen – Studien, an denen sie sich begeistert beteiligte, weil sie es schon als Kind bedauert hatte, unzulänglich Russisch zu sprechen, da sie mit Deutsch und Französisch aufgewachsen war. Allerdings ließ sie in ihm ein sentimental verfälschtes Bild ihrer Heimat entstehen, so daß er während der beiden Reisen nach Rußland, die er mit ihr unternahm, für die Wirklichkeit der russischen Verhältnisse gar keinen Blick hatte, sondern nur darauf bedacht war, daß sich die Realität mit seinen Wunschvorstellungen deckte. So meinte er ständig, den gesunden, einfachen, unverdorbenen, gottnahen Russen zu entdecken, den er partout mit dem Wesen des ganzen Volks identifizierte. Für die Rückständigkeit der russischen Wirtschaft, die politische Unterdrückung, die verheerenden Mängel in der Bildungs- und Gesundheitsversorgung interessierte er sich nicht. Tolstoi bog er sich als Heilsbringer der Menschheit zurecht (auch der ernüchternde Verlauf der beiden Besuche bei dem Grafen wurde zum beglückenden Erlebnis verklärt), Tschechow, dessen *Möwe* er ins Deutsche übersetzte, fand er banal, weil er nicht bereit war, sich auf die kühle Präzision dieses großen Diagnostikers einzulassen. Lou folgte gerührt den Spuren ihrer Kindheit, und Rilke sperrte sich trotz der Angebote russischer Freunde gegen jede Erfahrung, die seine Ergriffenheit hätte trüben können.

In Rußland hatte Lou beschlossen, sich aus der Umklammerung des jungen Geliebten zu lösen, sie lockerte den Kontakt merklich, eine radikale Trennung war dennoch nicht zu vermeiden. Er hielt sie vom Schreiben, das sie damals noch als ihre Berufung sah, ab: »Aber in den Arbeitskämpfen dieser Tage bin ich zu Hause gewiß manchmal abscheulich gewesen. (...) (Schlecht war ich auch gegen Rainer, aber dies tut mir nie weh.)« – »Damit R. fortginge, ganz fort, wär ich einer Brutalität fähig. (Er muß fort.)« In ihrem *Lebensrückblick*, verfaßt 1931, also fünf Jahre nach Rilkes Tod, tut sie allerdings so, als habe nur Rücksicht auf ihn zur Trennung geführt: »nun tat Eile not, daß Du in Freiheit und Weite kämst und in alle Entwicklung, die Dir noch bevorstand.« Zwei schlichte Gedichtzeilen, zu simpel fast, um aus Rilkes Feder zu stammen, wissen es besser: »da wurde sie müde, da ließ sie nach, / da ließ sie mich fallen, und ich zerbrach.«

Vieles scheint zu ihrem Entschluß geführt zu haben: sie fühlte sich überfordert von der Heftigkeit und Ausschließlichkeit seiner Liebe, sie brauchte Unabhängigkeit zum Arbeiten und für das von ihr geschätzte Leben im Kreis berühmter Freunde, sie begehrte einen anderen Mann, Zemek, was sogar zeitweilig ihre Ehe gefährdete, und sicher war sie auch besorgt um Rilkes psychische Labilität. Nach der Trennung schrieb sie ihm einen »Letzten Zuruf«, den sie gewiß vernichtet hätte, wäre ihr bekannt gewesen, daß dieser Brief existierte. Ein entlarvendes Dokument: zunächst wird ersichtlich, daß sie Rilke, übereinstimmend mit dem Arzt Pineles, auf den sie sich ausdrücklich beruft, für krank hielt, auf dem besten Weg in den Wahnsinn. Von seiner Persönlichkeitsspaltung ist die Rede, von dem »Anderen« in ihm, diesem »bald deprimierten, bald excitierten, einst Allzufurchtsamen, dann Allzuhingerissenen«, mit dem sie nicht fertigwurde. »Begreifst Du meine Angst und meine Heftigkeit, wenn Du wieder abglittest, und ich das alte Krankheitsbild wiedersah? wieder den zugleich lahmen Willen neben jähen, nervösen Willenseruptionen, die Deinen organischen Zusammenhang durchrissen...« Davor müsse er sich hüten, wenn er sich wieder binden wolle. Sie könne nicht mehr an seiner Seite bleiben, denn: »Allmählich wurde ich selber verzerrt, zerquält, überangestrengt...« Sie aber erlebe gerade unerwartet das Geschenk, jetzt erst ihre Jugend zu finden: »denn erst jetzt bin ich jung, erst jetzt darf ich sein, was Andere mit 18 werden: ganz ich selbst.« Dabei verlöre sich seine Gestalt »wie ein Einzelteilchen in einer Gesamtlandschaft«. Was will sie ihm damit sagen? Ihm bedeuten, wie belanglos er für sie sei und gewesen sei in Anbetracht ihrer gegenwärtigen Erfahrung? Die leidenschaftliche Verbundenheit mit ihm meint sie umlügen zu müssen zu einer »gewiß Beiden noch teuren Erinnerung, daß ich in Wolfratshausen wie eine Mutter zu Dir trat«. Weshalb muß sie ihn zum Kind degradieren?

Rilkes Abschiedsgedicht zeigt, daß er sich das weite Spektrum des gemeinsam Erlebten nicht einengen läßt:

> Warst mir die Mütterlichste der Frauen,
> ein Freund warst Du wie Männer sind,
> ein Weib so warst Du anzuschauen,
> und öfter noch warst Du ein Kind.
> Du warst das Zarteste, das mir begegnet,
> das Härteste warst Du, damit ich rang.
> Du warst das Hohe, das mich gesegnet –
> und wurdest der Abgrund, der mich verschlang.

Doch wenn er nach zweieinhalb Jahren sich wieder an sie wendet, tut er es in der von ihr vorgegebenen Rolle als ihr »irgendwie verlorener Sohn«.

Es gibt keinen Beleg dafür, wie sie die kurz auf die Trennung folgende Heirat Rilkes mit der 22jährigen Bildhauerin Clara Westhoff aufgenommen hat und die Geburt seiner Tochter. Vielleicht hat sie seine Ehe im Sinne ihrer Vorhersage interpretiert: »ich weiß ja, er muß Anlehnung und Ausschließlichkeit haben um jeden Preis, wenn nicht bei mir, dann sonstwo; lieber noch am ungeeignetsten Gegenstand als garnicht. Er wird sie deshalb auch bald wieder haben.«

Als Rilke wieder um ihre Aufmerksamkeit warb, um ihre Hilfe flehte, war dies verbunden mit dem Eingeständnis des Scheiterns seiner Ehe. Auch allen seinen künftigen Liebesbeziehungen wird es an Dauer fehlen, wohl auch an Tiefe. Sie, Lou, wird jeder neuen Geliebten als die unumstößliche Instanz seines Vertrauens und seiner Verehrung präsentiert werden. All diesen Frauen, später auch Clara, kann sie in souveräner Großmut gegenübertreten; »mein Halt, mein Alles, wie immer« wird er die Unverzichtbare anreden – kein Mann hat ihrer Eigenliebe mehr geschmeichelt.

In dem Roman *Das Haus* hat sie im Jahr nach der Wiederaufnahme des Briefwechsels durch Rilke die ihr am nächsten stehenden Menschen in einer Familiengeschichte verwoben: das Elternpaar – ein Professor für Gynäkologie und seine sanfte Frau, die ganz in ihrer häuslichen Tätigkeit aufgeht, obwohl sie gute Chancen als Pianistin gehabt hätte – ist Andreas und einer Freundin Lous nachgebildet; die beiden erwachsenen Kinder sind Porträts von Rilke und von Lou in ihrer Mädchenzeit; der spätere Ehemann der Tochter gleicht Lous Gefährten Dr. Pineles; in der emanzipierten Renate ist Frieda Freifrau von Bülow zu erkennen, mit der Lou trotz unterschiedlicher Lebensauffassungen eng verbunden war. – Balduin, ein Junge von »krankhafter Reizbarkeit«, dabei ausgezeichnet durch »etwas fein Ritterliches, einen empfindlichen Geschmack«, will Dichter werden und muß den Widerstand des Vaters dagegen überwinden. Die Unterstützung seiner Mutter ist ihm gewiß: »Daß er oft untüchtig erscheint, der Balder, – sieh mal: das kommt daher, weil die Dinge ihm so viel Schönheit verraten, – zuviel, um es im Alltag fortwährend zu verwirklichen.« Und sie erklärt, wie Balduin »gesunden« könne: »dichterisch verwirklichen müssen sich ihm die Dinge, damit er ihnen auch im Leben ein wenig gewachsen ist.« Nicht umgekehrt! Einen Brief Rilkes an sie zitiert Lou wörtlich als Balduins Brief an seine Mutter. Im Nachtrag zum *Lebensrückblick* sagt sie zwar, dies sei mit seiner Einwilligung geschehen, doch 1917 hat sie in ihrem Tagebuch selbst daran Kritik geübt, es sei »künstlerisch ein Fehler« gewesen, »solch ein Wirklichkeitsstück in der Erzählung mißbraucht zu haben«.

Gitta, die eigenwillige Tochter, bricht aus der Ehe mit dem Mann, den sie sich erkämpft hatte, aus. War er ursprünglich für sie »so etwas Festliches, Mächtiges, so etwas, dessen Liebe auf einen zukommt wie mit ganz großen Glocken, oder wie Sturm oder Gesang. – Man fühlt es, – man fühlt es!«, so kennt sie nach kurzer Zeit der Ehe nur noch einen einzigen Wunsch: »Nein, nur allein, – nur endlich allein schlafen!« Sie sucht, wenig einfallsreich, Zuflucht bei den Eltern, besinnt sich aber und kehrt zu ihrem Mann zurück. Sie kann bei ihm bleiben, weil er sie bereits freigegeben hat.

Vor Jahren schon hatte Lou diese Deutung für Ibsens *Frau vom Meer* formuliert. Keine Rede von einem eigenen Lebensbereich, gar einem eigenen Beruf – nein, wenn die Männer lernen, sich über ihre ungebärdigen Frauen zu freuen – »und wann wäre das Schönste nicht immer auch das Gefahrvollste gewesen!« – dann kann es die freie Frau gut mit ihnen aushalten. Ausgerechnet die

Emanzipierte aber verficht für ihre problemreiche Liebesbeziehung den »wahnsinnigen Reiz der Unterordnung«. Sie habe unter dem Geliebten nie gelitten: »Denn sogar mit Füßen getreten werden: wenn wir den lieben, der's tut, dann wollten wir es doch von ihm. Nur ganz scheinbar ist er der knechtende Herr, in Wahrheit unser Werkzeug, – einer verborgensten Lust Werkzeug, – Diener einer Sehnsucht – was weiß ich!« Dagegen muß sich aber die Professorengattin doch verwahren: »Nie und nimmer liebt man so, – liebt man mit so gekreuzigtem Menschenstolz. Ganz muß man sich haben dazu, – sich selber ganz mit Haut und Haar, um den andern zu lieben, zu verstehen...«

Die wenigen Beispiele mögen ausreichen, auch um den unerträglichen Stil vorzuführen, entsprechend dem neuromantischen Zeitgeschmack zwischen Empfindelei und hehrem Anspruch. Zwar hat Lou später eingeräumt, sie habe »nur oder fast nur um des Vorgangs willen« geschrieben und ein Manuskript verkauft nur »aus schmählichen Geldgründen«. Dennoch wird man fragen dürfen, was die Autorin mit ihrer Geschichte bezwecke. Wollte sie die Thesen ihrer Schrift *Der Mensch als Weib* von 1899 durch die Einbettung in eine Handlung um leibhaftige Personen verifizieren? Diesen Essay hatte sie verfaßt »aller Frauen-Emanzipation zum Entsetzen«, ablehnende Kommentare der Frauenrechtlerinnen hatte sie erwartet und erst gar nicht gelesen. Den Unterschied zwischen Mann und Frau erläutert sie so: Das kleine männliche Zellchen, »als das geborene Fortschrittszellchen«, »gleicht einer immer weiter vorwärts laufenden Linie, von der man nicht weiß, wo sie etwa noch anlangen mag, während die weibliche Eizelle einen Kreis um sich geschlossen hält, über den sie nicht hinausgreift«. Dieses in sich selbst Gerundete der weiblichen Eizelle bewirke die »Selbstgenügsamkeit und Selbstherrlichkeit« der Frau. Die Unterschiede zwischen den Geschlechtern bedeuten »zwei Arten zu leben«, jeweils für ein Geschlecht verbindlich.

Aus der natürlichen Veranlagung von Mann und Frau resultiere: »Im Weibe scheint sich alles ins Leben hinein, nichts aus ihm heraus, entladen zu sollen: es ist, als kreise in ihm das Leben gleichsam innerhalb seiner eigenen Rundung.« Daher sei die Berufstätigkeit der Frau »ein wahres Teufelswerk, und der äußerliche Ehrgeiz, der dabei geweckt wird, ungefähr die tödlichste Eigenschaft, die das Weib sich anzüchten kann«. Auch zum Künstlertum sei die Frau nicht geschaffen, ihr fehle die »besondere Geistesbefähigung, von diesem Leben Werke abzulösen«. Nun dürfe die Frau sich aber auch nicht damit begnügen, »bloßes Anhängsel des Mannes« zu sein, denn echte Männer empfänden instinktiv »ganz den gleichen tiefen Schauder vor dem mannesseligen wie vor dem emanzipationsseligen Weibe«. Erstrebenswert sei demnach »Harmonie, in der unser Gehorchen mit unserm höchsten Herrschen, unsere passive Demut mit unserer schöpferischsten Aktivität sich decken muß«. Spricht Lou Andreas-Salomé in dieser Abhandlung (wie in allen ihren theoretischen Schriften, einerseits immer nur von sich selbst – so, wenn sie etwa die »Reinheit« des Weibes als natürlich bezeichnet, da seine vollkommen geschlechtliche Existenz auf den kleinen Anteil gelebter Sexualität verzichten könne –, so trifft andererseits nichts vom hier beschworenen Ideal der Weiblichkeit auf sie selbst zu, so daß sie im Alter freimütig zugibt, in »allen drei Arten der Liebesvollendung (in der Ehe, im Muttertum, im puren Erosbund)« wenig zustandegebracht zu haben.

Zwar will sie als die »herzensfreudige«, »lebenleuchtende« Frau schlechthin gesehen werden, aber ihre vielen Krankheiten zwischen 1901 und 1911 (darunter ein schweres nervöses Herzleiden) lassen doch auf Bedrängnis schließen, die sie nie zugegeben hätte. Fast zehn Jahre hat sie nichts veröffentlicht, unermüdlich reist sie durch Europa, erst als sie sich 1911 ernsthaft auf die Psychoanalyse einläßt und eine professionelle Ausbildung beginnt, scheint ihr Leben den entscheidenden sinnstiftenden Impuls bekommen zu haben. Sie findet Anschluß an den Kreis um Freud, nimmt als eine der wenigen Frauen an den Psychoanalytischen Kongressen teil, sie blüht auf und hat, Jahre nach dem Ende der undefinierten Beziehung zu Zemek (der sehr darunter gelitten hat, daß sie sich nicht für ihn entscheiden wollte), auch wieder Liebhaber, die sich aber dem alten Verhaltensmuster Lous fügen müssen, daß sie über Kommen und Gehen bestimmt. Ab ihrem fünfzigsten Lebensjahr scheint sie die Strahlkraft ihrer Jugend zurückgewonnen zu haben. In ihrem neuen Arbeitsbereich können sich ihre vorrangigen Begabungen, Zusammenhänge zu erkennen und Menschen zu beeinflussen, voll entfalten.

Daß sie sich endlich wieder wohlfühlt, verändert auch ihren Umgang mit Rilke. Sie kann ihn aus der Rolle des Flehenden, Nehmenden entlassen und ihm deutlich zeigen, was seine Freundschaft auch für sie bedeutet. Jetzt schlägt sogar sie Treffen vor, ihr Ton wird wärmer, liebevoller, sie muß nicht den Anspruch auf Überlegenheit aufrechterhalten, und das Gefälle zwischen ihnen, das für ihre Verbindung von Anfang an galt, weicht einer schönen Symmetrie. Dabei hat sich seine Hilfsbedürftigkeit keineswegs verringert. Nach wie vor bricht er in Anfällen fürchterlichster Verzweiflung zusammen, er weiß, daß er nur in Inspirationsschüben kreativ sein kann, und die Angst, jede dieser Phasen könne die letzte gewesen sein, nimmt zu. Zahlreiche mißlungene Liebesversuche haben ihm gezeigt, daß es eine Benvenuta, die begehrenswerte Frau, die sich immer zu seiner Verfügung hält, aber die für seine Arbeit notwendige Einsamkeit nicht stört, wohl nicht geben kann. Lous kompetente Nähe zur Psychoanalyse läßt ihn überlegen, ob er sich analysieren lassen solle, aber er selbst verwirft den Gedanken energisch: »Die Psychoanalyse ist eine zu gründliche Hilfe für mich, sie hilft ein für alle Mal, sie räumt auf, und mich aufgeräumt zu finden eines Tages, wäre vielleicht noch aussichtsloser als diese Unordnung.« Da müßte er sich schon entscheiden, überhaupt nie mehr zu schreiben. »Dann dürfte man sich die Teufel austreiben lassen, da sie ja im Bürgerlichen wirklich nur störend und peinlich sind, und gehen die Engel möglicherweise mit aus, so müßte man auch das als Vereinfachung auffassen…« Und Lou hat ihn, mit ihrem Wissen um die Zwiespältigkeit, die jedes Künstlertum in sich trägt, in seiner Ablehnung bestärkt. Die Zerrissenheit »zwischen seligem Allbesitz und gemartertem Besessenwerden« gehöre zu ihm, und: »Ich glaube tief, daß dafür keine Korrektur möglich ist, und ich freue mich dessen, weil die Korrektur den gräßlichsten Abbruch mit einschlösse. Ich glaube, daß Du leiden mußt, und es immer wirst.« Aber mit unverbrüchlicher Aufmerksamkeit wird sie an seiner Seite bleiben und immer wieder neu versuchen, ihn zu trösten: in seinem Werk offenbare sich das »Zustandekommen tiefster Einheiten«! Was ihn hemme und quäle, beeinträchtige nur sein Bewußtsein, in der Tiefe seines Wesens aber entstehe seine Dichtung. Sie wird nicht müde, ihm seine Zusammenbrüche, die Debakel seiner schwachen Gesundheit als den Preis zu zeigen, den er für das Außerordentliche zu entrichten habe, wie es ihm etwa mit den ersten der *Duineser Elegien* gelungen sei. Sie hilft ihm auszuhalten, was er zunehmend als die Last seiner Existenz begreift: »es ist das Furchtbare an der Kunst, daß sie, je weiter man in ihr kommt, desto mehr zum Äußersten, fast Unmöglichen verpflichtet.«

Die Jahre des Ersten Weltkriegs verbringt Rilke in München, hier besucht Lou ihn vom 26. März bis zum 2. Juni 1919, danach bricht er auf in die Schweiz, wo er die folgenden Jahre bis zu seinem Tod bleiben wird. Er hat Lou, die in sehr bescheidenen Verhältnissen lebt, eingeladen, da er »unerwartet und unverdient« ein Extra-Honorar seines Verlags erhalten hat: »das muß, muß, muß im gegenwärtigen Moment doch bedeuten, daß Du hier mein Gast sein sollst! Nichtwahr, ich brauche mir keine List auszudenken…« Jetzt ist eingetreten, was er sich während der Zeit ihrer Liebe vor zwanzig Jahren so heftig gewünscht hatte: »Ich wollte diesmal der Reiche, der Schenkende sein, der Ladende, der Herr, und Du solltest kommen und, von meiner Sorgfalt und Liebe gelenkt, Dich ergehen in meiner Gastlichkeit.« Beide wissen nicht, daß es ihr letztes Zusammentreffen sein wird. Die bewegende Nähe dieser gemeinsamen Wochen hat Rilke in Verse gefaßt:

> Wie man ein Tuch vor angehäuften Athem,
> nein: wie man es an eine Wunde preßt,
> aus der das Leben ganz, in einem Zug,
> hinauswill, hielt ich dich an mich: ich sah,
> du wurdest roth von mir. Wer spricht es aus,
> was uns geschah? Wir holten jedes nach,
> wozu die Zeit nie war. Ich reifte seltsam
> in jedem Antrieb übersprungener Jugend,
> (und du, Geliebte, hattest irgendeine
> wildeste Kindheit über meinem Herzen.)

Als letzten Wohnsitz hatten Freunde in der Schweiz einen alten Turm inmitten eines Rosengartens für ihn bereitgestellt – hier erst hatte er sein Zuhause gefunden. Und hier überwältigte ihn Anfang Februar 1922 »ein Orkan, wie auf Duino damals: alles, was in mir Faser, Geweb war, Rahmenwerk, hat gekracht und sich gebogen. An Essen war nicht zu denken.« Es ist ihm gelungen, den Elegienzyklus zu vollenden und zusätzlich noch die *Sonette an Orpheus* zu dichten, alles in wenigen Tagen. Er schickt Abschriften an Lou, und sie, die sich inhaltlich noch nie zu seinen Werken geäußert hat, findet Worte ergriffener Anerkennung und sogar des Dankes. »Das werde ich Dir ja nie sagen können, wie das mir ist und wie ich unbewußt darauf wartete, das Deine so als das Meine zu empfangen, als des Lebens wahrhaftige Vollendung.« Und zugleich warnt sie ihn vor dem Rückschlag, der sicherlich folgen werde, »weil das Geschöpf den Schöpfer aushalten mußte (so fühlen sich auch die Marien nach der ihrem Zimmermann unfaßlichen Geburt)«. Und als der angekündigte Rückschlag, von dem er gehofft hatte, ihn diesmal ertragen zu können, sich als Versagen verschiedenster Körperfunktionen auswirkt, so daß er in einem Sanatorium Zuflucht sucht, teilt sie ihm mit, daß sie die Lektüre seiner Gedichte in ihre Therapie eingebaut habe und wie ihre Patienten aufhorchten »an Deinem Ton als dem des Lebens«, denn: »was da anklang, das kam zu ihnen lediglich infolge der gleichen Tiefe worin die Begnadeten und die krankhaft Entgnadeten nahe beieinander wohnen«. Seine Antwort: »...daß Du mir gerade jetzt dies von Deinen Patienten zu berichten kamst: ich lese es immer wieder und hole mir daraus ein unbeschreibliches Geborgensein.«

Nach den vielen Jahren aufmerksamster Zuwendung für den Freund hat sie etwas Entscheidendes verstanden, »daß alle Neurose ein Wertzeichen ist, daß sie bedeutet: hier wollte Jemand bis an sein Äußerstes, – darum entgleise er eher als Andere – sie, die Gesundgebliebenen, waren gegen ihn einfach die Vorliebnehmenden; sein edelster Anspruch machte ihn unter ihnen klein«. Nun waren aber Rilkes »Ängste vor körperlichen Krankheiten, vor Geschwülsten, vergiftenden Vorgängen im Innern des Körpers« längst nicht mehr Ausdruck seiner Neurose, sondern er befand sich im Endstadium einer erst sehr spät diagnostizierten Leukämie. Knötchen bildeten sich im Mund, und Schwellungen erschwerten ihm Sprechen und Essen. Die mit seinen Beschwerden einhergehende Depression wurde nicht dadurch gemildert, daß ihm Lou, wie immer, sein Leiden psychoanalytisch deutete. Mag sie auch hellsichtig auf Zusammenhänge zwischen psychischer Disposition und Krankheitsauswirkung hingewiesen haben – was konnte dem Kranken in seinem Elend dieses Begreifen nützen? Rilke schwieg fast ein Jahr. Sein letzter Brief an sie, vierzehn Tage vor seinem Tod, handelt nur noch vom Schmerz: »Er deckt mich zu. Er löst mich ab. Tag und Nacht! Woher den Mut nehmen? (...) Aber. Die Höllen.« Zu der Vertrauten, die ihn pflegte, sagte er: »Vielleicht wird die Lou Salomé doch begreifen, woran es gelegen hat...« Am 29. Dezember 1926 ist er gestorben.

Unter dem Eindruck seines Todes schrieb Lou ihr Erinnerungs-buch an ihn – für seine trauernde Gemeinde wohl ein Gewinn vor allem wegen der vielen Zitate aus seinen Briefen, die gestatteten, den Dichter im Kampf um die Entstehung seiner Werke kennen-zulernen. Wer allerdings nicht bereit ist, sich auf den hohen Ton dieses umfangreichen Nachrufs einzulassen, dem kann die Dar-stellung den Zugang zum Verständnis eher verbauen. Der sprach-liche Verklärungsprunk hebt sich peinlich ab von den oft anrüh-rend einfachen und direkten Formulierungen der Briefausschnitte und noch mehr von den Zitaten aus den Elegien. Lou schreibt, als müsse sie beweisen, daß ihre Aussagen es mit der Lyrik des toten Freundes an Gestaltungskunst aufnehmen können. »Wie in der Schwangeren, die gebiert, sollte ihm Werk und Wirklichkeit, See-lenaufschwung und Leiblichkeit eines miteinander geworden sein, ab Geborenen ihm zugesprochen (sic!), mitbeteiligt bis in die letzte Faser. War das nicht, rannte er damit an gegen das Un-mögliche, so konnte keine noch so heroische Bemühung helfen, die er aufbrachte, so konnte kein Opfer ihn herausretten, das er noch brachte, so konnte nur ein Geopfertwerden an ihm stattfin-den, ein Ausgelöschtwerden, als bloßen Hindernisses der riesigen Seinseinheit, nach der allein er sich streckte.«

Und noch ein zweitesmal setzt sie an, ihre Beziehung zu Rilke darzulegen, in ihrem *Lebensrückblick*, der erst 1951 veröffent-licht wird. Zu ihrem Bericht über die gemeinsam erlebte Zeit, be-sonders die beiden Rußlandreisen, zu ihrer hier wiederholten und vertieften Diagnose seiner Lebensspaltung verfaßt sie später noch einen »Nachtrag«, im Alter von 73 Jahren, in dem sie, ganz gegen ihre sonstige Zurückhaltung ihre Liebe zu ihm zugibt: »War ich jahrelang Deine Frau so deshalb, weil Du mir das erstmalig Wirk-liche gewesen bist, Leib und Mensch ununterscheidbar eins, un-bezweifelbarer Tatbestand des Lebens selbst (...) Nicht zwei Hälften suchten sich in uns: die überraschte Ganzheit erkannte sich erschauernd an unfaßlicher Ganzheit. So waren wir denn Geschwister – doch wie aus Vorzeiten, bevor Inzest zum Sakrileg geworden.« Zum »Wurzelgrund der Leiblichkeit« seien sie beide vorgedrungen, teilt sie in ungewohnter Offenheit mit, sie, die ihre anderen Geliebten mit keinem Wort erwähnt, unliebsame Stellen in Briefen ausschneidet oder unleserlich macht, sofern sie nicht überhaupt ganze Briefwechsel vernichtet – Rilke vereinnahmt sie für sich und ihren Nachruhm, vielleicht, um die Besonderheit ihrer Beziehung hervorzuheben, bevor die Erinnerungsliteratur anderer Freundinnen den Markt überschwemmen wird. An seiner Seite kann auch sie auf ein Plätzchen im höchsten Dichterolymp hoffen – das späte Bekenntnis ihrer Liebe erweist sich als der letzte Ausbruch ihre grandiosen Eitelkeit.

Doch womit, wenn nicht von diesem Motor angetrieben, hätte sie sonst die engen Grenzen des dem weiblichen Geschlecht Zugedachten überwinden können? Wie wäre sie sonst zu der Eigenständigkeit gelangt, mit der sie kühn in Männerdomänen eindrang, in die Philosophie und die Psychoanalyse? Bescheiden war sie nie, ein Sinn für Ungehöriges fehlte ihr ganz, und gerade die Überzeugung von ihrer Außergewöhnlichkeit befähigte sie, Rilke durch seine Gefährdungen zu geleiten. In dem Briefwechsel der beiden gab es in mehr als zwei Jahrzehnten nie irgendeine Mißstimmung, nie Kränkung über Worte oder das Verhalten des anderen. Rilke war mit allem, was sie ihm zu sagen hatte, einverstanden, sein Respekt vor ihr blieb unangefochten. Sie hat sich aber auch klug nur auf ihrem eigenen Terrain bewegt, zum Beispiel nie das, was er geschrieben, interpretiert – lediglich der Vorgang des Schreibens und vor allem Rilkes Verfassung zwischen den Schreibphasen war Thema. Seltsam allerdings ist, daß er sich schriftlich nie zu dem äußerte, was sie veröffentlichte. Ihre Essays und Erzählungen mögen besprochen worden sein, wenn sie einander besuchten, oder aber Rilke klammerte einen Bereich, in dem er sie nicht rückhaltlos bewundern konnte, einfach aus. Weise geworden, hätte sie auch das akzeptiert.

Seelenaufschwünge

Rainer Maria Rilke und
Marina Zwetajewa

»Ich war Rilkes letzte Freude, seine letzte russische Freude – sein letztes Rußland, seine letzte Freundschaft«, heißt es 1937 in einem Brief, mehr als dreißig Jahre später wird er veröffentlicht werden. Die Briefschreiberin ist die russische Dichterin Marina Zwetajewa. Sie lebt in Paris, unter ärmlichsten Verhältnissen, 45 Jahre alt, schreibt Gedichte und Essays, schreibt an gegen ihre Auslöschung in einer Welt, in der sie keine Beachtung findet. Ihre Überzeugung, was sie für Rilke gewesen ist, hält sie heilig. Seit Rilkes Tod habe sie nicht mehr geliebt, sagt sie.

Liebte sie Rilke? Sie hat ihn nie gesehen. Sein Bild entwirft sie nach seinem Werk, Orpheus selbst ist ihr entgegengetreten, hat ihr Worte geschenkt, die sich mit den ihren in zärtlichstem Einverständnis berührten. »Ich kann Anwesenheit nicht aushalten«, heißt eine Erfahrung ihrer oft verwundeten Sensibilität, so ist also ihre Liebe zu ihm frei von jeder trivialen Störung. »Mein liebster Umgang mit Menschen ist ein indirekter, der Traum; mein zweitliebster: der Briefwechsel«, hat sie an Boris Pasternak geschrieben, dem sie die Bekanntschaft mit Rilke verdankt. Er versteht sie, auch er ist gerade dabei, sich einer Traumnähe auszuliefern. Zweimal hat er Marina Zwetajewa in Moskau kurz gesehen, seit sie in Berlin lebte, 1922, führen beide einen Briefwechsel, in dem sich das brennende Einvernehmen immer mehr steigert, bis Pasternak beschließt, mit ihr leben zu wollen, obwohl er verheiratet ist und beteuert, seine Frau zu lieben.

In diese Briefliaison holt Pasternak im Frühjahr 1926 Rilke. Er bittet ihn in einem überschwenglichen Brief, Rilke möge einer Freundin, eben Marina, die sich in Paris mühsam durchs Leben schlage, mit einem Band seiner Gedichte eine Freude bereiten. Boris ist der Sohn eines Malers, den Rilke während seiner Rußlandreisen mit Lou kennengelernt hatte und mit dem er in Kontakt geblieben war. Sofort erfüllt er den Wunsch, gerührt von der Bewunderung des jungen Dichters und gepackt von der schwärmerischen Nostalgie, die seine Beziehung zu Rußland nach wie vor bestimmt. Die russische Emigrantin, offenbar Gegnerin, zumindest Opfer der Sowjetunion, repräsentiert für ihn »das alte Rußland«, wie es ihm »nah, lieb und heilig geblieben ist«.

So ist der überaus herzliche Ton seines Briefes zu erklären und die poetisch respektvolle Widmung an eine Dichterin, von der er keine Zeile gelesen hat. Die sturzflutartige Intensität ihrer Antwort zeigt, wie der unerwartete Glanz sie überwältigt. Aufgewachsen in einer gebildeten, wohlhabenden zarentreuen Familie mit deutschen und französischen Kindermädchen, erlebte sie die Oktoberrevolution als den Verlust aller Sicherheit, den sie aber mit Spott verkraftet: »Daß die Häuser weg waren? Gott sei Dank!« – die Forderungen nach der Erneuerung des Zaunes, des Asphalts vor dem Haus, die vielen Unterschriften zur Verwaltung seien nur lästig gewesen. Bereits als sehr junges Mädchen hatte sie in den Literaturzirkeln als Lyrikerin einen Namen. Das Elend der kommenden Jahre – ihr Ehemann kämpfte auf der Seite der Weißen, sie hatte für die beiden Kinder aus der sehr jung geschlossenen Ehe aufzukommen – ertrug sie, weil ihr nur Schreiben wichtig war und sie die furchtbare Not nicht in ihr Bewußtsein eindringen ließ. Die jüngere ihrer beiden Töchter hätte vielleicht nicht sterben müssen, wenn ihr mehr Aufmerksamkeit entgegengebracht worden wäre.

Die Dichterin hing in romantischer Liebe an allem Deutschen – während des Krieges eine gefährliche Sympathie –, besonders an deutscher Literatur, sprach auch selbst fast perfekt Deutsch. Rilkes Gedichte kennt sie seit ihrer Ausreise nach Berlin, sein persönliches Erscheinen in ihrem mühevollen Existenzkampf reißt sie zu ekstatischem Ausbruch hin: Er, die »verkörperte Dichtung«, könne nicht von einem nachfolgenden Dichter überwunden werden (wie ein »Meister«, etwa Goethe): »Der Dichter, der nach Ihnen kommt, muß Sie sein, d. h. Sie müssen noch einmal geboren werden.« Und dann duzt sie ihn, weil dies ihrer Liebe zu ihm nötig sei. »Was ich von Dir will, Rainer? Nichts. Alles. Daß Du mir es gönnst jeden Augenblick meines Lebens zu Dir aufblicken –«

Die inbrünstige Verehrung erreicht Rilke, als er versucht, in einem Sanatorium die Krankheitssymptome kurieren zu lassen, die nicht länger als Einbildungen seiner nervösen Seele gedeutet werden können. Dankbar empfangen seine schwindenden Energien den Impuls einer überbordenden Vitalität, er nimmt ihn auf in seinem Bewußtsein, »das erbebt von Dir, von Deinem Kommen, als wär Dein großer Mit-Leser, der Ozean, mit Dir, Herzflut, über mich hereingebrochen«. Er reagiert mit dem von ihr vorgegebenen Ton der Verzückung: »Wie Du mich überwächst und überwehst mit dem hohen Phlox Deines Wortsommers.«

Natürlich fallen damit die letzten Barrieren vernünftiger Zurückhaltung, sie beginnt ein leidenschaftliches Spiel mit seinen Gedichtzeilen, die sie auf sich bezieht, kombiniert mit eigenen Versen, tastet wie trunken nach dem Laut der Wörter (»O, Rainer, ich will nicht wählen [wählen ist wühlen und wüst sein!]«) in der ihr doch fremden Sprache, gibt sich plötzlich ganz vernünftig und behauptet, den Dichter, nicht den Menschen zu lieben (»Mit dem Rilke-Mensch meinte ich das, wo es für mich keinen Platz gibt«), sich also nicht in seine Zeit, in seinen Tag drängen zu wollen, und ist doch tief verletzt, zieht sich zurück, als er ihr von seiner Krankheit berichtet und im voraus ihre Verzeihung einholt, falls er »unmitteilsam bleiben sollte«. Sie fühlt sich abgewiesen, schweigt zunächst, gesteht ihm aber dann doch ihre Enttäuschung: »Jetzt ists vorbei. Mit dem Wollen bin ich schnell fertig. Was ich von Dir wollte? Nichts. Eher – um Dich. Vielleicht einfach – zu Dir. Ohne Brief wurde ich schon – ohne Dich. Weiter – ärger. Ohne Brief – ohne Dich, mit Brief – ohne Dich, mit Dir – ohne Dich. *In* Dich! Nicht *sein*. – Sterben!« Sie hört in ihrem besessenen Gestammel nicht, was er ihr über sich selbst mitteilt, nimmt nichts wahr von seiner Angst: »es könnte jemand, es könnte ein Liebes, Leistung oder Wendung von mir erwarten, und ich versagen, hinter dem Erwarteten zurückbleiben.« Er hat eine Elegie für sie verfaßt, in der er die Frau in ihr anredet, die radikal auf das Absolute setzt und sich damit gefährdet. »O die Verluste ins All, Marina, die stürzenden Sterne!« Offenbar haben ihn ihre Ausschließlichkeit und wütende Ekstase beunruhigt, denn er warnt: »Liebende dürften, Marina, dürften soviel nicht / von dem Untergang wissen.«

An diesem Punkt einer fast aberwitzigen Vertrautheit schaltet sich Pasternak aus der literarischen Triole aus: er ist eifersüchtig auf die Beziehung zwischen Rilke und seiner Briefgeliebten (»Und ich wußte nicht, was zwischen den beiden war«), und er muß die Eifersucht seiner Ehefrau beruhigen. In diesem Juli 1926 eskalieren Leidenschaften zwischen Menschen, die riesige, fast unüberbrückbare Strecken voneinander entfernt sind und einander persönlich nicht kennen. Marina prescht nun vor, um das Liebesphantasma zu erden. Sie bietet Rilke an, zu ihm zu kommen, sie will mit ihm schlafen (»Das herrliche Volkswort, wie tief, wie wahr, wie unzweideutig, wie genau das, was es sagt. Einfach – schlafen«) und wissen, wie sein Herz klingt. Und Rilke, der nur noch wenige Monate Leben vor sich hat, der meint, seine Schwäche, seine Ungewißheit, das ihm »eigentümlich anhaftende Schwere« kaum noch ertragen zu können, nimmt all seine Hoffnung zusammen: »Ja und Ja und Ja, Marina, alle Ja zu was Du willst und bist so groß, zusammen, wie das Ja zum Leben selbst...« Er fürchtet aber auch »alle die zehntausend Nein, die unvorhersehbaren«. Und er wird sich bei ihr nicht mehr melden.

Sie verkraftet sein Schweigen nur mit großer Anstrengung, zu weit hat sie sich vorgewagt, um an seinem Verstummen nicht zu verzweifeln. Am 7. November sendet sie ihm nur die Frage: »Ob Du mich noch liebst?« Am 31. Dezember erhält sie die Nachricht von seinem Tod. Ihr Mann hat 1924 über sie an einen Freund geschrieben: »M. ist ein leidenschaftlicher Mensch. (...) Sich bis über den Kopf einem Wirbelsturm auszuliefern ist für sie zur Notwendigkeit geworden. (...) Wer es ist, der diesen Wirbelsturm auslöst, ist unwichtig. Fast immer (...) ist alles auf Selbstbetrug aufgebaut. Ein Mensch wird erfunden, und der Sturm bricht los.« Tatsächlich ist ihre Biografie geprägt von nicht gelebten Liebesbeziehungen, die sich aber in großartige Verse niederschlugen (so löste die kurze Begegnung zwischen ihr und Ossip Mandelstam in ihrer Jugend bei ihm und bei ihr Gedichtzyklen von eigenwillig dunkler Metaphorik aus). Doch Pasternak war der Magie ihrer Worte so verfallen, daß sie ihm verbieten mußte, zu ihr zu kommen: »Ich wollte keine allgemeine Katastrophe.« Und mit Rilke jagte sie gemeinsam dem Phantom einer Dichterliebe nach, die den Seelen tiefste Geborgenheit im Gleichklang bescheren würde. »Zwei Hälften eines Nests« wäre er gerne mit ihr gewesen, und sie sagte ihm, daß sich im Russischen Nester auf Sterne reimten. Rilke und die Zwetajewa sind in der Realität als Mann und Frau kaum vorstellbar, es war ihnen bestimmt, fern von allen konkreten Mißhelligkeiten »das ewige Paar der sich Nie-Begegnenden« zu bleiben.

So erwirbt der Apfel seinen Ruhm,
indem er gegessen wird...

Bert Brecht und Marieluise Fleißer,
Elisabeth Hauptmann, Margarete Steffin,
Ruth Berlau

»In mir habt ihr einen, auf den könnt ihr nicht bauen« – wenn
eine Frau Ausschließlichkeit der Zuwendung suchte, Sicherheit
im ruhigen Besitz, Garantiezusagen, Beschwörung von Ewigkeit
nach der kurzen Hitze des Augenblicks, dann konnte sie einer
einzigen Gewißheit vertrauen: dies alles nicht zu bekommen.
»Dieses Kleinbürgerthema, daß ich Dich nicht genug liebe, das
dümmste und niedrigste aller möglichen Themen, weil es so ent-
nervt und so unzeitgemäß und so unbeantwortbar ist zwischen
zwei Leuten...« Unzeitgemäß: 1943 im amerikanischen Exil, als
Brecht mit seiner Familie in Santa Monica lebte und Ruth Berlau,
die Geliebte, in New York, als es zwar nicht mehr ums Überleben
ging, wohl aber um die immer scheiternden Versuche, sich künstlerisch zu etablieren, da mag der Zeitpunkt für »eine unendliche
Lovestory mit Auf und Ab, Vorwürfen, Zweifeln, Verzweiflun-
gen, Drohungen usw. usw.« besonders ungünstig gewesen sein.
Wann aber hätte es für derlei einen geeigneten gegeben?
  Nur wenn sich Nähe einstellte über eine »dritte Sache«, eine
Aufgabe, die ein Paar eint über die erotische Anziehungskraft
hinaus, dann war Brecht verläßlich. Nie stellte er gemeinsame Arbeit zur Disposition. Berlaus hilflose Andeutungen, sie versuche
ihn während der monatelangen Trennungen zu vergessen, ver-
fehlten die erhoffte Wirkung, Drohungen ließen ihn eher »in ein
steinernes Schweigen« verfallen, aber die Erinnerung »an eine
Zeit, wo Du nicht so warst, wo ich nicht immerfort Teste zu bestehen und Vorwürfe zu schlucken hatte, wo Du sahst, was ich
kann und was ich nicht kann, und wo Du mir halfst und mich Dir
helfen ließest«, hielt ihn davon ab, sich zurückzuziehen. Und ihr
Einsatz für seine Arbeit. Sie sollte sich um gute Übersetzer kümmern, Abschriften seines neuen Stücks anfertigen, Vertragsent-
würfe prüfen lassen, lektorieren: »Bitte, schreib alles darüber,
was Du findest (ohne Zurückhaltung, Umschreibung usw.), es ist
von Nutzen. Auch über Details, Ruth. Ich kann alles noch ver-

werten.« Intimität über die dritte Sache. Ansonsten Kargheit: »Wer sagt, daß Du mir nicht fehlst?« Hatte er gerade einige Wochen bei ihr in New York verbracht, bat er besorgt, sie möge die »Nachthemden, die weißen, großmütterlichen«, die sie für ihn trug, »wegstecken«, damit die Mitbewohnerin des Appartements keine Spur seines Besuchs finde.

Vergeblich klagte Ruth Berlau über fehlende Liebesbeteuerungen, Lob und Dank erhielt sie für ihre tatkräftige Unterstützung des Werks. Dafür zahlte Brecht mit lebenslanger Loyalität. Es fiel ihm schwer zu begreifen, die mit ihm daran Beteiligten könnten ihren Beitrag geringachten. In den *Lai-tu-Geschichten* erklärt er der Geliebten ihren Wert: »Lai-tu dachte gering von sich, weil sie kein großes Werk hervorgebracht hatte. Weder als Schauspielerin noch als Dichterin wies sie besondere Leistungen auf. Daß im Hinblick auf sie Dichtungen hervorgebracht wurden und gute Leute sich besser verhielten als sonst, achtete sie für nichts. Me-ti sagte ihr: ›Es ist richtig, daß du noch keine Leistung geliefert hast. Deine Güte wird festgestellt und gewürdigt, indem sie in Anspruch genommen wird. So erwirbt der Apfel seinen Ruhm, indem er gegessen wird.‹« Der letzte Satz, aus dem Zusammenhang gerissen, scheint das Urteil über Brecht als Ausbeuter der dienenden Mitarbeiter zu rechtfertigen. Wenn aber Güte dadurch gewürdigt wird, daß man sie in Anspruch nimmt, so wird der Güte damit genau die Ehre erwiesen, für die sie sich anbietet. Sofern es tatsächlich um ein gemeinsames Ziel geht, wenn jeder einsetzt, was seine Stärke ist, und keiner seine Gaben zurückhält, um eigensüchtig zum Ruhm zu gelangen, so widerfährt jedem das Glück, seiner Bestimmung zu entsprechen. Bietet jeder seine Fähigkeiten an, wird er auch nicht nach Verdienst, sondern nach seinen Bedürfnissen entlohnt, da ja diese Bedürfnisse durch die dritte Sache definiert sind. Ausbeutung? Doch nur, wenn der Einsatz der Mitarbeiter – Männer sowie Frauen – nicht ihrem freien Willen entspringt.

Bindungen, die ertragen werden aus Unterwürfigkeit und Selbstaufgabe, Abhängigkeiten aus Schwäche, wozu sich Liebe zählen ließe, waren Brecht fremd. Zumindest gestattete er sich dergleichen nicht. Sein Lebenskonzept allerdings, Ehrgeiz, Leistung, Erfolg zu verbinden mit privatem Wohlbehagen, war bis zur Mitte des Jahrhunderts ausschließlich Männern vorbehalten und nur selten von Frauen eingefordert. Brechts Verhalten gegenüber den begabten Frauen in seinem verzweigten Mitarbeiterkollektiv unterschied sich nicht von den auch sonst üblichen Rollenzuweisungen in der künstlerischen Produktion. Daß weibliche Mitarbeit, sonst bescheiden getarnt bis zur Unsichtbarkeit, bei Brecht namentlich deklariert wurde, ermöglichte erst den Blick auf die Zuliefertätigkeit in zweitrangiger Funktion. Brecht förderte weibliches Verdienst, wenn es sich für seine eigene Arbeit als brauchbar erwies, aber auch darüber hinaus, wie bei der jungen Marieluise Fleißer.

Sie kam aus dem Kleinbürgertum bayerischer Provinz, legte ihr Abitur in einem Klosterinternat ab und immatrikulierte sich in München. Bereits die Frage nach dem Weg zu ihrer ersten Vorlesung bringt sie in eine drei Jahre dauernde Beziehung zu einem hochstaplerisch-windigen Kommilitonen, dessen Weltläufigkeit sie anstaunt und bewundert. Dieser »Jappes« verpaßt ihr den mondänen Namen Lu und führt sie ein in Kreise Schwabinger Studenten und Künstler. Lion Feuchtwanger, dem »weisen Mann ihrer Bekanntschaft«, zeigt sie erste Schreibversuche. Auf sein Verdikt, man schreibe nicht mehr so wie sie – »Expressionismus ist Krampf« –, verbrennt sie sofort ihre Texte. Die nächsten finden seine Zustimmung, und er sorgt dafür, daß sie veröffentlicht werden. Aus Luise Marie macht er Marieluise, »weil das viel feiner war«, und stellt den Kontakt mit Brecht her, mit dem er zusammen ein Stück verfaßt. 1924 ist Brecht bereits ein Autor mit der skandalträchtigen Aura des aufsässigen Genies. Er liest ein Drama von ihr, damals noch mit dem Titel *Die Fußwaschung* (»wahrscheinlich liegt ihm das Stück nicht, er spricht es nicht aus«), und als er nach Berlin geht, empfiehlt er es zur Uraufführung an der Jungen Bühne. Den geänderten Titel *Fegefeuer in Ingolstadt* erfährt sie erst, als er bereits in der Presse bekanntgemacht ist. Zu diesem Zeitpunkt hat sie der Vater nach Ingolstadt zurückgeholt, weil sie kein Examen vorweisen kann. Sie führt den Haushalt, künstlerische Perspektiven sind nicht in Sicht.

Der Aufführungserfolg ihres Stücks in Berlin ändert die Lage. Die verfeindeten Großkritiker Kerr und Ihering, den Brecht auf sie aufmerksam gemacht hat, loben ausnahmsweise einhellig die eigenwillige Begabung, ein angesehener Verlag nimmt sie unter Vertrag. Sie könnte also mit diesem vielversprechenden Start zufrieden sein, ist es aber nicht. Sie liebt Brecht, besucht ihn in Augsburg und Berlin, leidet darunter, ihn teilen zu müssen. Er ist

verheiratet, hat drei Kinder von drei Frauen und unterhält dazu
weitere Liebesbeziehungen. In Augsburg hat sie ihn noch am ehe-
sten für sich, in Berlin ist er umgeben von den Schauspielerinnen
Helene Weigel und Carola Neher und der gescheiten, belesenen
Elisabeth Hauptmann, »jede ein Ausbund«, erinnert sich die Fleißer Jahrzehnte später. Sie versucht, sich von ihm zu lösen, geht
nach München, 1928 sogar nach Ingolstadt und flüchtet in die
Verlobung mit dem späteren Ehemann, dem Sportschwimmer
Sepp Haindl.

Auf Anraten Brechts hat sie ein zweites Stück geschrieben, *Pioniere in Ingolstadt,* und wieder kümmert sich Brecht darum, daß
es aufgeführt wird, zunächst in Dresden, 1929 auch in Berlin.
Brecht verschärft die Inszenierung zu einer Provokation für Publikum und Presse. Nach der Premiere trennt sich die Fleißer von
ihm und trifft ihn nie mehr. »Der Zorn hätte sich allerdings wieder gelegt, wenn nicht ein unerwartetes Ereignis eingetreten
wäre.« Sie benennt es in ihrer Autobiografie nicht: Brecht heiratet Helene Weigel. Sie schreibt über sich selbst: »Auf dringendes
Zureden von Feuchtwanger«, sich nicht mit der sinnlosen Ehe in
Ingolstadt ihre Berufsarbeit zu zerstören, löst sie die Verlobung.
Aber sie fühlt sich schutzlos. Sie hat auf Feuchtwanger gehört.
Trotzdem ist das Bedürfnis nach einer engen menschlichen Bindung, an der sie einen Halt finden kann, so übermächtig in ihr geworden, daß sie sich schon bald darauf mit einem Journalisten
verlobt. Bei ihm wird sie wenigstens schreiben können, sie wird
einen Schutz haben gegen Brecht. Diese Rettung erhofft sie sich
von dem exzentrischen Draws-Tychsen. In dem nur dürftig verschlüsselten Schauspiel *Der Tiefseefisch* zeigt sie den Verlobten
als pubertär auftrumpfenden Maulhelden mit psychopathischen
Zügen, der es genießt, seine Braut zu demütigen, sich aber vor aller Welt als ihr Retter aufspielt. Bedeutung gewinnt er dadurch,
daß der Literaturhäuptling Gronoff, alias Brecht, ihn für sein Lager gewinnen will und mit dem Angebot seines funktionierenden
Netzwerks umwirbt. Um diesen Gronoff wimmeln Frauen, »von
denen jede in einer anderen Hilfestellung erstirbt«. Er hat zwei
Staffeln aufgebaut, deren erste sich aus Schreibern zusammen-
setzt, die »dazu befähigt und bestimmt sind, Namen zu werden«,
deren zweite aber aus Leuten besteht, »die zur selbständigen Produktion unbrauchbar sind und darum als Material verbraucht
werden«. Literatur in dieser »Fabrik« wird nicht mehr »auf jene

einsame private und persönlich ehrgeizige Art vergangener Jahrhunderte« erzeugt, sondern im Kollektiv.

Auf Vorabdrucke reagiert die Kritik befremdet: wozu diese Darbietung »unerwünschter Intimitäten«? Die Fleißer bezeichnet schon damals ihr Stück als »blödsinnige Arbeit« und benennt kühl die Funktion dieses Textes für sie selbst: sie hat die beiden Männer einander gegenübergestellt, »den einen hebt sie hinauf, den anderen sucht sie zu mindern, ihm was anzuhängen, damit er kein Abgott mehr in ihr ist. Sie fälscht, sie muß fälschen, damit sie's ertragen kann«. Brechts Wunsch, den er ihr über den Verlag zukommen läßt, das Stück nicht zu veröffentlichen, entspricht sie sofort.

Ihre verzweifelte Bindung an Brecht war eine einzige Qual, für die er allerdings kaum verantwortlich gemacht werden kann. Sie hat sich ihm ausgeliefert in geradezu blindwütiger Hingabe. Sein doppelter Verrat, ihr Theaterstück, das sie nur auf seine Anregung hin geschrieben und nie als gelungen betrachtet hatte, als Anlaß zu einem inszenierten Skandal zu benutzen, und seine Heirat, die sie mit all den anderen Geliebten auf die Plätze verwies, hat sie aus der Bahn geworfen. »Mitgegangen wie eine Schlafwandlerin, mitgehangen, merkt man im bösen Erwachen, wie weit man sich vorgewagt hat, und man hat keine dicke Haut.« Welchen Anteil Brecht bewußt an ihrer leidvollen Enttäuschung hatte, läßt sich nicht nachweisen. Bemerkenswert ist aber, daß fast alle ihre Erzählungen (»Die arme Lovise«, »Die Ziege«, u. a.) aus diesem ersten Schreibzyklus von schmählichsten Verletzungen handeln, die Männer unerfahrenen Mädchen zufügen. Im Rückblick erläutert sie diese Geschichten: »Sie handeln davon, daß die Mädchen im Kloster zum Gehorsam erzogen worden sind und nicht dazu, sich im Leben zu wehren.« Natürlich darf der autobiografische Bezug nicht überstrapaziert werden, obwohl ihn die Fleißer selbst betont: »Aber ich wußte nicht, wie man klug ist. Ich wußte bloß, daß ich im Kloster aufgewachsen bin und daß alles, was ich dort gelernt habe, für mein Leben falsch ist. Das habe ich mir ja gleich gedacht von meinem Kloster.« Teilhaben an der Seite des Mannes an der Macht und dem Glanz, auserwählt sein und sich diese Auszeichnungen verdienen durch Demut – das ist das Programm der guten Tage, der Erwartung des Wunders. Aber es bleibt immer aus. »Sie lernte die Männer kennen, und einer war wie der andere und hatte für die

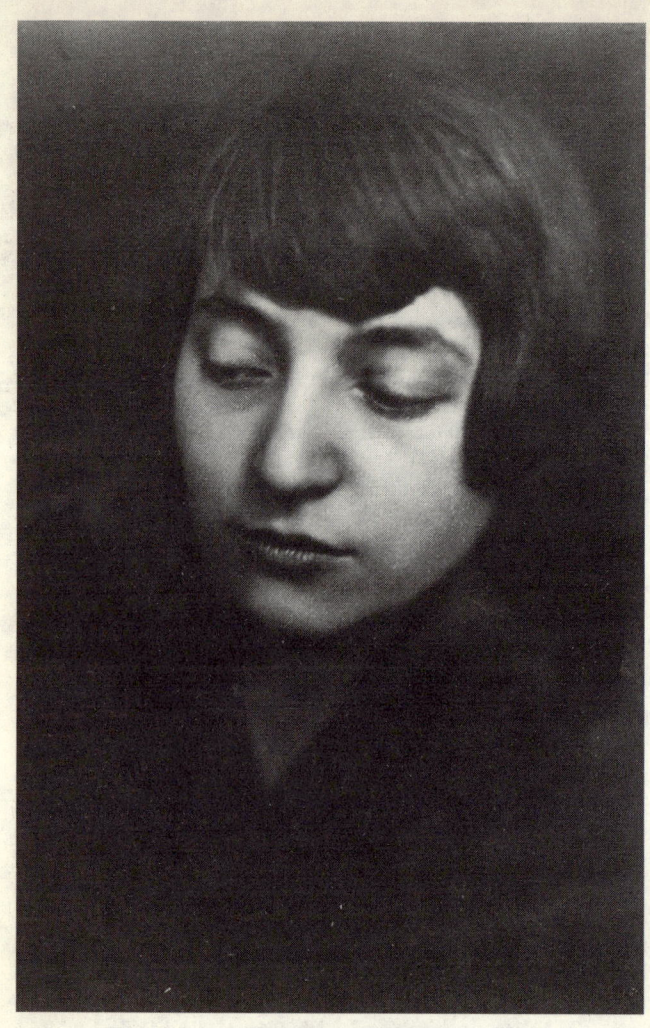

9 Marieluise Fleißer

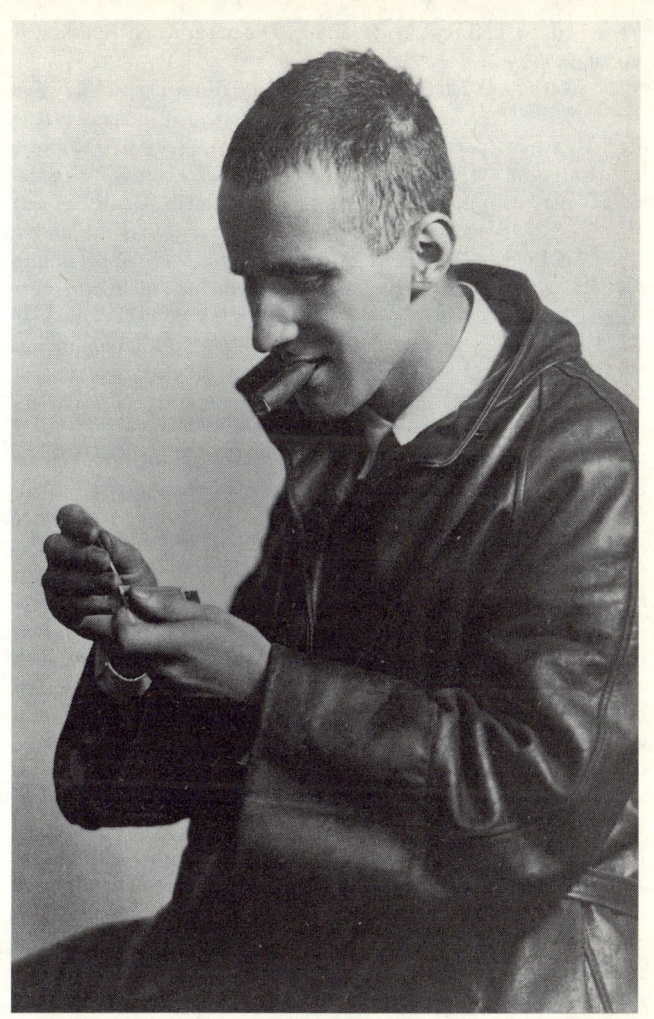

10 Bertolt Brecht 1928

Frauen ein System und keine Gnade. Die natürlichen Feinde waren sie ja.«

Als Marieluise Fleißer nach finsteren Jahren des Schweigens 1962 wieder zu schreiben begann, widmete sich ihr erster Text dem Aufarbeiten der Trennung von Brecht, der seit 1956 tot war. In *Avantgarde* erzählt sie die bittere Geschichte der Cilly Ostermeier, die sich mit Haut und Haaren einem Genie, einem »Dompteur« ausgeliefert hatte in der Meinung, was ihn an sie binde, sei Liebe. »Was er an ihr gesucht hatte, war die Begabung zuvor. Die Liebe war nur so mitgenommen, auch nicht zum Verachten! Das war vielleicht zum Lachen!« Aber sie begriff, daß sie sich durch das Schreiben zu wenig von den anderen um ihn herum unterschied: »Es war ihm verliehen, die Begabten an sich zu ziehen, das war eben seine Magie. Leute, mit denen er schrieb, fand er immer. Das war nicht so besonders. Es wurde ihm fast schon zu viel.« Nun hatte gerade die Fleißer nie für Brecht gearbeitet, sie wurde nie in die »Dichtfabrik« eingespannt. Im Gegenteil, er förderte ihre Eigenständigkeit. »Der Dichter stellte ihre Arbeit großzügig heraus, interessierte die richtigen Männer dafür, man begann von ihr zu wissen. – Sie war öffentlich entdeckt, fast war es zu früh, sie kam mit dem Wachsen nicht nach.«

Sie erzählt, wie sie angetrieben wurde, über ein Thema, von dem sie nichts verstand, das sie auch nicht interessierte, ein Stück zu schreiben, eben die *Pioniere*. »Es war ein Thema für einen Mann. Sie brachte nicht einmal die Voraussetzung mit, ihr Instinkt war nicht politisch.« Aber sie wollte ihm gehorchen, freute sich an seinem Vergnügen, Handlung und Figuren zu entwickeln, wollte es unbedingt gut machen. Dennoch: »Er verlangte ihr ab, was nicht drin war.« Immerhin wurde das Stück fertig, und im Ergebnis hat sich doch wohl der Zwang gelohnt. Brecht setzte sich dafür ein, daß es aufgeführt wurde. Sie sollte bei den Proben dabeisein und Szenen immer wieder umschreiben, weil sie zu wenig bühnenwirksam waren. Da blieb sie einfach weg. »Blieb von der Probe weg, die Person, wo der Schluß nicht einmal stand, ließ sich nicht finden! Das wurde ihr lang nicht verziehn, das wußte sie schon. Sie konnte nicht helfen. Sie war einfach fertig. Das war offener Aufstand im ungeeigneten Moment gegen einen Allmächtigen sogar und ihren persönlichen Herrn, wenn nicht den Schöpfer.« Und dann beklagt sie sich darüber, wie mit ihrem Text verfahren wurde, daß man sich nicht an ihn hielt, daß er nur Vorlage war und Rohstoff, um etwas auszuprobieren. »Die Regie streute ganz zum Schluß noch wüsten Pfeffer hinein, ließ die verhängte Kiste wackeln und in der Kiste drin war das Paar. Den Skandal zog man an den Haaren herbei, ging sogar auf ihn aus.«

Was hatte Brecht ihr getan? Er hatte sie zum Schreiben animiert, ihr einen Stoff vorgeschlagen, der ihm selbst gefiel, für die Umsetzung des Stücks gesorgt und dem Text die Ehre angetan, seine Wirksamkeit bis zum Äußersten zu überprüfen. Die Autorin sieht in all dem aber nur ein teuflisches, abgekartetes Spiel, um sie in Verruf zu bringen: »Er nahm ihr die kleine Stadt, an der sie hing, er nahm ihr den Ruf, an dem ihr gelegen war, und als er ihr beides genommen hatte und als ihr die Schande eingeläutet war, wurde sie stolz.« Zwar behauptet sie, aus nüchterner Einsicht gegangen zu sein, muß aber doch den Mann dämonisieren: »Sie schaute in eine Pupille voll satanischem Glanz.« So wird der Abschied aufgewertet, denn sich aus einer höllischen Umklammerung zu befreien, ist groß und lohnt den Schmerz der Ablösung. »Sie sagte ihm den Gehorsam auf, ganz bewußt.«

Da hatte sie also drei Jahrzehnte über dieser Wunde gebrütet und hatte nichts verstanden und nichts gelernt. Sah immer nur noch die Kränkung, die sie nicht verwinden konnte. War sie benutzt, ausgebeutet worden? »Der Mann unterminierte und der Mann faszinierte. Es war merkwürdig: wer mit ihm brach, würde es nie ganz verwinden. Wer sein Freund war, mußte es bleiben. Mit ihm war es eben doch herrlich, das gab es sonst nirgends. Und wer zu ihm hielt, wer in der besonderen Anschauung lebte von seinem Wesen und Tun, der wußte warum. Der bekam was dafür tief im Kern.« Obwohl diese Sätze und viele andere kritisch abrechnend gemeint sind, zeigen sie doch nur, daß es sich lohnte, den Preis zu zahlen. Und kleinlich wirkt die Klage über erlittene Unbill. Man hätte ja auch Seite an Seite dem Wutgeschrei trotzen können, kühn, eigensinnig und verbündet. Und nirgends steht, daß dies Brecht nicht lieber gewesen wäre als der Zusammenbruch, das Elend.

Die Geschichte *Avantgarde* verquickt in der Figur Cilly Ostermeier zwei Geliebte Brechts, die Fleißer und Elisabeth Hauptmann. Die vielen Tätigkeiten, die die Liebende für den Dichter unentgeltlich verrichtet, gehören zur Beziehung Brecht-Hauptmann. »Sie ist einer der verläßlichsten und tüchtigsten Menschen, die ich kenne«, schreibt Brecht 1934 über die Frau, die die Bezeichnung »Mitarbeiterin« wie einen Ehrennamen getragen und sogar gestattet hat, daß 1972 unter diesem Titel ein Film über sie gedreht wurde. »Mit großer Unbescheidenheit stellte sie sich in den Hintergrund«, heißt es in einer Würdigung ihrer Bedeutung für das Werk Brechts. Und wie stand es um ihren eigenen Ehrgeiz? Hatte es ihr wirklich immer genügt, dem Dichter und seinem Werk zu dienen?

Die Tochter eines westfälischen Landarztes arbeitete nach Abschluß des Lehrerinnenseminars als Hauslehrerin auf verschiedenen Gütern im Grenzgebiet zwischen Polen und Deutschland. 1922 ging sie, 25 Jahre alt, nach Berlin, um dort zu studieren, konnte sich aber das Studium nicht leisten, weil sie ihren Lebensunterhalt mit Privatstunden und als Übersetzerin aus dem Englischen und Französischen verdienen mußte. Sie verfaßte einige Kurzgeschichten in einem lakonisch-spöttischen Stil, der zu ihrem Thema, Kritik an der Lächerlichkeit des alltäglichen Kapitalismus, paßte. 1924 lernte sie Brecht kennen und blieb bis zur Emigration an seiner Seite. Auf ihre Anregung hin schrieb Brecht die *Dreigroschenoper*, die auf der *Beggar's Opera* basierte, von ihr ausfindig gemacht und für Brecht übersetzt. Einige Jahre bezahlte der Kiepenheuer Verlag ein Gehalt an sie als Brechts Sekretärin, weil nur durch sie die pünktliche Ablieferung der vereinbarten Manuskripte garantiert war. Für 1925 bestätigte Brecht allerdings selbst, daß sie »dieses ganze Jahr ohne Lohn« für ihn gearbeitet hatte. An den durchschlagenden Erfolg der *Dreigroschenoper* wollte er mit einem ähnlich gebauten Stück anschließen und schlug ihr vor, nach einer von ihm grob skizzierten Handlung, die im Verbrecher- und Heilsarmeemilieu spielte, etwas Eigenes zu »zimmern«. Aus diesem Plan wurde *Happy End*, eine Gemeinschaftsarbeit von Brecht, Hauptmann und Emil Hesse-Burri mit der Musik von Weill.

Das Stück erschien unter dem Pseudonym Dorothy Lane und wurde als eine Übersetzung Elisabeth Hauptmanns ausgegeben. Tatsächlich stammte der größte Teil des Textes von ihr, aber sie empfand weder damals noch später das Bedürfnis, als Autorin in den Vordergrund zu treten. Sie stimmte mit Brecht völlig darin überein, daß der überpersönliche Aspekt der Produktion individuellen Ehrgeiz überwinden und die Frage nach den Beiträgen der einzelnen Mitarbeiter als hinfällig kennzeichnen müsse. Wäre das Stück nicht im Umfeld Brechts und bewußt auf seinen Stil ausgerichtet geschrieben worden, könnte man es nur als dreistes Plagiat bezeichnen. Alle Vorarbeiten über die Heilsarmee stammten von Elisabeth Hauptmann, die vor *Happy End* eine Kurzgeschichte aus diesem Milieu verfaßt hatte, und flossen später in eine Reihe anderer Stücke ein, insbesondere in *Die heilige Johanna der Schlachthöfe*. Elisabeth Hauptmann selbst erinnert sich an eine »herrliche Aufführung«, die allerdings wenig Erfolg hatte, sei es, weil man den Verfassern tatsächlich den blasphemischen Schluß übelgenommen hatte, wie es Hauptmann sieht, oder weil das Publikum wegen formal zu großer Nähe zur *Dreigroschenoper* die Gefolgschaft verweigerte.

Nicht der Mißerfolg der Premiere am 31. August 1929 aber war für Elisabeth Hauptmann Grund für eine tiefe Verzweiflung, die sie sogar in einen mißlungenen Selbstmordversuch trieb, sondern die Heirat Brechts. Noch 1951 hält sie in einem stark autobiografischen Fragment fest, sie habe »Pech gehabt«, daß man sie gerettet hatte. Sie entzog sich mit deutlichen Worten dem verwirrenden Geflecht der Geliebten (»Unsere Beziehung war etwas arg und unzärtlich und ungeschickt«), stürzte sich, da sie nun einmal weiterleben mußte, in Arbeit – verfaßte eine große Zahl von Hörspielen und Features für den Rundfunk – und politisches Engagement, trat der KP bei. Brecht suchte die unentbehrliche Freundin zu versöhnen, indem er ihr eine Strophe eines Gedichts von ihm sandte, das seiner Meinung nach wohl genau auf die stolze Demut, in der sie sich gefallen sollte, zutraf:

> Auf dich wurden Lasten gelegt, die man
> Nur auf die sichersten Schultern legt.
> Du wurdest übersehen wie das Nächstliegende…

Ob es dieser herablassenden Auszeichnung zuzuschreiben ist, daß Elisabeth Hauptmann die Zusammenarbeit mit Brecht nicht beendete, sondern sogar noch intensivierte, läßt sich nicht belegen. Die politische Übereinstimmung mit Brecht (»Brecht studierte in dieser Zeit den Marxismus«) und ihr neidloser Respekt vor seiner überlegenen Begabung brachten sie gar nicht auf die Idee, sich aus privater Desillusion auch noch ihr befriedigendes Berufsleben zu zerstören. Über das Entstehen der *Heiligen Johanna* berichtet Ruth Berlau, wie sich das Kollektiv jeden Morgen in der Wohnung Brechts traf und gemeinsam die Fabel entwickelte, wie jeder eigenständig Szenen verfaßte, die dann diskutiert und verändert wurden. Elisabeth Hauptmann hatte die Nebenwohnung gemietet, die mit der Brechts durch ein Haustelefon verbunden war. »Wenn die anderen Mitarbeiter gegangen waren, werteten Brecht und Hauptmann die Diskussion aus und schufen Vorlauf für den nächsten Tag. Die Hauptmann war bis zum Umfallen einsatzbereit.« Sicher hat es sie verletzt, wenn ihre Arbeit nicht genügend geschätzt wurde. 1951 erinnerte sie sich: »Im Frühjahr hatte Brecht mal in irgendeinem Zusammenhang gesagt: Wir haben ja früher nicht soviel gearbeitet, bis ein Uhr mittag höchstens. Ich habe damals nicht geantwortet (...), das tue ich oft nicht, wenn ich jetzt etwas Grundfalsches höre, aber ich weiß, daß ich oft bis spät in die Nacht gesessen habe beim Abschreiben – immer und immer wieder mußte ja alles abgeschrieben werden – vor allem die Stücke, und die ersten Jahre habe ich es immer allein gemacht, und alle Briefe, alles allein. Es war auch ein großer Spaß.«

Nach der überstürzten Emigration Brechts und seiner Familie sorgte sie für die Auflösung der Wohnungen, geriet dadurch selbst in die Fänge der Gestapo und entkam nur mit knapper Not nach Paris. Von dort ging sie nach Amerika, fand eine Anstellung als Lehrerin und organisierte 1944 die Gründung des »Council for a Democratic Germany«. Sie bemühte sich nach Kräften, in den USA den Antifaschismus zu unterstützen, hielt Vorträge, veranstaltete Filmvorführungen und Diskussionen, was sie nach Kriegsende verdächtig machte. Wichtig war ihr, erst recht nach den Jahren der Unterbrechung, die gemeinsame Produktion mit Brecht, und er war dankbar und erleichtert, daß sie ihm wieder zur Verfügung stand. 1946 schrieb er an Berthold Viertel: »Wie ist die Gesundheit der Hauptmann? Wenn ich nicht grad so wirklich knapp wäre, würde ich ihr einen richtigen Check-up verschaffen. Ich bin sehr froh, daß sie, zum ersten Mal wieder, sich meiner Arbeiten annimmt, sie ist unersetzlich.« Für ein geplantes, später aber nicht realisiertes Filmprojekt z. B. kann er getrost an sie die Aufgabe delegieren, alle Informationen zu beschaffen, die er für seine Arbeit benötigt:

Liebe Bess,
den ›Eulenspiegel‹ betreffend:
    Material über den Bauernkrieg, besonders eine Phase suchen, wo er gut zu stehen scheint, oder wirklich gut steht.

Ich will zeigen, wie die Bauern zu früh alles für gewonnen ansehen, sich ihren Ernten widmen, sich bekämpfen, in die alten Knechtverhältnisse zurückfallen usw.

Was machten die Ritter, die mit den Bauern gingen, mit ihren eigenen Bauern (deren Pflichten betreffend)?

Warum gingen sie mit den Bauern?

Wo ließen sie die Bauern im Stich?

Wie war es in dem mit den Städtern?

Gab es ein großes Treffen der Bauernleger? Mit Beschlüssen darüber, wie die Kampagne zu führen sei?

Herrschte Hunger?

...

Sie beschreibt ihn später als einen »großen Frager« und betont, wie liebevoll und aufmerksam er seine kreative Kraft in den Arbeitsprozeß einbrachte. »Wir hatten ja unendlich viel davon«, aber sie bestätigt auch: »Da muß auch ein gewisser Mangel an Eitelkeit sein, nicht wahr, oder Mangel an Geltungsbedürfnis. Es muß wirklich, wie es der Brecht genannt hat, einer dritten Sache alles zugewendet sein. Und das war, glaube ich.«

Über ihre Rückkehr aus dem Exil berichtet sie, daß sie auch eigene Pläne gehabt hatte, Manuskripte und Entwürfe mitbrachte, um sie, wieder zu Hause, fertigzustellen. Aber Brecht hatte sie ganz selbstverständlich in den Aufbau des Berliner Ensembles eingeplant, und sie nahm sofort dort ihren Platz ein, den sie bis zu ihrem Tod 1973, siebzehn Jahre über Brechts Tod hinaus, nicht mehr verließ. Sie war seine Sachwalterin und die Herausgeberin seines Gesamtwerks. War sie zu kurz gekommen? Als sie Brecht liebte, bewog sie seine Verweigerung von Ausschließlichkeit, die erotische Beziehung zu ihm zu beenden. Sie lebte mit verschiedenen Männern zusammen, war – jeweils nur kurze Zeit – zweimal verheiratet (»und ich mag die Männer sehr gern. Sie sind für eine Frau der einzig richtige Umgang, um sie auf der Höhe zu halten«), hat aber den »Prinzen«, den sie gebraucht hätte (»Ich habe einen Hauptfehler: ich habe nicht viel Geld.«) nie gefunden. Ihre Chancen, als Frau vom Schreiben leben zu können, waren zu dem Zeitpunkt, als sie diese Entscheidung hätte treffen müssen, äußerst gering. Dennoch läßt nichts in ihrem Leben darauf schließen, sie habe resigniert auf Berufsträume verzichtet oder sei durch Brecht von der Verwirklichung eigener Ziele abgehalten worden. Diese kluge, selbstkritische Frau erfaßte deutlich den Unterschied zwischen Genie und Talent und zog es vor, im Arbeitsprozeß Brechts unentbehrlich zu sein, als mit eigenen Werken an die Öffentlichkeit zu drängen, ohne möglicherweise den Qualitätsanspruch zu erfüllen, den sie an Brecht geschult hatte. Es hieße, ihre selbstbewußte Unterordnung banalisieren durch den Verdacht, sie habe nicht freiwillig ihren Platz gewählt.

Brecht hatte sich ihr gegenüber oft reichlich unverschämt verhalten. So findet sich z. B. ein undatierter Brief, in dem sie von Brecht den ihr zustehenden Anteil an den von ihr herausgegebenen Gesammelten Stücken verlangt, um wenigstens ihre Unkosten decken zu können. Brecht war in finanziellen Belangen sehr nachlässig, verletzend gedankenlos, geizig. Und nichts entschuldigt seine Brüskierung, als sie wegen der schwierigen Reiseverhältnisse im Nachkriegseuropa später, als mit ihm verabredet, zum Berliner Ensemble stieß. Ruth Berlau berichtet: »Um die Hauptmann kümmerte sich Brecht nicht. Sie mußte sich selbst ein Zimmer beschaffen. Es war nur noch ein kleines da, nicht einmal so groß wie meine Toilette. Die Hauptmann ließ sich die Kränkung nicht anmerken. Bald wußten alle im Ensemble, was für eine große Persönlichkeit sie ist.« Es gibt tatsächlich wenig Anlaß, sein Verhalten ihr gegenüber zu beschönigen. Aber gerade sie hatte schon sehr früh alle persönlichen Hoffnungen aus dem Bereich der beruflichen Zusammenarbeit herausgelöst. In ihrem privaten Leben, das sie mit großer Souveränität allen Kümmerlichkeiten abtrotzte, kam Brecht längst nicht mehr vor. Sie hat bei aller Traurigkeit, die manchen Notizen und Fragmenten abzulesen ist, nie die Zuständigkeit für sich selbst abgegeben und Schuldzuweisungen verteilt, die ihr wohl lächerlich vorgekommen wären. Den eigenen Wert und die eigenen Grenzen begreifen, mit allem Einsatz das tun, wofür man geeignet ist, also im Falle Hauptmann eine hervorragende Dramaturgin sein (obwohl sie diesen Begriff als zu abstrakt ablehnte) und die kompetente Herausgeberin des Lebenswerks eines der Großen der Literatur – eine solche Haltung braucht keine mitleidige Ehrenrettung.

Viel weniger deutlich als bei ihr ist bei Margarete Steffin und Ruth Berlau auszumachen, wie die Anteile an der gemeinsamen Arbeit beschaffen waren und ob der von Brecht geforderte Einsatz die beiden Frauen an einer eigenen künstlerischen Entfaltung hinderte. Steffin war Laienschauspielerin und Kontoristin, 24 Jahre alt, als sie 1932 Brecht kennenlernte. Von Stund an arbeitete sie für ihn, nicht nur als erstklassige Sekretärin (»Wenn Brecht in einer Fassung korrigiert hatte, fand er am nächsten Morgen frisch abgeschriebene Manuskripte auf seinem Schreibtisch vor, ohne daß er etwas gesagt hatte. Und die Manuskripte hatten die Schönheit und Sauberkeit, die Brecht brauchte, um weiterzuarbeiten. Er bevorzugte sehr feines Papier, dünn wie Zigarettenpapier. Es war ein Kunststück, darauf zu schreiben, noch dazu mit mehreren Durchschlägen«), sondern sie übersetzte auch aus mehreren Sprachen und bot somit Stoffanregungen für Brecht. Berlau bezeichnet sie als Sprachgenie, sie sprach fließend Englisch, Französisch, erlernte in der Emigration Dänisch und Russisch und schaffte es sogar, sich in Finnland verständlich zu machen. Nach Hitlers Machtergreifung ging sie zuerst nach Paris und knüpfte eine Reihe beruflicher Kontakte für Brecht, der mit ihr mehrmals einige Wochen in Paris verbrachte. Im Dezember 1933 folgte sie ihm nach Dänemark. Sie hatte Tuberkulose, und es ist nicht nur berechtigter Eifersucht zuzuschreiben, daß Helene Weigel sich weigerte, Steffin mit der Familie wohnen zu lassen. Trotz aller Vorsicht hatte sich tatsächlich eines der Kinder angesteckt.

Sie stammte aus dem Proletariat und überprüfte auf ideologische Präzision und sprachliche Genauigkeit, was Brecht schrieb. »Sie war Brecht eine unerbittliche Kritikerin. Sie wollte, daß auch die Arbeiter Brechts Dichtung verstehen. Bei Formulierungen, die sie ›verdreht‹ nannte, verlangte sie von Brecht, daß er umarbeitet.« Außerdem verstand sie etwas von Versformen und -regeln. »Zum Beispiel hielt sie Brecht seine schlechten Jamben in *Der aufhaltsame Aufstieg des Arturo Ui* vor.« Immer wieder notierte er, daß er Texte Wort für Wort mit Grete durchgegangen war. Im »Zehnten Sonett« wird die zärtliche Verquickung von Arbeit und Sexualität zum Thema:

> Am liebsten aber nenne ich dich Muck
> Weil du mir, wenn du aufmuckst, so gefällst
> Wenn du den Klassiker zur Rede stellst
> Sei's, daß du Seiten ordnest für den Druck
> Sei's, daß er dich schnell anlangt an den Beinen.

Sogleich bestreitest du, daß du mich kennst
Und was wir tun, mit meinem Worte nennst
Wie kann ich Tölpel sowas von dir meinen?

Zornig und fremd sitzt du mir gegenüber
›Was wagt der Mensch, er ist mir unbekannt!‹

Und mein Erstaunen ist noch nicht vorüber
Wenn in dir sichtlich eine Freude wächst
Und streng noch schreibst du hin den neuen Text
Und plötzlich holst du dir dann meine Hand.

Sie schrieb auch selbst, ein Kinderstück, Gedichte, »Geschichten«, um deren Veröffentlichung sich Brecht noch 1941 bemühte, ohne Erfolg. Da sie in der Emigration völlig von Brecht abhängig war – von seiner Fürsorge wegen ihrer Krankheit und finanziell –, arbeitete sie auch nur für ihn und stellte eigene Vorhaben zurück (»…ich hatte in diesen letzten Wochen nur für Brecht zu tun und kam nicht dazu, etwas für mich zu machen, auch nicht an den Übersetzungen, das ist schade«). Sie war glücklich, sich nützlich fühlen zu dürfen, und vergaß darüber ihren schlechten Gesundheitszustand, z. B. die zunehmende Taubheit, die aus ihrer Ohrentuberkulose resultierte. Brecht behandelte sie betont rücksichtslos, er tat so, als ob er die Krankheit nicht ernst nähme. Einem Freund schreibt er, daß er »das Pech« habe, daß Grete monatelang im Krankenhaus liege, »sie kennt sich, was Korrekturlesen und Manuskripte angeht, viel besser aus als ich«. Zu einer neuerlichen Noteinweisung meint er: »Jetzt kann sie nicht im Krankenhaus liegen, denn ich brauche sie«, aber diese Schroffheit sollte wohl seine Besorgnis überspielen.

Verzweifelt bemühte er sich um ein amerikanisches Visum für sie. »Ich kann sie ja unmöglich einfach zurücklassen. Sie ist seit zehn Jahren meine engste Mitarbeiterin und steht mir menschlich viel zu nahe.« Als endlich die Voraussetzungen für die Ausreise aus Finnland über die Sowjetunion in die USA geklärt sind, muß sie in Moskau ins Krankenhaus eingeliefert werden. Sie besteht aber darauf, daß Brecht die Reise nicht unterbricht, und hofft, bald nachkommen zu können. Eine Schiffspassage in sechs Wochen ist für sie organisiert, sie bleibt mit Arbeitsaufträgen für Brecht zurück und fühlt sich bis zum Schluß gebraucht und unersetzbar.

Brecht hatte Vorsorge für ihren Tod getroffen und kommunistische Freunde gebeten, alle Manuskripte, Fotos und Briefe in ihrem Besitz für ihn aufzubewahren. Die Nachricht von ihrem Tod am 4. Juni erhielt er auf der Reise telegrafisch. Berlau bot ihm ihre Einzelkabine im Schlafwagen an, Weigel soll kommentiert haben: »Wozu? Das vergißt er schnell.« Er gab sich immer unverwundbar, wollte Gefühle nicht zeigen, Schmerz mit sich allein ausmachen. 1942 notiert er: »Fast ein Jahr fühle ich mich jetzt schon bedrückt durch den Tod meiner Mitarbeiterin und Genossin Steffin. Wirklich darüber nachzudenken habe ich bis[her] vermieden. Ich fürchte nicht so sehr den Schmerz, als daß ich mich seiner schäme.« In den *Liedern des Soldaten der Revolution* beschreibt er noch ein letztesmal die Tätigkeit seiner »kleinen Lehrmeisterin«:

Daß sie prüfe
Alles, was ich sage: daß sie verbessere
Jede Zeile von nun an
Geschult in der Schule der Kämpfer
Gegen die Unterdrückung.
Seitdem unterstützt sie mich –
Schwacher Gesundheit, aber
Fröhlichen Geistes, unbestechlich
Auch von mir. Oftmals
Streiche ich lachend selber eine Zeile durch, schon ahnend
Was sie darüber sagen würde.

Einige Texte aus ihrem Nachlaß enthüllen, wie bedroht und ausgeliefert sie sich in der Beziehung zu Brecht gleich von Anfang an gefühlt hatte. Sie notiert Angstträume von ihrem Geliebten »mit irgendwelchen Frauen« und schreibt sich in dem stark autobiografischen Text *Vom Mädchen Ursula* die schlimmste Panik von der Seele: Das Mädchen kränkt sich darüber, vom Geliebten betrogen zu werden, und ist »nicht freundlich genug« zu ihm. Das verweist er ihr energisch: »Ja, selbst wenn er eben mit einer Frau geschlafen habe, müsse es ihr auch recht sein und müsse sie nett zu ihm sein, d. h. nicht so nett, daß sie nun sofort mit ihm schlafen wolle, denn er sei jetzt befriedigt und wolle sich keineswegs überanstrengen. Er unterlasse dies also nicht aus Unfreundlichkeit, sondern aus sachlichen Gründen. Im Bedarfsfalle würde er sich sicher auch wieder an sie wenden.« Darauf hört das Mädchen Ursula auf zu weinen und beginnt Beziehungen zu anderen Männern, weshalb der Geliebte sich von ihr trennt, »denn man konnte nicht verlangen, daß er, wo er sie doch nur kurze Zeit im Jahr sah, sie dann auch noch mit andern teilen sollte«. So wenig das Ende der Geschichte mit der unbedingten Treue Gretes übereinstimmt, so sehr kann man hoffen, auch das Verhalten des Mannes sei zur Verdeutlichung überspitzt gezeichnet.

Sie hat Gedichte geschrieben, schöne Sonette, die den seinen nicht nachstehen, nur: er hat den unverwechselbaren Ton gefunden, und sie war in der Lage, sensibel und geschickt zu respondieren. Sie selbst zweifelt: »immer, wenn ich etwas beginne, habe ich Angst davor, daß die Leute sagen werden, ich habe es nicht selbst gemacht, und deshalb höre ich wieder auf. Oder ich glaube, daß es nichts taugt.« So selbstbewußt sie ist als kompetente Kritikerin Brechts, so unfähig ist sie, sich privat als gleichberechtigte Partnerin zu sehen: »Verse vorlesen, Theater machen, sich ganz, aber ganz zeigen, das alles kann ich nicht Dir gegenüber. (...) Ich habe einen ungeheueren Respekt vor Dir...« Sie bezeichnet sich selbst als »versklavt«, und damit erübrigt sich die Frage, ob ein südliches europäisches Land für ihre schwere Krankheit geeigneter gewesen wäre als der Norden. Sie hätte nicht leben wollen, wo nicht auch Brecht lebte, in aller Unschuld rücksichtslos gegenüber Brechts Ehefrau.

Trotz Brechts Zuneigung zu ihr, an die er die meisten seiner wenigen Liebesgedichte gerichtet hatte, ersparte er ihr in diesen letzten Lebensjahren des allmählichen Verlöschens den Schmerz nicht, ihn auch noch mit einer neuen Geliebten teilen zu müssen, Ruth Berlau. Auch Berlau war Mitglied der KP. Aber anders als die anderen Mitarbeiterinnen war sie bereits vor ihrer Bekanntschaft mit Brecht prominent: sie hatte über ihre Reisen nach Paris und Moskau (per Fahrrad!) Reportagen geschrieben, die zwar fast ganz frei erfunden waren, aber begeistert gelesen wurden. Sie war eine bekannte Schauspielerin und hatte das RT – das Revolutionäre Theater, das erste Arbeitertheater in Dänemark – gegründet. Mit einem erfolgreichen Arzt verheiratet, verfügte sie über nützliche gesellschaftliche Beziehungen, die den Aufenthalt der Familie Brecht außerordentlich erleichterten. Ihren ersten Roman, den Margarete Steffin ins Deutsche übersetzte, bezeichnete sie selbst in ihren Lebenserinnerungen als belanglos. Mit Brecht zusammen verfaßte sie Kurzgeschichten, »ich lieferte den Stoff, Brecht die Formulierungen«. Er brachte ihr knappes, präzises Schreiben bei. Sie sollte ihre Erlebnisse aufschreiben, und er würde ihre Technik korrigieren. »Dabei lernte ich allmählich, eine Sache in fünf, sechs Zeilen zu sagen.« Es begann ein reger Austausch: »Morgens brachte ich Brecht meine Aufzeichnungen und er gab mir, was er für mich geschrieben hatte.« 1940 wurden diese Erzählungen auf dänisch veröffentlicht, unter dem Titel *Jedes Tier kann es*. Berlau übersetzte Brechts Stücke und inszenierte sie selbst, als erstes *Die Mutter*. 1939 gab sie die *Svendborger Gedichte* heraus. Das intensive Arbeitsverhältnis war eine Liebesbeziehung geworden.

Steffin war es gewohnt, von ihrem Verhältnis mit Brecht niemanden etwas merken zu lassen. Das entsprach ihrem insgesamt unauffälligen Verhalten (so saß sie bei allen wichtigen Gesprächen, die Brecht führte, im Hintergrund und schrieb mit). Die schöne, erfolgreiche Berlau zog immer alle Aufmerksamkeit auf sich. Sie wollte auch gar nicht, daß die Liebe zwischen ihr und Brecht verborgen blieb, was die komplizierte Balance zwischen Brecht, seinen drei Frauen und Berlaus Ehemann erheblich erschwerte. Trotz ihrer Krankheit wollte sich Margarete Steffin aus der belastenden Bindung an ihn lösen, doch es gelang ihm, sie davon abzuhalten:

> Nur eines möcht ich nicht: daß du mich fliehst.
> Ich will dich hören, selbst wenn du nur klagst.
> Denn wenn du taub wärst, braucht ich, was du sagst
> Und wenn du stumm wärst, braucht ich, was du siehst.

Sich gebraucht fühlen zählte für Steffin im Kampf gegen das Nachlassen ihrer Kräfte viel. Aber Brecht benötigte eben nicht nur ihren »Dienst«, mit welchem Begriff er unverblümt das Verhältnis definierte. Etwa ein halbes Jahr später, nach der Fortsetzung der Flucht über Schweden nach Finnland, glaubte er, auch auf Ruth Berlau nicht verzichten zu können, und rief sie zu sich (»Denn von jetzt ab warte ich auf dich, wohin auch immer ich komme, und ich rechne immer mit dir«). Sie trennte sich von ihrem Mann, gab ihre erfolgversprechende künstlerische Laufbahn auf und folgte ihm. Die finnische Gastgeberin Brechts, die

Schriftstellerin Hella Wuolijoki, fand ihre Anwesenheit so unverschämt, daß sie ihr Hausverbot erteilte, und Helene Weigel organisierte die Weiterreise nur für die Familie und Margarete Steffin. Aber Brechts Unnachgiebigkeit gelang es, die unerwünschte Reisegefährtin doch bei sich behalten zu können.

In Finnland schrieb er *Herr Puntila und sein Knecht Matti*, nach einer Geschichte von Hella Wuolijoki. Für das Drama *Der gute Mensch von Sezuan* gab er Steffin und Berlau als Mitarbeiterinnen an. Wie dieser Arbeitsprozeß konkret ausgesehen haben mag, ist schwer nachvollziehbar. Bei *Puntila* bestand Steffins Anteil darin, die finnischen Vorgaben ins Deutsche zu übersetzen, wobei sie sowohl die Handlung als auch die Personenzeichnung ideologisch zuspitzte. Und an Berlau schrieb Brecht zwei Jahre später: »Eisler hat *Herr Puntila und sein Knecht Matti* gelesen und ist geradezu enthusiasmiert. Das Stück hätte ich ohne unsere Spaziergänge im Laubwald nie schreiben können.« Der Anteil Ruths lag also im Unwägbaren oder im Detail (»Ein Einfall stammt von mir: das Eheexamen und der Schlag auf den Hintern«). In den Me-ti-Geschichten heißt es: »Der Dichter Kin-jeh sagte: Es ist schwer zu sagen, was Lai-tu produzierte. Vielleicht sind es die 22 Zeilen, die ich in mein Stück über die Landschaft einfügte, die ohne sie nie geschrieben worden wären. – Selbst wenn sie nur produziert hätte, was mich produzieren machte und produzieren ließ, würde sie sich doch gut gelohnt haben. (Kin-jeh litt nicht an Bescheidenheit).« Ruth Berlaus tatsächlicher Beitrag an der Arbeit war wohl die Kritik, die, ihrer Erinnerung nach, nur in größter Liebe vorgebracht werden durfte. Ungeschickt geäußerte Kritik konnte Brecht am Weiterschreiben hindern, und ein Tag war verloren. »Und solche verlorenen Tage waren nicht auszuhalten.« Ruth Berlau hatte sich dem Geliebten so vollständig zur Verfügung gestellt, ja, ausgeliefert, daß sie keine einzige Zeile mehr verfaßte, die sie als eigenen Text veröffentlichen wollte. Nicht, daß sie untätig gewesen wäre. Als sie im ersten Jahr des amerikanischen Exils merkte, daß sie keineswegs in den Weigel-Brechtschen Haushalt integriert wurde, suchte sie eine Gelegenheit, sich selbständig zu machen. Sie nahm ein Angebot der dänischen Abteilung des Office of War Information an: »Ich schrieb an Brecht, daß ich in New York eine Möglichkeit zum Arbeiten habe. Mir war auch wichtig, daß ich unabhängig bin und meinen Lebensunterhalt selbst verdiene, und nicht immer als

Anhängsel von Brecht behandelt werde.« Sie schrieb die Texte, die sie dann im Rundfunk zur Übertragung nach Dänemark sprach und war zufrieden, wieder politisch arbeiten zu können. Auf Brechts Wunsch lernte sie fotografieren und dokumentierte Aufführungen seiner Stücke, katalogisierte sämtliche Textvarianten und legte schließlich, wieder zurück in Deutschland, die Modellbücher seiner Inszenierungen an. In Amerika handelte sie seine Verträge aus, kümmerte sich um geeignete Übersetzer, wachte darüber, daß bei der Aufführung eines Stücks nichts Wesentliches durch die Eigenmächtigkeit des Regisseurs oder der Schauspieler verlorenging, und erstattete Brecht exakt Bericht. *Der kaukasische Kreidekreis* ist im Gedanken- und Textaustausch zwischen beiden entstanden, indem Brechts Szenen und ihr Kommentar dazu ständig zwischen der West- und der Ostküste des Kontinents unterwegs waren. Sie setzte ihre ganze Hoffnung darauf, Brecht würde nach seiner Rückkehr nach Europa – noch stand nicht fest, wo man nach Kriegsende würde wohnen und arbeiten dürfen – mit ihr zusammenleben. Aber er machte keinerlei Anstalten, sich von Helene Weigel zu trennen, die es längst perfekt gelernt hatte, das Privatleben so konfliktfrei zu halten, wie er es als Grundlage für seine Arbeit brauchte.

So war Ruth Berlau zwar bei der Gründung des Berliner Ensemble dabei, mußte aber erkennen, daß Brecht nicht an einen gemeinsamen Anfang mit ihr dachte. Er verschaffte ihr Aufträge als Regisseurin und versuchte sie wie zur Zeit ihres Kennenlernens auf eine »dritte Sache«, jetzt den Aufbau des Sozialismus, einzuschwören, aber sie fühlte sich um ihre Hoffnungen betrogen und störte mit ihren Vorwürfen und ihrer Verbitterung das Arbeitsklima. Sein Werben um ihre Freundschaft kränkte sie, und ihre Verzweiflung brach immer unkontrollierter aus ihr heraus. An einem Brief an den Verleger Peter Suhrkamp vom 16. Januar 1952 läßt sich ihr Elend ablesen. Sie bittet ihn, ihren Erzählband *Jedes Tier kann es* ins Deutsche übersetzen zu lassen. »Das Buch ist modern und neuartig und brechtisch.« Fotografieren will sie nicht mehr. »Ich will schreiben und Regieführen. Das ist mein Fach, mein Beruf. Das kann ich!« Und vor allem will Ruth Berlau sich aus dem Schatten Brechts lösen. »Hier bin ich halt für die Leute Brechts Freundin, die einmal sehr schön war.« Die Indiskretionen dieses Briefes (»eigentlich verachtet er uns Frauen ja tief…« – »Mich hat er immer behandelt wie den letzten Dreck –

leider liebe ich ihn.« – »Jetzt aber sucht Brecht junges Fleisch«)
sind bereits ein Hinweis darauf, wie sehr es ihr an Stabilität man-
gelte. Erst 44 Jahre alt, war sie verbraucht, trank immer mehr,
machte Entziehungskuren, wurde rückfällig und veranstaltete im
Theater Szenen, die Brecht von der Arbeit abhielten.

Obwohl er sich immer weiter von ihr entfernte, hielt er an der
Beziehung fest und schützte sie gegen Kritik. Im Jahr seines Todes
sah er in Mailand eine Aufführung der *Dreigroschenoper* und
schrieb ihr gerührt: »Ich wünschte so sehr, Ruth, daß alles zwischen uns würde wie früher, auf einer neuen Basis, da wir ja nicht
mehr so jung sind, besonders ich bin es nicht. Da wäre es gut,
Dich so wo dabeizuhaben. epep« – Et prope et procul, in der
Nähe wie auch in der Ferne, das war der Code, der die beiden
über die vielen Jahre verbunden hatte. Es machte ihm zu schaffen, daß die Gefährtin langer Zeit immer mehr verfiel und sich als
Märtyrerin einer gescheiterten Liebeserwartung begriff. »Deine
Kreatur« unterzeichnete sie Briefe an ihn, der Unterwürfigkeit
nun gar nicht ertragen konnte.

So groß trotz aller Mißhelligkeiten auch sein Verständnis für
sie war, so scharf wies er ihre Legende über ihren Anteil an seinem Werk zurück: »wir sind nicht zwei dramatiker, die zusammen stücke geschrieben haben. wenn du mir hin wieder einen rat
gegeben hast, so habe auch ich dir rat erteilt, und wenn ich aus
deinem rat mehr machte als du aus meinem, so ändert das nichts
daran, daß du einen so winzigen teil bekommen würdest von sagen wir *Puntila*, daß es noch kein hunderstel wäre. das ist die
wahrheit, und wir müssen uns daran halten. aber deine kritik von
entstehenden stücken war produktiv wie mancher rat bei den
proben, und deine erfindung des modellbuchs ist von großer bedeutung für die studierbarkeit meiner arbeiten. du hast die
svendborger gedichte herausgebracht, das antigonemodell, die
kriegsfibel. (…) nur kann ich nicht dein ewiger, immer säumen-
der schuldner bleiben.« So schätzte Brecht ihre Mitarbeit ein, und
sie hat nicht widersprochen.

Nach dem Tod Brechts redete sie ständig davon, daß sie wieder
schreibe. »Sie erzählte jedem, der es hören wollte oder auch
nicht, welche Artikel und welche Bücher sie gerade über Brecht
schreibe oder plane.« Nichts davon fand statt. Sie hatte sich so
ausschließlich über Brecht definiert, daß sie schon frühzeitig auf-
hörte, ihre eigene Kreativität weiterzuentwickeln. Sie war auch in

den langen Monaten, die sie zwischen den Besuchen Brechts allein lebte, immer nur für ihn tätig gewesen und hatte für selbständiges Schaffen nicht einmal Pläne. Lion Feuchtwanger bemerkte einmal: »Brecht fraß viel Leben, er war herrisch und stolz und forderte von seinen Freunden geduldige Mitarbeit. Aber er war ohne jede Hoffart und Prahlerei und gab selber neidlos, großmütig in Fülle. Er gab mehr, als er verlangte. Das Wort Solidarität hat durch ihn neuen Sinn bekommen.« Im Banne von Brechts Energiefeld Autonomie zu erlangen, forderte ein gewisses Maß an Durchsetzungskraft, die er selbst ehrlich respektierte. Die verschiedenen Mitglieder des Kollektivs betonen unabhängig voneinander, sich nie benutzt oder gar ausgebeutet gefühlt zu haben.

Brecht und Ruth Berlau waren eben nicht zwei Schriftsteller, die einander den künstlerischen Freiraum einengten, sondern ein Mann, der, nicht nur »lax« in Fragen des Eigentums, sondern auch der Partnerschaft, jede Ausschließlichkeit verweigerte, und eine Frau, die dies weder ertragen noch sich lösen konnte. Kein beruflicher Konflikt also, sondern eine private Konstellation allertrivialsten Musters.

Bei der Bewertung des Verhältnisses zwischen Brecht und den Frauen wird gerne auf den Text *Beziehungen der Menschen untereinander* verwiesen. Brecht führt hier aus, daß diese Beziehungen Vertragscharakter und die Verträge zwischen Mann und Frau eine spezielle Note haben. »Bei Mann und Frau ist es meistens so, daß der Mann kraft seines Vertrages ungeheuer viel verlangen kann und die Frau viel zugeben muß.« In der Anwendung dieser Verträge zeige sich: »Manches muß die Frau als unabänderlich hinnehmen« und: »bei Mann und Frau muß die Frau meistens draufzahlen.« Hoch schlagen die Wellen moralischer Entrüstung, meint man doch, in diesen Zeilen ein verwerfliches Lebensprogramm entdeckt zu haben. Aber wer wollte leugnen, daß mit diesen kühlen Sätzen der patriarchalische Gestus prägnant widergespiegelt ist? Brecht benannte ein Privileg des Mannes, welches sonst dumpf und selbstverständlich einfach gelebt wurde. Aber gerade in Brechts engerer Umgebung hätte es immer die Möglichkeit gegeben, daß Frauen den Vertrag nach eigenem Gutdünken gestalteten – Elisabeth Hauptmann wußte genau, was sie für sich von der Beziehung mit Brecht erwarten konnte, und nahm sich, was er zu geben hatte. Sich Helene Weigel als die ein Leben lang geknechtete und schlecht behandelte Ehefrau zu denken, hat mit der Realität dieser unbeugsam Eigenwilligen nichts zu tun. Und daß sich Ruth Berlau immer hartnäckiger unterwarf, je weniger Brecht von ihrer ausschließlichen Hingabe Gebrauch machte, liegt in der negativen Dynamik ihrer Persönlichkeit. An Brecht war gebunden, wer sich binden wollte. An den Stückeschreiber, an den Theatermenschen, an den Dichter. Da war sogar der Mann auszuhalten.

Irmgard Keun und
Joseph Roth

Die Lebensgemeinschaft von Irmgard Keun und Joseph Roth hatte keine Chance. Dafür dauerte sie erstaunlich lang, anderthalb Jahre. Zwei Menschen mit furioser Selbstzerstörungsenergie klammerten sich für eine Weile aneinander, gut getan hat ihnen das nicht.

Irmgard Keun emigrierte im Mai 1936. Sie war jung, 31 Jahre, sehr hübsch und erfolgreich. Ihre beiden ersten Romane, *Gilgi – eine von uns* und *Das kunstseidene Mädchen*, hatten sich bestens verkauft, wurden aber nach Hitlers Machtergreifung in die »Liste des schädlichen und unerwünschten Schrifttums« aufgenommen. Damit war ihre Berufslaufbahn im Deutschen Reich erledigt. Der auf deutsche Literatur spezialisierte holländische Verlag Allert de Lange nahm sie unter Vertrag, und sie reiste nach Ostende, das im Sommer zu einem Exilantentreff wurde. Ernst Toller war hier, Stefan Zweig, Hermann Kesten, Joseph Roth. »Als ich Joseph Roth zum erstenmal in Ostende sah, da hatte ich das Gefühl, einen Menschen zu sehen, der einfach vor Traurigkeit in den nächsten Stunden stirbt.« Die beiden zogen zusammen, in ein Hotel. Roth verabscheute Wohnungen, weil in ihnen »gekocht, gegessen und gestorben wird«.

Er lebte im Hotel und schrieb im Café. Irmgard Keun erzählt in ihren *Bildern aus der Emigration*, wie »Roth verkrochen in der dunkelsten Ecke des Cafés saß und rastlos die Seiten eines gelben Heftes mit einer Schrift bedeckte – so zierlich, als wäre sie mit einer Stecknadel geschrieben – und nur hier und da eine Pause im Schreiben machte, um nach einem Glas zu greifen…« Angeblich hat er sich die winzige Schrift angewöhnt, um von den Verlegern nicht um das Zeilenhonorar seiner Zeitungsbeiträge betrogen zu werden – also war eine handschriftliche Zeile genauso lang wie eine gedruckte.

Er konnte ohne Alkohol nicht arbeiten, überhaupt nicht leben. Er schrieb regelmäßig, bis zu acht Stunden täglich, immer umgeben von Bekannten, an deren Gesprächen er sich beteiligte, ohne mit dem Schreiben aufzuhören. Jeder wunderte sich darüber, wie er seinem »schon versagenden Körper« diese unermüdliche Arbeit abzwingen konnte. Wenn er schrieb, war er wie verwandelt, »sofort begann in diesem undisziplinierten Menschen jene eiserne Disziplin, wie sie nur der vollsinnige Künstler übt...«, berichtet Zweig. Gerade hatte Roth sich von der Frau getrennt, mit der er fünf Jahre gelebt hatte (»es steckt in dieser Frau – wie übrigens in allen – der fatale und sehr natürliche Drang, mich einzuengen, familiär und zum Haustier zu machen«), jetzt fehlte sie ihm, und nicht nur, weil sie seine Manuskripte getippt, seine Korrespondenz erledigt, sein Chaos geordnet hatte. Weder sein persönliches Elend noch die politische Lage (»er war der beste und lebendigste Hasser«) beeinträchtigten seine künstlerische Produktivität. Sie hielt ihn aufrecht, war sein Schutz gegen die Verzweiflung.

Seine Gesundheit ist zerstört, sein Gesicht verwüstet, dennoch übt er auf Irmgard Keun eine unwiderstehliche Anziehungskraft aus. Einem Freund, der bereits nach Amerika geflohen ist und darauf wartet, daß sie nachkommt und ihn heiratet (dabei ist sie verheiratet), schreibt sie: »Ich bin dem bösen Dämon Roth erlegen.« Auch sie ist Alkoholikerin. Die Beziehung ist geprägt durch tagtägliche Trinkexzesse und eine manische Schreibproduktion. Abends vergleichen sie, wieviel sie tagsüber geschrieben haben, und da Irmgard Keun meist unterliegt, wird sie beschimpft und muß versprechen, den Rückstand aufzuholen. Sie reisen fast unentwegt, von Ostende nach Paris, weiter nach Wilna, Lemberg, Warschau, Wien, Salzburg, Brüssel und Amsterdam. In Polen hält er Vorträge und besucht Verwandte. »Roth lebte in Polen unter den Juden auf. Dort aß er wieder ordentlich und war gesund und natürlich. Nur dort, wo er herstammte, war er nicht tausendfach zersplittert«, erzählt sie. Sie wohnen in sehr guten Hotels, leben aber immer unter dem Druck, nicht zu wissen, ob sie mit dem, woran sie gerade schreiben, ausreichend verdienen, um ihre Rechnungen zu bezahlen. »Roth und ich zum Beispiel waren bald daran gewöhnt, uns immer auf irgend etwas zu verlassen, womit wir gar nicht rechnen konnten. Es kam dann auch immer wieder von irgendwoher Geld – vom Verlag, von einer Zeitung oder durch Auslandsübersetzungen.«

Und doch müssen sie ihre Habseligkeiten verpfänden, es fehlt ihnen Geld, ihre Visa zu erneuern. Die Streitigkeiten zwischen ihnen nehmen zu. Roth verfolgt sie mit seiner Eifersucht, er hält es nicht aus, sie auch nur einen Augenblick aus den Augen zu lassen.

Außerdem will er sie erziehen: »Aus mir wollte er etwas machen, was ich nicht war« – eine »Dame«, eine »ergebene Magd«, ein zartes »bemitleidetes Wesen«. Er stellt Verhöre über ihre Vergangenheit an (in Keuns Roman *D-Zug dritter Klasse* heißt es: »Karl Bornwasser quälte sie mit Mißtrauen und einer Eifersucht, die bis in ihre Kindheit drang. Nacht für Nacht verwickelte er sie in komplizierte Gespräche, wies ihr Widersprüche nach und Lügen. Sie weinte, weil sie bei ihm war, und sie weinte, wenn er drohte, fortzugehen.«), er will sie völlig unterwerfen, kann aber seine Kontrolle nicht immer ausüben, weil er im Rausch die Besinnung verliert, sie nicht erkennt, in Absencen gerät. Im Januar 1939 verläßt sie ihn: »Ich hatte das Gefühl, einer unerträglichen Belastung entronnen zu sein.«

Roth stirbt im Mai 1939, 44 Jahre alt. Irmgard Keun kehrt 1940 illegal nach Deutschland zurück. Da aus Amsterdam ihr Selbstmord gemeldet wurde, hat man sie nicht gesucht.

Nach dem Krieg verdient sie Geld mit kleinen Texten, deren harmloser Witz nur mehr vage die bizarre Eigenwilligkeit ihrer früheren Romane ahnen läßt. Klinikeinweisungen, Alkoholentzüge, die Diagnose »Geistesstörung infolge Sucht« – erst in den letzten Lebensjahren scheint sie sich erholt zu haben, geschrieben hat sie längst nichts mehr. Sie starb 1982.

Die Stürme des Verrats

Rebecca West und
H. G. Wells

Die Ehefrau schreibt, die Freundin ebenfalls, die neue Geliebte, gerade 20 Jahre alt, tut dies auch – und wie! Dem beneidenswerten H. G. Wells stehen Frauen von beachtlichem Format zur Verfügung. Was hat er nur an sich, dieser 46 jährige kurzgewachsene, untersetzte Mann mit dem kühn gesträubten Schnurrbart? Er ist der erfolgreichste Schriftsteller seiner Zeit, respektabel die Bandbreite seines Schaffens: Science-fiction-Romane wie *Die Zeitmaschine*, bewegende Schnulzen, sozialkritische Literatur und hochkarätige Sachbücher – jedes Jahr wird ein neues Werk veröffentlicht, dazu eine fast unüberschaubare Menge an Zeitungsartikeln, Essays und Rezensionen. Er gilt als der führende Kopf unter den fortschrittlichen Denkern Englands und als Mann »mit ungeheurer Vitalität und voller Hunger nach Ideen«. Sein leidenschaftliches Interesse für Frauen nicht zu vergessen. Der Ruf seiner Promiskuität, weit entfernt, ihm zu schaden, trieb ihm faszinierende Frauen in die Arme, und er konnte nicht widerstehen, wollte es auch nicht, verabscheute er doch nichts so sehr wie die armselige Tugend Josephs gegenüber Potiphar.

Daß es seine Ehefrau Jane (korrekt: Amy Catherine Wells) überhaupt wagte, an der Seite dieses Gatten selbst etwas zu schreiben und es veröffentlichen zu lassen, beweist die Eigenständigkeit dieser Frau, die von seinen Geliebten gerne als »ein wenig blaß« bezeichnet wird. Ob ihre eigenen Bedürfnisse tatsächlich so gering waren, wie er dies zu behaupten beliebte (angeblich ertrug sie seine Sexualität »als eine Art anlagebedingter Krankheit«), oder ob sie sich innerhalb der Gegebenheiten eine Rolle zurechtgelegt hatte, in der sie seine ständigen Seitensprünge aushalten konnte, sei dahingestellt. Sie wußte von allen seinen Beziehungen und scheint fast erleichtert gewesen zu sein, wenn er sich mit einer Zweitfrau einrichtete, anstatt zwischen vielerlei Affären hin und her zu hetzen. Sie gestaltete sein komfortables Heim, organisierte ein anregendes Gesellschaftsleben, sorgte dafür, daß er von den beiden kleinen Söhnen nicht belästigt wurde und unterstützte jedes seiner Schreibvorhaben, als ginge es dabei um ihre heiligste

Verpflichtung. Sie war ihm unentbehrlich, ohne sie hätte er sich selbst um die Übersetzung seiner Bücher kümmern müssen, »um seine Einkommensteuer, Rechnungen für den Haushalt, Bankauszüge«. Dem Ansinnen verschiedener Gefährtinnen, sich von ihr scheiden zu lassen, widersetzte er sich mit Nachdruck (»Deine wachsende Manie, ich behandelte Dich ungerecht, weil ich Jane nicht ermorde«).

Nach ihrem Tod 1927 verfaßte er ein hymnisches Vorwort für eine Gesamtausgabe ihrer wenigen Werke, in dem er ihr überschwenglich huldigte. Nicht nur ihr großzügiges, selbstloses, hingebungsvolles Wesen wird gepriesen, ihre Fähigkeit, sich nie in den Mittelpunkt zu drängen, ihre Bereitschaft, ihrem »hilflosen, unsicheren Ehemann« alle Belastungen abzunehmen, sondern auch der ihr eigene delikate Stil ihrer Prosa, die ihren »klaren, sauberen, süßen und sehr vornehmen« Charakter widerspiegele. Allerdings hält er fest, daß sie »keine zwingende Notwendigkeit« zum Schreiben gedrängt habe, sondern eher ihr Wunsch, das, was sie dachte, mitzuteilen. Ein nur zu verständliches Begehren einer Frau, die nie viel zu sagen gehabt hatte.

Bevor er Rebecca West kennenlernte, war Elisabeth von Arnim, »Little e« genannt, seine Freundin, die durch Heirat an den literaturträchtigen Namen gekommen war. Sie verfaßte bissig-elegante Erzählungen in Pastelltönen (*Elisabeth und ihr Garten*), aber Wells erklärt, von der gemeinsamen Zeit kaum inspiriert worden zu sein, findet er doch das, was er damals geschrieben hatte, »weniger aufrichtig und tief als alles andere« von ihm. Die Geliebte, von der »Little e« abgelöst wurde, verfügte über ein vulkanisches Temperament. Sie hatte sich mit respektlosen Kritiken einen Namen gemacht. Mit ihrem furiosen Stil und ihrer Unverfrorenheit mischte ihre hinreißende Jugend den Literaturbetrieb auf. So attestierte sie den Romanen von H. G. Wells einen getrübten Blick auf Frauen und klebrige Sexualität und ernannte ihn selbst zur »alten Jungfer unter den Romanautoren«. Er lud sie daraufhin ein, und das forsche Mädchen verliebte sich Hals über Kopf. »Sie bestand nur aus schriftstellerischem Ehrgeiz, und mein offenkundiger Erfolg übte einen besonderen Reiz auf sie aus.«

Sie war die Tochter eines »Glücksritters« mit gewaltiger Wirkung auf Frauen, und nun schenkte sie ihre Liebe dem ins Geniale gesteigerten Abbild ihres Vaters, der ihre Mutter betrogen und schließlich verlassen hatte. Ihre beiden Schwestern reagierten anders auf den Schürzenjäger-Vater: die älteste ging überhaupt keine Beziehung zu einem Mann ein, die mittlere heiratete einen besonders unscheinbaren Langweiler. Die jüngste preschte vor: »Männer sollten niemals Frauen beherrschen, denn das läßt den Mann schnurren vor Selbstverzückung und die Frau vor Selbstverachtung winseln.« Sie plante eine Karriere als Journalistin und legte zunächst ihren Namen ab, den sie für ihr Vorhaben zu niedlich fand: Cicely Fairfield. Rebecca West heißt die Heldin aus Ibsens Drama *Rosmersholm*, die im Stück als »Freidenkerin« und »Emanzipierte« bezeichnet wird. Ihre Liebe zu dem Witwer Rosmer scheitert daran, daß der Schatten der Ehefrau, die Selbstmord begangen hat, zwischen ihnen steht. Bald bereute Rebecca die unbedachte Wahl des Namens, konnte er doch als Omen für ihr Verhältnis mit Wells gedeutet werden, der nie an der Priorität seiner Ehe rütteln ließ. Zwar hatte er ein Doppelleben eingerichtet, das der Geliebten und dem gemeinsamen Sohn fast genausoviel Zeit einräumte wie seiner Familie, aber das Versteckspiel, die Lügen (den Sohn gab Rebecca als ihren Neffen aus, sie selbst galt auf Reisen als Wells' Sekretärin), die Heimlichkeiten verletzten sie so tief, daß sie allmählich ihre Beschwingtheit und ihren Charme einbüßte – zumindest gegenüber Wells in den zehn Jahren ihrer Liaison.

Zunächst aber war er hingerissen – »Ich bin nie zuvor jemandem wie ihr begegnet, und ich bezweifle, daß es je zuvor jemanden wie sie überhaupt gegeben hat« –, doch fast mehr von ihrem Verstand, ihrer Kombinationsgabe und der Brillanz ihrer Artikel als von ihrer weiblichen Anziehungskraft. Zudem schreckte ihn der Altersunterschied ab, und er wollte nicht, »daß Du Dein Auflodern über meiner Asche vergeudest«. Als sie bald schwanger wird, gibt er sich als dem erfahrenen Partner die Schuld daran. Zwar wird er ihr später vorwerfen: »Zehn Jahre lang habe ich mein Leben darauf ausgerichtet, die Unachtsamkeit eines Augenblicks wiedergutzumachen. Das hat nichts Gutes gebracht, und ich habe es satt«, doch dieser Satz verfälscht die Zärtlichkeit für sie und das Kind.

Die Briefe vermitteln einen verzerrten Eindruck von dieser stürmischen Lebensgemeinschaft, da es, abgesehen von wenigen unerheblichen Ausnahmen, die Briefe von Rebecca West nicht mehr gibt. Wells hat sie vernichtet, ob tatsächlich aus Angst vor einer Nazi-Invasion, wie behauptet wird, oder weil sich darin gewiß auch wenig Schmeichelhaftes über ihn gefunden hätte, läßt sich nicht klären. Und die Lektüre seiner 800 Briefe an die Geliebte könnte zu dem Schluß verleiten, »zwei eingefleischte Streithammel« hätten sich andauernd gezankt – was Dame Rebecca im Alter gegenüber ihrem Biografen richtigstellt: Wells habe ihr fast immer nur im Überschwang geschrieben, der Zuneigung und auch der Wut. Die Zeiten friedlicher, lustvoller Harmonie, das Vergnügen, das beide daran fanden, einfach nur zusammenzusein, die Lachsalven und die unendlich vielen anregenden Gespräche seien also nicht dokumentiert.

Wells charakterisiert die Beziehung in seinem Roman *The Research Magnificent* von 1913/14. Die Hauptfigur ist ein genialer Mann, dessen oberstes Ziel es ist, für die Welt Frieden zu schaffen durch eine »offene Verschwörung der klugen Männer gegen alles, was zu Krieg und Vernichtung führt«. Die schöne Amanda ziert sein Leben, ein 19jähriges Mädchen, aufrecht, impulsiv und »der freieste, vornehmste und kühnste Geist, dem er jemals begegnet ist«. Die beiden stürzen sich, Wildkatzen gleich (Rebecca und H. G. nannten einander Panther und Jaguar), in eine ebenso »heroische« wie animalische Leidenschaft. Die unbeugsame Kraft Amandas entzückt den Liebhaber, er lernt von ihr Freude an Genüssen wie einem großen Opernabend, dem Essen in einem besonderen Restaurant, Diskussionen mit Freunden und läßt sich von ihrer Begeisterungsfähigkeit anstecken. Aber schließlich erschöpfen ihn ihre Sprunghaftigkeit und dramatische Lebensgier, er fühlt sich in seiner intellektuellen Arbeit behindert und abgelenkt von seinen hehren Zielen. Obwohl die beiden ein Kind haben, wächst die Entfremdung zwischen ihnen, und sie trennen sich.

In diesem Buch ist das Grundmuster des Konflikts auch in der Realität gezeichnet, zumindest aus der Sicht Wells'. Wenn er sich entscheiden muß zwischen der Arbeit, die er sich vorgenommen hat, und einer Frau, hat selbstverständlich die Arbeit Vorrang. Rebecca empfindet er oft als Rivalin seiner Aufgaben und nimmt ihr übel, daß sie zuviel Aufmerksamkeit fordert. Daß er seine Woche drittelt zwischen seinem Zuhause, seiner Stadtwohnung, in der er schreibt, und den Tagen mit Rebecca, hält er für einen ausreichenden Beweis seines guten Willens. Er erklärt, sie zu lieben, aber: »Ich hasse es, von einem kleinen Jungen und dem Kindermädchen behelligt zu werden und nützlich zu sein. Ich hasse es herumzuwarten.« Sein Zeitplan funktioniert nur, wenn er keine Minute verschwendet. Während seiner Besuche bei Rebecca hat sie alles so zu organisieren, daß sie ihm, unbeschwert von Alltagskram, zur Verfügung steht. Sein Wohlbefinden und vor allem seine Arbeitsenergie hängen von regelmäßiger und häufiger Befriedigung seiner sexuellen Bedürfnisse ab. Daß Rebecca, die er fern von London in einem abgeschiedenen Haus einquartiert hat, unzufrieden ist, sich beklagt und an wechselnden Krankheiten leidet, empört ihn.

Sie dagegen fühlt sich von aller Welt abgeschnitten. Zwar erhält sie nach wie vor Aufträge für Zeitschriftenartikel, aber die Zäsur in ihrer Karriere ist nicht zu übersehen. Sie hat überhaupt keine gesellschaftlichen Kontakte und vermißt Anregungen für ihren scharfzüngigen Spott, sie leidet an Langeweile und an der ungesicherten Perspektive ihres Lebens, sie steigert sich in Haß auf Wells' Ehefrau, die sie für ihre Lage verantwortlich macht und der sie sich aufgeopfert meint. In dem Roman *The Return of the Soldier* versucht sie, aus ihrer Ohnmacht wenigstens literarisch auszubrechen. Die Handlung ist ziemlich konstruiert und erst vom Schluß her zu begreifen. Ein Mann hat nach einer heftigen Affäre mit einem sinnlichen, primitiven Mädchen eine Frau geheiratet, die mit viel Geschmack ein luxuriöses Heim einrichtet, sich ihm aber nach der Geburt eines Sohnes verweigert. Während des Krieges an der Front verliert er die Erinnerung an die letzten Jahre seines Lebens und taucht wieder in seine erste Liebe ein. Die verlassene Margaret wird gefunden, die beiden sind glücklich miteinander, allerdings in einer Scheinwelt, denn er hat ja die Jahre nach der Trennung von ihr vergessen. Als er schließlich mit Hilfe seiner Geliebten sein Gedächtnis wiedererlangt, geht er verzweifelt zurück in den Krieg. Margaret erkennt, daß er sich in den Tod stürzt, aber die püppchenhaft asexuelle Ehefrau jubelt über seine »Heilung«. Der Psychiater, der den Gedächtnisverlust erklärt als die Rache des wahren Selbst für unterdrückte Wünsche, die gesellschaftlichen Normen weichen mußten, ist ausgerechnet die Figuration Wells': »ein kleiner Mann mit blinzelnden blauen Augen, geröteter zerfurchter Stirn, einem kleinen grauen Schnurrbart, der ihm das Aussehen eines freundlichen Katers verleiht, und einer erfrischenden Vorliebe für gepunktete Krawatten.« Die belehrende Absicht des Romans kam bei ihm nicht an.

Wells besuchte die Kriegsfronten, um Material für einen neuen Roman zu gewinnen. Seine häufigen Reisen führten zu Streit und zu einer Änderung der Wohnverhältnisse. Mit ihrem Kind wohnte Rebecca in einem kleinen Haus an der Küste von Essex, Wells hatte aber auch für sie und ihn Zimmer in einer Londoner Pension gemietet. Zwar war das ständige Hin- und Herfahren mühsam, aber immerhin konnte Rebecca wieder ein aufregendes Leben führen mit Theater und Konzert und Gesellschaften, mit wichtigen Leuten aus Literatur und Politik. Ihre Liaison mit Wells war nun auch öffentlich bekannt, und sie konnte sich an seiner Seite sehen lassen.

Im letzten Kriegsjahr schien seine Arbeitskraft unerschöpflich. Er arbeitete in einem Komitee für Feindpropaganda, entwarf sein großes Werk *Grundzüge der Geschichte*, war beteiligt an den Formulierungen der Satzung des späteren Völkerbunds, schrieb nebenbei an zwei Romanen, reiste nach Rußland (wo er sich mit Lenin und Gorki traf) und nach Amerika. In beiden Ländern hatte er Affären mit anderen Frauen, deren eine in seinem Roman *The Secret Places of the Heart* als angenehme Alternative zu der beschwerlichen Gefährtin des Helden, natürlich ein Porträt von Rebecca, auftaucht. Die Frau mit dem Männervornamen Martin ist maßlos in ihren Ansprüchen, hält ihn von seinen Pflichten ab, interessiert sich nicht für seine Arbeit, kritisiert ihn ständig, aber als am Ende der Geschichte der Held für das Wohl der Menschheit stirbt, kann sie an seinem Sarg alle ihre Fehler bereuen und wird nun für den Rest ihrer Tage um ihn trauern. Rebeccas herzhafte Vernunft fand dieses Alter ego keineswegs tragisch, sondern eher kurios und amüsierte sich über die kindliche Wunschvorstellung von ihrer Trauer als Strafe für ihr böses Betragen.

Doch die Beziehung war nicht mehr zu retten. Rebecca forderte Heirat oder Trennung, und Wells traktierte sie mit Vorwürfen, Verdächtigungen und einer manischen Eifersucht, die sich mit der zunehmenden Häufigkeit seiner Seitensprünge steigerte. 1923 trennte sich Rebecca endgültig von ihm, die letzten drei Jahre waren nur noch ein zermürbendes Hinauszögern des unausweichlichen Endes gewesen. Die Gründe für das Debakel? »Mangel an Disziplin, mangelnder Ordnungssinn, der Unwille, Tatsachen ins Gesicht zu sehen, die Fähigkeit, aus dem kleinsten Mißgeschick eine größere Katastrophe zu machen« – beide erhoben gegeneinander dieselben Anklagen, hier stammen sie zufällig von Rebecca. Als Wells ein »Postscriptum« zu seiner 1934 erschienenen Autobiografie schrieb, in dem er sich mit seinen zahlreichen Liebesaffären befaßte, die er aus der Autobiografie ausgeklammert hatte, nannte er als Ursache für das Scheitern, daß sie beide als Schriftsteller in der Ausübung ihres Berufs zu unterschiedlich gewesen seien, so daß sich zwischen ihnen allmählich »eine beträchtliche Abneigung« entwickelt habe. »Schreiben war für uns beide eine ernsthafte Sache. Ich plagte sie, sie solle einen Plan machen und den Umfang des großen Romans, an dem sie schrieb, abschätzen, und sie schnitt Grimassen vor Ekel, daß ich *Grundzüge der Geschichte* entwarf, anstatt meine Imagination für kreative Literatur freizusetzen. Schließlich haßte sie die *Grundzüge* fast genauso wie Jane.« Dieser Haß mag verständlich sein, da Wells von diesem Buch immer als dem gemeinsamen Produkt von ihm und seiner Frau sprach, die ihm dabei zur Hand gegangen war.

Wells konnte Rebeccas Arbeitsweise nicht ertragen. Der »große Roman«, von dem die Rede war, heißt *The Judge* und sollte die Geschichte einer Frau werden, die den Richter tötet, der ihren Ehemann verurteilt hatte. Rebecca aber verstrickt sich in verzweigten Handlungen um die Eltern dieses Ehepaars, und das Buch endet mit der Tat, für die der Ehemann verurteilt wird. Drei Jahre lang will sie Wells mit der Bitte um einen vernünftigen Aufbau bestürmt haben, bis sie ihn schließlich wütend einen »nörgelnden Schulmeister« nannte. Beide scheinen Kritik vom anderen nur als Verletzung aufgenommen zu haben. Er warf ihr vor, »daß sie ihre Farben versprizte«, während er sich darum bemühte, so schmucklos wie nur möglich zu schreiben, was ihr mißfiel.

Fünf Jahre nach der Trennung erschien eine Essay-Sammlung Rebeccas mit dem Titel *The Strange Necessity*, die auf das Hauptthema des Bandes, die Notwendigkeit von Kunst im Leben des Menschen, hinweist. Zwei Seiten ihrer Ausführungen widmete sie H. G. Wells, den sie zusammen mit Shaw, Galsworthy und Arnold Bennett einen der »vier Onkel« nennt, die ihre Jugend geprägt hatten: »Sie hatten die Großzügigkeit, den Charme und die Schwatzhaftigkeit von Onkeln, die zu Besuch kommen.« Sie habe das Glück gehabt, jung zu sein, als Wells, »der glühend kreativste Geist, den seit Leonardo da Vinci Sonne und Mond beschienen haben, Gestalt annahm«. Nur leider seien seine Liebesszenen kitschig, und seine sonst so präzise Sprache verkomme darin zur Konsistenz von Wackelpudding. Und dann parodiert sie eine solche verunglückte Szene.

Das Kompliment an den früheren Lebensgefährten wirkt genauso überzogen wie die Metapher der literarischen Onkel läppisch. Überhaupt stellt sich bei heutiger Lektüre ihrer Essays nur selten die Begeisterung ein, die ihren Ruhm begründet hatte. Ihre Boshaftigkeit wirkt angestrengt, die überdeutliche Absicht zu provozieren verstimmt, die Überheblichkeit ihrer Urteile erstaunt. Was bei der 20 jährigen Autodidaktin als erfrischende Keckheit durchgehen mochte, erscheint bei einer Frau Mitte Dreißig aufdringlich und herablassend. Dies ist nun plötzlich auch dem ehemaligen Liebhaber Wells aufgefallen, und er kanzelt sie in mehreren Briefen ab: sie sei anmaßend und ehrgeizig, es mangle ihr an Bescheidenheit. Im späteren Rückblick auf diesen Streit faßt er zusammen: »Ich fand ihre Ausflüge in grundsätzliche Kritik, wie in *The Strange Necessity,* prätentiös und überflüssig, und sie fand die Liebesszenen meiner späteren Romane unrettbar theoretisch und seicht. Keiner von uns hat ganz unrecht in bezug auf den anderen.«

Auch wenn Wells in seinen Erinnerungen vieles verfälscht, kann man doch davon ausgehen, daß die gegenseitige Ablehnung der beiden Autoren im Kern richtig gesehen ist. Wahrscheinlich ist es unsinnig, dies als den Hauptkonflikt zwischen ihnen darzustellen. Die Situation einer Zweitehe, Rebeccas Unduldsamkeit und Starrsinn, Wells' Unsensibilität für irgendeinen anderen Menschen, seine Wutanfälle, für die er nachträgliche Rechtfertigungen suchte, seine Untreue und die peinliche Mischung zwischen Wehleidigkeit und Macho-Gebaren haben ebenso ihren Anteil an den stürmischen Auseinandersetzungen und dem Ende dieser Liebe. Zunächst gab sich Wells gebrochen, jammerte Rebecca nach – mit dem Verlust hatte sich der Wert des Verlorenen gesteigert. Er begann eine Affäre mit einer »sehr angenehmen rothaarigen Witwe« – »und noch ein, zwei anderen Leuten«. Sie verfiel in quälender Leidenschaft einem Mann, der sich aus ihr überhaupt nichts machte. Es dauerte also eine Weile, bis beide einander nicht mehr vermißten. »Die Welt war voller Männer, mit denen sie nicht so reden konnte wie mit mir, und voller Frauen, für die ich nur kurze und simple Verwendung hatte.«

Zwei Menschen von außergewöhnlicher Intelligenz und Begabung: ihr Zusammenleben hat sie nicht inspiriert. Abgesehen von Wells' historischen und politischen Arbeiten, die er trotz des Unwillens seiner Geliebten verfaßte, ließe sich das, was beide während der gemeinsamen Zeit schrieben, in ihrem Gesamtwerk leicht entbehren, ohne ihren Ruhm zu schmälern. Erst recht die Romane, mit denen sich beide miteinander beschäftigten: mühselig zu lesen, redselig, unglaubwürdig, gewürzt von seltenem Aufflackern des Ingeniums ihrer Schöpfer. Die Beziehung selbst hatte wohl alles Temperament, allen sprühenden Witz und allen Einfallsreichtum verbraucht, für den literarischen Niederschlag reichte es nur zu zäher Langeweile.

Last und Lähmung

Die kanadische Erfolgsautorin Margaret Atwood lebt seit über zwanzig Jahren mit Graeme Gibson, ebenfalls Schriftsteller. Er begleitet sie auf ihren Lesereisen und erklärt, nicht darunter zu leiden, daß sein Name und sein Werk weitgehend unbekannt sind.

1982 wird das »Schriftstellerehepaar« Christa und Gerhard Wolf als Verfasser der 1972 gemeinsam geschriebenen Erzählung »Till Eulenspiegel« genannt, gemeinsam veröffentlichten sie einen Prosaband mit Texten zur Romantik. 1994 lehnten sie es ab, sich zu dem von beiden ausgeübten Beruf zu äußern (an Gerhard Wolf gerichtete Briefe beantwortet seine Frau). Gerhard Wolf, Verfasser subtiler Essays, sieht sich heute offenbar nur oder zumindest vorrangig als Verlagsleiter (Gerhard Wolf, janus press). Die Vermittlungsaufgabe als Herausgeber (und Entdecker) neuer Lyrik stand seit Beginn seiner Beschäftigung mit Literatur neben eigenem Schreiben. »Den Scheinwerfern und Mikrofonen, die für seine Frau Christa Wolf aufgestellt werden, geht er sorgfältig aus dem Weg«, heißt es in einer Würdigung zu seinem 65. Geburtstag. Vermeidet er ebenso »sorgfältig«, sich als Autor zu zeigen?

Meist haben sich Frauen im Schatten ihrer berühmteren Männer an der Entfaltung ihrer Talente behindert gefühlt. Und wenn vielleicht ihr Talent doch nicht ausgereicht, das unverwechselbar Eigene doch keine genügend kräftige Stimme erhoben hätte? Wenn gerade die Nähe zu einem erfolgreichen Partner den kritischen Blick auf die eigenen Möglichkeiten so schärft, daß die Begabung tatsächlich versiegt?

Auslöschung

Francis Scott und Zelda
Fitzgerald

»Sie liefert ihm den Stoff für alle Frauengestalten.« Durchdrungen von ihrer Wichtigkeit zieht die Ehefrau des Erfolgsautors ihre Unterlippe durch die Zähne, wie es ihre Gewohnheit ist. Sie ist gerade 20 Jahre alt, stammt aus einer betulichen Stadt des amerikanischen Südens, ist maßlos verwöhnt und daher geltungssüchtig.

Fünfzehn Jahre später wird sie darunter leiden, daß jeder sie in den weiblichen Hauptfiguren aus der Feder ihres Mannes zu erkennen meint. »Wütend war ich nur darüber, daß er das Mädchen so abscheulich gemacht hat und ständig wiederholt, sie hätte sein Leben ruiniert, und ich konnte gar nicht anders, als mich mit ihr zu identifizieren...« Da verbringt sie bereits die meiste Zeit ihres Lebens in Nervenheilanstalten, und die Unterlippe hat sie aus nervöser Anspannung immer blutig gebissen. Die Ehe ist zerbrochen, der Mann Alkoholiker und als Autor kaum noch gefragt, er hat Schwierigkeiten, die Kosten für den Lebensunterhalt zu erschreiben. Zelda und Francis Scott Fitzgerald – eine amerikanische Legende hat sich zu einem Szenario der Verzweiflung verdüstert.

An ihrem kometenhaften Aufstieg zum Mythos des Traumpaares ließe sich bereits der Keim der Gefährdung erkennen – im Rückblick, eine billige Erkenntnis also. Als sie 1920 aufbrachen, New York, besser noch die ganze Welt, auf sich aufmerksam zu machen, da erschienen sie als die kostbare Perfektion des neuen Jugendkults. Exaltierte Kinder – entzückt voneinander, hingerissen von ihrer Wirkung, berauscht von ihren Verrücktheiten und vom Alkohol, den sie während der Prohibition zum Beweis ihrer Freiheit und Aufsässigkeit in sich hineinschütteten. Ein junger Mann mit 24, eine junge Frau mit 20 – Kinder? Tatsächlich wollte in der Entwicklung dieses Paares die Pubertät gar kein Ende nehmen.

Francis Scott Fitzgerald, 1896 geboren, wäre gerne auf seine Eltern stolz gewesen. Es gelang ihm nicht, und er erfand Vorfahren. Der weiche, antriebsschwache Vater war beruflich erfolglos, präsentierte sich aber in einer angeborenen Eleganz, die dem Sohn gefiel. Die Mutter galt als absonderlich, Nachbarn und Kinder auf der Straße verspotteten sie, und dem Sohn war peinlich, wie sie »majestätisch ihre Ärmel in den Kaffee tunkte«. Die Familie zog ständig um, auch innerhalb derselben Stadt, und Scott mußte sich immer neu bewähren. Das fiel ihm nicht schwer, da er über eine Menge Charme und Intelligenz verfügte. Schon als Kind veröffentlichte er in Schülerzeitungen, und er beschreibt, wie er noch vor der Auslieferung die Druckerei belagerte, um das erste Exemplar zu ergattern. Als die Eltern meinten, er habe ein wenig Disziplin nötig, übergaben sie seine Erziehung einem Internat, in dem er sich durch Wichtigtuerei schnell unbeliebt machte. Ausgestoßen aus der Gemeinschaft, entdeckte er im Schreiben eine Art »Hintertürchen zur Bewältigung der Realität«. Als Fünfzehnjähriger charakterisierte er sich selbst mit der ihm eigenen Fähigkeit zur Selbstanalyse, die ihn allerdings nie daran hindern sollte, alle Fehler zu begehen, die er so präzise benennen konnte: er wisse, daß er gut aussehe, »begabt, scharfsinnig und geistreich« sei, aber auch seinen schnell wechselnden Stimmungen ausgeliefert. Er attestierte sich »übertriebene Eitelkeit« als Ergebnis seiner häuslichen Verwöhnung, Mangel an »Mut, Ausdauer und Selbstachtung«, auch fehle es ihm an »seelischem Gleichgewicht«. Jeden Augenblick sei er sich seiner »unbegrenzten Möglichkeiten« bewußt. Nach nur leidlich erfolgreicher Internatszeit bewarb er sich für Princeton, weil er sich die Princeton-Studenten als »schlank, kühn und romantisch« vorstellte. Er verschaffte sich dort, trotz seiner weitgehend unzulänglichen Leistungen, eine gewisse Prominenz, war Mitglied des begehrtesten Clubs, schrieb für die Theatergruppe und die Literaturzeitschrift, dennoch war der ferne Krieg in Europa eine willkommene Gelegenheit, Princeton durch Eintritt in die Armee ehrenvoll zu entkommen. Während seiner Dienstzeit verfaßte er ein Romanmanuskript, das von seinem späteren Verlag zwar nicht angenommen, aber mit Empfehlungen zur Überarbeitung zurückgeschickt wurde. Gründlich verbessert, wurde es veröffentlicht.

Dieser Erfolg und der Verkauf einiger Kurzgeschichten an renommierte Zeitschriften ermöglichten ihm die Heirat mit Zelda. Stationiert in Alabama, lernte er den Schwarm aller jungen Offiziere bei einem Ball kennen, der nur veranstaltet schien, um ihrer Schönheit den passenden Rahmen zu geben. Er verliebte sich auf den ersten Blick in sie – wortwörtlich. Seine bisherigen Erfahrungen mit Frauen beschränkten sich auf Partyflirts, auf eine ernste Liebe zu einem Mädchen, mit dem er leidenschaftliche Briefe wechselte, das er aber nur sehr selten traf, und auf flüchtige sexuelle Kontakte unter Alkoholeinfluß.

An Zelda faszinierten ihn ihr berückender Liebreiz, ihre Freizügigkeit, die alles zu gewähren schien und doch nur ihre Unerreichbarkeit betonte, ihre Neugier, ihr Lebenshunger und wohl besonders ihre verblüffende Ähnlichkeit mit ihm. Die beiden schmalen, biegsamen, anmutigen Menschen mit den durchscheinend hellen Augen und dem leuchtenden Haar glichen einander nicht nur äußerlich wie Geschwister, sondern auch in dem infantilen Bedürfnis aufzufallen, die Umgebung mit albernen, oft peinlichen Scherzen zu provozieren, und in ihrem naiven Glauben, daß sie alle Bewunderung der Welt verdienten. Beide sind Artisten im überraschenden Schlagabtausch der Konversation, pointensüchtig führen sie Gespräche wie auf der Bühne. In *Diesseits vom Paradies* wird Scott diese eleganten Dialoge festhalten. Darin unterscheidet er sich von ihr: wenn er arbeitet, ist er zu äußerster Konzentration fähig. Er korrigiert und feilt an seinen Texten, bis sie die so mühelos und improvisiert wirkende Beschwingtheit erreicht haben, die den Leser bezaubert.

Zelda war jeder Gedanke an Arbeit fremd. Als Nesthäkchen einer angesehenen Familie wuchs sie fast ohne Pflichten und Verbote heran. Das strenge Wertsystem des Vaters, eines hohen Richters, wurde von der Mutter listig unterlaufen, im Interesse ihrer Kinder, wie sie meinte. Aber dennoch war der Vater die »lebendige Festung«, in deren Schutz sich Zelda geborgen fühlte. Sie verkörperte einen neuen Mädchentyp, der gerade in Mode kam: sportlich, hübsch, schnippisch und mit jener Portion Unverfrorenheit, die leicht als Selbstbewußtsein mißverstanden werden konnte. Zelda war begabt, aber ohne jede Disziplin, hatte auch ihren Ballettunterricht aufgegeben, weil sie die Zeit für Verabredungen brauchte. Kein Gedanke an Berufstätigkeit: umschwärmt, wie sie war, konnte sie davon ausgehen, daß ihr ein wohlhabender Ehemann ein sorgenfreies Leben bieten würde.

Scott beeindruckte sie. Mit dem überwältigenden Schwung seiner Zukunftsvisionen stach er die anderen Bewerber aus, denen sie aber weiterhin Hoffnungen machte. Er bezeichnete sie später als »hemmungslos promiskuitiv«, wovon natürlich keine Rede war. Sie gab sich frivol, verworfen, und Scott verstand in seiner keuschen Harmlosigkeit die Zeichen nicht zu deuten.

Als sich sein emphatisch angekündigter Erfolg nicht einstellen wollte, löste sie die Beziehung. Doch bei Publikation seines Romans war sie bereit, ihn zu heiraten, obwohl noch keineswegs abzusehen war, daß er mit seinem Beruf viel Geld verdienen würde. Sie war nicht materiell berechnend. Sie erwartete von dem Zusammenleben mit ihm Trubel, Erregung, Spaß. Oder vielleicht doch mehr?

In ihren Briefen an ihn definiert sie eine Rollenverteilung, fast im Gegensatz zu all ihrer zur Schau getragenen Selbstverliebtheit: »Glaubst Du nicht, daß ich für Dich gemacht bin? Mir ist, als hättest Du mich bestellt – und ich bin Dir zugesandt worden – um von Dir getragen zu werden – Ich möchte, daß Du mich trägst wie einen Uhrkettenanhänger oder ein Knopflochsträußchen – vor aller Welt. Und dann, wenn wir allein sind, möchte ich Dir helfen – und wissen, daß Du ohne mich *nichts* tun kannst.« Sie will ihm also unverzichtbar sein, nicht nur als seine erotische Partnerin, sondern als seine Mitarbeiterin, seine Stütze. Dann wieder kokettiert sie mit ihrer Bedeutungslosigkeit – »ohne Dich bin ich ein völliges Nichts. Nur das Püppchen, das ich ursprünglich werden sollte« – und betont offensiv ihre Leichtfertigkeit: »Du siehst also, Scott, daß ich nie etwas schaffen werde, weil ich zu faul bin, um mich wirklich dafür zu interessieren, ob es fertig wird oder nicht – Und ich will nicht berühmt sein und gefeiert werden – ich will nichts als immer sehr jung und sehr verantwortungslos sein und spüren, daß mein Leben mir gehört – so leben und glücklich sein und sterben, wie es mir paßt.«

Wenigstens in der bedenkenlosen Gier, nichts als sie selbst sein zu wollen, kann sie ihn übertrumpfen, ihn, der so überaus brillant ist und so überaus schwach, daß ihm in Not und Unruhe nichts Besseres einfällt, als sich zu betrinken. Daß sie aber vorprescht und Ruhm und Erfolg für sich selbst weit von sich weist, mag auch andere Gründe haben. »Ich hoffe, daß ich nie den Ehrgeiz haben werde, mich wirklich an etwas zu versuchen. Ich finde es so *viel* schöner, davon überzeugt zu sein, daß ich es besser machen *würde* als andere – und wenn ich's tatsächlich versuchte und es nicht besser könnte, das würde mir natürlich das Herz brechen.« Ein unsicheres Kind mit klugen Gedanken, aber auch bereits ausgeprägten Schutzmechanismen und dem Bedürfnis,

11 Francis Scott Fitzgerald (1896-1940) mit seiner Frau Zelda
(1900-1948) und Tochter Scottie

geleitet und gelenkt zu werden.

Sie liefert sich ihrem Mann aus, mehr, als er dies erkennt. »Sie war nie mehr ganz sicher gewesen, wie sie sich verhalten solle, seit durch ihre Heirat die unerwünschten Anweisungen des Richters fortgefallen waren.« Sie ist frei. »Keine Macht der Welt konnte sie zwingen, etwas zu tun, dachte sie ängstlich, nie wieder, nur sie selbst.« Sie ist frei – und sie zittert. Sie muß nicht nur ihre Angst betäuben, sondern auch täglich dem grandiosen Bild entsprechen, das Scott von ihr liebt »...den gewaltigsten Einfluß auf mich hat in den viereinhalb Jahren, seit ich Zelda kenne, ihre absolute, großartige und kompromißlose Selbstsucht und Kaltherzigkeit ausgeübt.« Wie ist das Leben mit einem Mann, der in alle Öffentlichkeit posaunt: »Ich habe die Heldin meiner Bücher geheiratet?«

Die beiden sind in New York eine Sensation. Party-Eskapaden, Alkoholexzesse, kostspielige Extravaganzen – brüchiges Eis, auf dem sie ihre Pirouetten drehen. Immer unter dem Druck, originell sein zu müssen, skandalös. Scott regeneriert sich im Rückzug auf seine Arbeit. Ihn stimuliert das Aufsehen, das sie erregen. Zelda, von Unrast gepeitscht, kann seine Arbeitskonzentration nicht ertragen. »Zelda stört ihn ständig – lenkt ihn ab.« – »Das übliche Problem: womit soll sich Zelda beschäftigen?« Sie läßt den Haushalt verkommen, gibt eine Unmenge Geld aus, macht Szenen, weil Scott nicht alle ihre Wünsche erfüllen kann, sie fällt im Theater betrunken vom Sitz, sie versetzt ihn in Panik, weil sie eine Nacht lang unauffindbar ist... Das alles notiert ein Freund in seinem Tagebuch, der sie aber als die »zweifellos klügste und schönste junge Frau« bezeichnet, die er je gekannt hat. Und er notiert die Aussage Scotts, daß seine Erzählungen »ausschließlich auf Zeldas Ideen basieren«.

Scott hat es geschafft, in dem Tumult seinen zweiten Roman zu schreiben, *Die Schönen und Verdammten*. Um die innere Rastlosigkeit zu betäuben, begibt sich das Ehepaar auf große Fahrt und hetzt in fünf Monaten durch England, Frankreich und Italien. Sie kehren zurück in die Heimatstadt Scotts, St. Paul in Minnesota, wo Zelda ihr Kind zur Welt bringt. Im ersten Brief, den sie nach der Geburt schreibt, äußert sie ihre Enttäuschung, ein Mädchen geboren zu haben, und hofft, daß es hübsch und ein Dummerchen wird. Scott arbeitet am *Großen Gatsby*, und Zelda beschwert sich über sein »Einsiedlerleben«.

»Er hat eine herrliche Legende über sich aufgebaut, die in etwa der alten Fabel von der Ameise und der Grille entspricht. Wobei ich die Grille bin.« In den nächsten Jahren jagen die beiden wieder durch die Welt: New York, Paris, die Riviera, Rom – Personal wird angestellt, entlassen, düster möblierte Wohnungen wechseln mit Prachtvillen am Meer. Es bilden sich neue Freundschaften und enden unter Beleidigungen, die Streitigkeiten nehmen zu, Flirts führen zu aberwitzigen Eifersuchtsszenen, Zelda ist häufig krank, übermäßiger Champagnerkonsum ist eine der Ursachen, Scott verliert immer mehr den Boden unter den Füßen, kommt kaum zur Arbeit, aber mit den Einnahmen seiner Bücher bestreitet er leicht den aufwendigen Lebensstil. Fast unbemerkt im Chaos wächst das Kind auf, Zelda fühlt sich von Scott sexuell vernachlässigt und beklagt sich lauthals, Hemingway behauptet, Zelda mit ihren »Habichtaugen« verführe Scott zum Ausgehen und Trinken, weil sie zerfressen sei von Neid auf seinen Erfolg. Immer noch machen die Fitzgeralds auf Partys am liebsten sich selbst zum Thema und präsentieren die eigene Panik als Scherze von absurder Großartigkeit.

Ein Paar, einträchtig in der Abhängigkeit von Alkohol, in der Neigung zu Spektakel, in Unbeherrschtheit, Rücksichtslosigkeit auf andere Menschen, in der Lust an der Störung jeden geordneten Ablaufs, in Geltungsdrang und Ich-Bezogenheit, nur ein Unterschied ist noch größer geworden: Scott vergißt nie die Verantwortung gegenüber seinem Werk, das er mit Ernst und Hingabe zu perfektionieren sucht. Er setzt sich mit kompetenter Kritik auseinander, erkennt, was ihm noch nicht ganz gelungen ist, reflektiert den Schreibprozeß in Briefen an Freunde: ein ungebräuchliches Wort dürfe man nur verwenden, wenn es unverzichtbar sei, um eine heikle Schattierung einzufangen, oder, natürlich, zur Vermeidung von Wortwiederholungen, aus Rücksicht auf den Rhythmus. Man müsse sich davor hüten, gängige Begriffe leichtfertig einzusetzen, wenn ihr Sinn nicht restlos klar ist, er weist Freunde in deren Texten auf Detailfehler in der Personenzeichnung hin und in der Wahl von Requisiten, er verwirft jede Uneigenständigkeit des Stils – nur in der Jugend dürfe man sich an Vorbilder anlehnen oder sie parodistisch benutzen. Aber ab einem bestimmten Alter müsse man alle Vorbilder in sich zerstört haben, nur der Ausdruck der eigenen Persönlichkeit sei vertretbar.

Zelda dagegen gefällt sich in flotter Unemanzipiertheit. In einem Interview nennt sie das Erziehungsideal für ihre Tochter: »Ich glaube, daß eine Frau mehr Glück findet, wenn sie fröhlich, unbeschwert, unkonventionell und fähig ist, ihr Schicksal zu meistern, als wenn sie sich für eine berufliche Karriere voller harter Arbeit, intellektueller Zweifel und Einsamkeit entscheidet.« Aber der Tonfall täuscht, Zelda ist keineswegs zufrieden mit der Rolle, die die Öffentlichkeit von ihr erwartet und die sie auch selbst gegen jede Selbstachtung bedient.

Scott quält sich mit der Einsicht, er habe noch nicht die »rücksichtslose Kunstfertigkeit« erreicht, die zur Genauigkeit beim Schreiben gehöre. »Ich kann das fast Exquisite herausarbeiten, das Angemessene, sogar das Brillante – aber wirkliche Genauigkeit, von der Du sprichst, steht noch aus. Du hast auch recht, daß Gatsby verschwommenes Stückwerk ist. Zu keinem einzigen Zeitpunkt habe ich ihn klar gesehen – er begann als ein Mann, den ich kannte, und wurde dann immer mehr ich selbst – die Mischung war nie vollständig gelungen.« Er hatte jede Zeile Zelda zu lesen gegeben, tadelte sich selbst wegen seiner Abhängigkeit von ihrem Urteil, und Zelda war auch gedanklich an der Arbeit beteiligt, fertigte Zeichnungen von Gatsby an, damit Scott ihn sich präziser vorstellen könne. Aber die Leere ihres Lebens füllte dies nicht aus, auch nicht eine kurze Liaison in Südfrankreich, die Scott später immer wieder als den eigentlichen Bruch ihrer Beziehung bezeichnen sollte.

Zelda schrieb Artikel, Kurzgeschichten, aber die eigenen künstlerischen Versuche fielen neben der Berühmtheit Scotts nicht ins Gewicht. Manche ihrer Texte wurden veröffentlicht, aber unter seinem Namen, was er damit begründete, daß sein Name höheres Honorar einbringe. Und dann entscheidet sie sich für einen eigenen Weg: nach der Rückkehr nach Amerika beginnt sie eine Ballettausbildung. Sie ist mit 27 Jahren zu alt, um noch Karriere machen zu können, dennoch stürzt sie sich in das Training, als gelte es, ihr Leben zu retten. Und vielleicht war dies die in ihrem Bemühen verborgene Antriebskraft. »Abends saß sie am Fenster, zu müde, um sich zu rühren, aber verzehrt von der Sehnsucht, eine erfolgreiche Tänzerin zu werden. Sie glaubte, daß sie, wenn sie ihr Ziel erreichte, die Teufel vertreiben könnte, die sie bis dahin gehetzt hatten. Indem sie sich bewährte, würde sie den Frieden erlangen, der nur in der Sicherheit des eigenen Ichs zu finden war, wie sie meinte, und durch das Medium des Tanzes würde sie fähig sein, ihre Gemütsbewegungen in der Hand zu haben und nach Belieben Liebe oder Mitleid oder Zufriedenheit auszudrücken. Deshalb trieb sie sich unbarmherzig voran, und der Sommer schleppte sich hin.«

Zelda hatte während der Ausbildung fast aufgehört zu trinken und sogar nebenbei literarische Skizzen verfertigt, die unter Scotts Namen erschienen. Ihre plötzlich zielgerichtete Energie verstörte Scott, er begann eine Affäre mit einer blutjungen Filmschauspielerin, kränkte aber Zelda noch mehr mit der Bemerkung, diese Frau sei in der Lage, aus ihren Begabungen etwas zu machen. Im Sommer 1928 lebte die Familie wieder in Paris. Zelda hatte eine Ballettmeisterin gefunden, die sie verehrte und die ihr Mut machte. Sie trainierte mit einer Verbissenheit, die alle Menschen in ihrer Umgebung beunruhigte. Niemanden überraschte ihr Zusammenbruch im April 1930. Zunächst für einen Erschöpfungskollaps gehalten, zeigte das Krankheitsbild bald schizophrene Symptome, und Zelda kam in ein Schweizer Nervensanatorium. Sie faßte den Entschluß, aufs Ballett zu verzichten und mit ihrer Familie ein ruhiges Leben zu führen. »Wenn ich nichts Großes leisten konnte, lohnte sich das Weitermachen nicht, obwohl ich meine Arbeit bis zur Besessenheit liebte. Sie war damals das einzige auf der Welt, was mir gehörte.«

Doch noch hatte sie sich nicht endgültig von ihrem Traum verabschiedet. Sie bat Scott, ihre Ballettmeisterin um deren Meinung über ihre Begabung und beruflichen Chancen zu fragen. Zu Scotts Entsetzen fiel deren Antwort nicht so eindeutig negativ aus, wie er es erwartet hatte. »Ich bin erleichtert, daß das Ballett zu Ende war, zumal unser Familienleben unter der Anspannung zerbrach und ich meinen Roman ein ganzes Jahr nicht angerührt hatte.« Zu diesem Zeitpunkt scheint er den Schweregrad von Zeldas Krankheit noch nicht begriffen zu haben.

In dem jetzt einsetzenden Briefwechsel legen beide höchst aggressiv das Scheitern ihrer Ehe dar und suchen nach den Ursachen. In dieser Phase schonungsloser Abrechnung steigern sich beide in erbitterte Anklagen gegeneinander. Aber während Zelda nur von der unmittelbaren Vergangenheit, von den Belastungen der Familie durch Scotts Alkoholismus spricht und sehnsuchtsvoll die frühere Liebe zwischen ihnen beschwört, flüchtet er sich in absonderliche Interpretationen des Debakels, die alle darauf abzielen, Zelda von Anfang an die Schuld an seiner Zerrüttung zuzuweisen. Sie, »die niemals versucht hat, ihre Begabung und ihre Intelligenz zu nutzen«, habe ihn zum Alkohol verführt, weil sie selbst davon abhängig gewesen sei. Er sei gewohnt gewesen, als Stimulans seiner Arbeit starken Kaffee zu trinken. Er habe sie auf den Gedanken gebracht, Ballettunterricht zu nehmen, um sie von ihrer Trinkerei abzuhalten, und dieser Einfall habe dann sein Leben zerstört: »Sie las nicht mehr, dachte nicht mehr, kannte und liebte nichts anderes als Tänzerinnen und ihre billige Anhängerschaft... Sie wurde immer selbstgefälliger und unerträglicher.« Die Aufforderung des Nervenarztes, dem er auf diese Weise seine Sicht der Dinge geschildert hatte, mit dem Trinken aufzuhören, lehnte er als einen besonders hinterhältigen Anschlag auf sein Wohlbefinden ab. »In meinen Augen ist ein halber Liter Wein am Ende des Tages nur etwas, worauf der Mensch ein Recht hat.«

Sogar in ihrem reduzierten Zustand macht sich Zelda viel weniger vor als er. Ihre Briefe sind zwar sprunghaft und überschwenglich, aber nichts weist darauf hin, daß ihre gedankliche Klarheit eingeschränkt sei. Sie trauert über den gegenwärtigen Zustand, schiebt aber, abgesehen von konkreten Vorwürfen, die Schuld nicht pauschal auf ihn. Unfähig zwar, »das endlos seelische Durcheinander zu entwirren, in dem ich herumtappe«, bemüht sie sich, Täuschungen über sich selbst zu vermeiden. »Ich bin von meinem Mann abhängig, und er sagt, ich muß geheilt werden. Das sehe ich ein, aber da mich alles verwirrt, was mit ihm zu tun hat, sein Leben, in dem es für mich nichts gibt als äußerliches Wohlergehen, werde ich Ihre Klinik mit dem festen Vorsatz verlassen: unter allen Umständen so zu leben, daß ich frei atmen kann.«

Konkrete Vorstellungen, wie dies erreicht werden könne, fehlen. Scott beschreibt sich selbst als einen Menschen, dessen geringes Selbstbewußtsein durch Erfolg, »solide Vornehmheit« des Lebensstils und Ruhe, die er zum Schreiben dringend benötige, stabilisiert werden kann. Da seine Romane trotz des Ruhms, den sie ihm brachten, sich nicht so gut verkauften, wie zur Finanzierung ihres luxuriösen Lebens nötig war, müsse er »wie ein Taglöhner« Kurzgeschichten produzieren. Zelda mit ihrer »mangelnden Geduld« und ihrem »mangelnden Interesse« sei unfähig gewesen, ihm gute Arbeitsbedingungen zu schaffen, worunter er so gelitten habe, daß ihm gar nichts übriggeblieben sei, als sich »ständig vollaufen zu lassen«. Das Fazit ihrer Ehe sei die gegenseitige Zerstörung.

Zeldas Lage war im Augenblick bedrohlicher als seine, und man mußte darangehen, ihr Mut zu machen und Perspektiven zu zeigen. »Und wenn Sie mich heilen«, schreibt sie an ihren Arzt, »was wird dann aus all der Bitterkeit und Verzweiflung in meinem Herzen?« Nach der tiefen Krise, in der keiner die subjektive Wahrheit des anderen hatte annehmen können, finden die Eheleute vorsichtig wieder zueinander. Zelda wird entlassen, und die Familie reist zu Zeldas Eltern. In deren Obhut soll Zelda die nächsten Monate verbringen, weil Scott einen lukrativen Auftrag in Hollywood annimmt. Sie beginnt wieder zu schreiben, auch in den nächsten Jahren wird dies ihr Weg sein, ihr inneres Gleichgewicht wiederzufinden. Ihre Bemühungen werden belastet durch den Tod ihres Vaters. Krankheitssymptome, die sie überwunden geglaubt hatte, brechen wieder aus: Asthmaanfälle, ein Ekzem, das sich auf dem ganzen Körper ausbreitet, Angst. Stundenlang schreibt sie täglich, gepeinigt von der Einsicht in die Unzulänglichkeit ihrer Texte, ohnmächtig gegenüber der Konkurrenz ihres Mannes. »...meine Sachen sind so dünn und ohne Schwung, daß es nicht der Mühe wert ist«, teilt sie ihm mit. Sie zeigt eine Demut, die echt sein mag, aber auch Selbstschutz vor seiner Kritik und der Ablehnung, die sie fürchtet. »Ich wollte, ich könnte von Dir lernen, wie man wirklich schreiben muß.«

Ihre Briefe zeigen ihre Bemühungen um originellen Ausdruck. Ein gewagter Vergleich jagt den anderen, sie überbietet sich in aparten Wendungen. Ihr Dank für einen Anruf von ihm: »Ich bin zwei Stunden lang auf diesem Telefonkabel hin- und hergelaufen, nachdem ich Deine Liebe wie einen Schirm zum Balancieren aufgespannt hatte.« Als sie jung verheiratet waren, kritzelte Scott verzückt ihre reizenden Bemerkungen auf Zettelchen, und Zelda mußte ihren ungewöhnlichen Einfallsreichtum beweisen. »Als er später am Nachmittag mit den Fahrkarten vom Bahnhof zurückkam, fand er sie schlafend auf einem der Betten, einen schwarzen Gegenstand, den er zuerst nicht identifizieren konnte, fest im Arm. Als er näher kam, stellte er fest, daß es einer seiner Schuhe war, alles andere als neu oder sauber, aber sie hielt ihn an ihr verweintes Gesicht gedrückt, und er verstand ihre alte und höchst ehrenwerte Botschaft. Er geriet fast in Ekstase, als er sie weckte und ihr Lächeln sah – schüchtern, aber zugleich voller Stolz auf ihren Ideenreichtum.«

Zelda verfügt über eine eigenwillige Sprache, deren Qualität durch die unerwartete Kombination von Wahrnehmungen entsteht, das übliche Nebeneinander verknüpft sich zu einem Gespinst irritierender Schlüssigkeit. Aber statt darauf zu vertrauen, daß sich allein durch ihren Blick das Selbstverständliche zu einer unverwechselbaren Wirklichkeit fügt, verkrampft sie sich in einer Auffassung von Ästhetik, die ausufert in angestrengte Suche nach dem So-noch-nie-Gesagten. Das macht ihren Stil kapriziös, doch wenn sie beim Schreiben den äußerlichen Flitter vergißt, und ihre Schmerzen zwingen sie dazu, entstehen kühne, karge Sätze mit poetischen Bildern von wehmütigem Zauber.

Nach Scotts Rückkehr aus Hollywood verstärkten sich ihre Krankheitsanfälle, und sie kam auf eigenen Wunsch in eine psychiatrische Klinik in der Nähe von Baltimore. In den vorangegangenen Wochen hatte sie begonnen, einen Roman zu schreiben, jetzt stellte sie ihn fertig. Sie schickte ihn direkt an Scotts Verlag, und erst auf seine dringenden Bitten erhielt er ein Manuskript. Er hatte geahnt, daß sie autobiografisches Material verwenden würde, und konnte sich ausrechnen, daß sie einander mit dem Stoff in die Quere kommen müßten. Seit langem arbeitete er an einem Buch, mit dem er nur langsam vorankam, weil er zu oft unterbrach, um mit Kurzgeschichten oder, wie gerade eben, mit Drehbüchern Geld zu verdienen. Wieder stand seine Beziehung zu Zelda im Mittelpunkt, wovon Zelda wußte, und er betrachtete es als Verrat, daß sie sich aus demselben Fundus bediente. So verlangte er einschneidende Änderungen und war weder durch Zeldas Flehen um Verständnis noch durch ihre Bereitschaft, ihren Text nach seinen Wünschen umzuarbeiten, zu besänftigen. Sie verteidigt ihren Roman als Bestandteil ihrer Therapie (»ausgerechnet Dir wäre es bestimmt nicht lieber gewesen, wenn ich in meinen langen Mußestunden Däumchen gedreht hätte«) und zeigt sich in einem wesentlichen Punkt unnachgiebig: sie beansprucht das Material ihres Lebens als ihr rechtmäßiges Eigentum. Sie habe dafür seelisch einen hohen Preis bezahlt und werde verwenden, was sie für geeignet halte.

Zehn Jahre zuvor hatte ein Freund ihres Mannes ihre Tagebücher kaufen wollen, um sie als vielschichtiges Zeitdokument zu veröffentlichen. Dies hatte Scott verboten. Er hielt es für selbstverständlich, daß ihre Tagebücher, Briefe, Ideen, Erlebnisse ihm zur Verfügung standen, um sie künstlerisch auszuwerten. Auch jetzt hatte er Zeldas Krankheit in seinem Roman verarbeitet, ärztliche Gutachten und Zeldas Briefe zum Teil wörtlich zitiert, und konnte unter keinen Umständen dulden, daß sie mit demselben Material an die Öffentlichkeit gehe und ihm damit Konkurrenz mache. Er wollte nicht zusehen, »wie sie ihre fragwürdige Karriere stückchenweise aus organischer Substanz aufbaut, die meinem Gehirn, meinem Magen, meinem Nervensystem und meinen Lenden entrissen ist«.

Immerhin ist er so loyal, die Publikation bei seinem Verlag zu unterstützen und die Mängel des Romans als typische Anfängerfehler zu erklären, die durchaus ihren Reiz hätten. Aber zugleich ersucht er seinen Verleger, Zelda nicht mit Lob zu überschütten, falls er den Roman gut fände, auch die geschäftlichen Fragen mit ihm zu klären, denn sie dürfe jetzt nicht auf schnellen Ruhm und leichtverdientes Geld hoffen und damit ihre prekäre Stabilität gefährden. Sicherlich meint er diese therapeutische Rücksichtnahme ernst, aber aus den weiteren Zeilen spricht die Wut darüber, daß sich Zelda herausnahm, sich mit ihm auf seinem eigenen Terrain zu messen. »Sollte sie Erfolg haben, dann muß sie ihn auf eine Arbeit beziehen können, die fachgerecht und um ihrer selbst willen geleistet worden ist, zum Teil im Zustand der Erschöpfung und Ideenlosigkeit, zum Teil in einem Zustand, in dem man sich nicht einmal mehr recht an die ursprüngliche Idee erinnert und in dem man den Ansporn als psychologischen Trick benutzt.« Sie dürfe nicht einfach in seinen Fußstapfen daherkommen und den Erfolg kassieren. Er wird nicht müde, den »himmelweiten Unterschied« zwischen dem wahren Könner und dem Dilettanten zu beschwören.

Zeldas Roman ist eine nur vordergründig kaschierte Autobiografie mit dem Hauptaugenmerk auf ihrem Versuch, Ballerina zu werden. Die Beschreibung ihres bis zur Erschöpfung betriebenen Trainings mit Verzagen, Mutlosigkeit und der verzweifelten Selbstüberwindung, um dem Traumziel zu entsprechen, gehören zu den ergreifendsten Passagen. Es wurden 1392 Exemplare verkauft. Die Kritik bemängelte neben dem überladenen Stil den Charakter der Hauptfigur, der um jeden Preis »widersprüchlich und rätselhaft« sein solle. Gerade dies mußte Zelda treffen, war es doch die öffentliche Zurückweisung ihres Anspruchs, ein besonderer Mensch zu sein.

Der Mißerfolg schien Scott versöhnt zu haben, und das Paar versuchte wieder zusammenzuleben. Scott mietete ein altmodisches, einsam gelegenes Haus auf einem riesigen Grundstück in der Nähe der Klinik, mit der enger Kontakt gehalten werden mußte. Trotz mancher Verwirrtheit war Zeldas Energie ungebrochen. Sie schrieb ein Theaterstück und erreichte, daß es im Juni 1932 von einer Studentengruppe aufgeführt wurde. Sie studierte es selbst ein, entwarf das Bühnenbild und die Kostüme, aber als sich beim ersten Durchlauf kurz vor der Premiere herausstellte, daß es über fünf Stunden dauern würde, war sie doch wieder auf Scotts Hilfe angewiesen, der eine kompakte Bühnenfassung herstellte. Die wichtige Presse wurde eingeladen und kräftig die Werbetrommel gerührt. Gegenüber diesem unangemessenen Aufwand war das Desaster nur um so kläglicher.

Zelda rettete sich in die Arbeit an einem neuen Roman. Da sie nicht fähig war, die Auflagen ihrer Ärzte betreffend ihren Tagesablauf durchzuhalten, da sie mit der elfjährigen Tochter, die ihre Ferien mit den Eltern verbringen sollte, nichts anfangen konnte und Scott ständig betrunken war, stand die Familie unter Hochspannung.

Scott kam mit seinem Roman *Zärtlich ist die Nacht* nicht voran, er mußte Zelda beaufsichtigen, die durch ihre Unüberlegtheit einen Brand verursachte, dem fast das ganze Haus zum Opfer fiel; er bemühte sich, dem Kind Erziehungsgrundsätze fürs Leben zu vermitteln, fühlte sich überfordert und führte die Auseinandersetzungen mit Zelda immer rabiater. Anfang 1933 holte er zum Vernichtungsschlag aus, um Zelda als Rivalin auszuschalten. Er forderte von den Ärzten das Recht, die Spielregeln des Zusammenlebens zu bestimmen. »Vielleicht wäre sie ein Genie geworden, wenn sie mir nie begegnet wäre. Jetzt aber fügt sie mir und dadurch uns allen Schaden zu.« Er erfindet eine Geschichte, um sein Problem zu verdeutlichen: eine berühmte Tänzerin, die ihre kleine Schwester aufgezogen hat, gerät durch die Fürsorge um sie in eine künstlerische Krise. Diese will die Schwester dazu benutzen, um mit dem, was sie der Älteren abgeschaut hat, selbst Karriere zu machen. Dagegen schützt sich die Künstlerin, indem sie das Bedürfnis der Abhängigen, auch »zu eigenem Ausdruck zu gelangen«, unterdrückt.

Damit zeigt Scott, daß er nicht mehr willens ist, sich weiterhin von Zelda in seiner Arbeit behindern zu lassen. »Ich werde dafür bezahlt, daß ich ununterbrochen kämpfe und schufte... Meine ganze Begabung liegt darin, ein Romancier zu sein. Und das erreicht man nur durch ungeheure nervliche Anstrengung; das erreicht man nur durch ungeheure Opfer, die man in jedem Beruf bringen muß, um an die Spitze zu gelangen.« Zelda sei nur eine »drittklassige Schriftstellerin«: »Sie hat nichts Wesentliches zu sagen. Etwas zu sagen haben, das bedeutet schlaflose Nächte und Kummer und die unaufhörliche Motivierung eines Themas und den unaufhörlichen Versuch, der Wahrheit, der Gerechtigkeit auf den Grund zu kommen.« Er fordert, daß sie aufhöre, Romane zu schreiben und: »Wenn Du ein Theaterstück schreibst, darf es nicht von Psychiatrie handeln, nicht an der Riviera spielen, auch nicht in der Schweiz und es muß auf jeden Fall zuerst mir vorgelegt werden.« Er ist in Panik: sein Roman handelt von Psychiatrie und spielt an der Riviera und in der Schweiz. Er will Zelda nicht zerstören, immer wieder erklärt er Freunden, daß er sie liebe, aber als schreibende Konkurrenz kann er sie nicht ertragen, seine Kraft ist verbraucht.

Um Zelda zu helfen, unterstützt er sie bei ihren Versuchen, sich als Malerin durchzusetzen, und organisiert eine Ausstellung ihrer Bilder. Als sein Roman erscheint, leidet sie unter ihrem Porträt darin und spricht davon, daß von ihrer Persönlichkeit ein Teil nach dem andern »abgehobelt« werde, bis nichts mehr übrig sei. Sie lebt seit einiger Zeit wieder in einem Sanatorium, Highlands bei Asheville. Die Zeit des Aufbegehrens ist vorbei, ihre Briefe offenbaren ihr im Innersten sanftes, zartes Wesen und sind versöhnlich, ohne Anklage und Vorwürfe. »Und jetzt, wo es kein Glück und kein Heim mehr gibt, nicht einmal mehr eine Vergangenheit, und keine Gefühle, außer den Deinigen von einst – wo sollte ich Trost finden? Es wäre eine Schande, wenn wir uns nur noch barsch und kalt zueinander verhielten, wo uns doch einst soviel Zärtlichkeit und so viele Träume verbanden. – Ich wünschte, Du hättest ein kleines Haus mit Stockrosen und einer Platane, und die Nachmittagssonne würde sich in einer silbernen Teekanne spiegeln. Scottie würde weiß gekleidet, à la Renoir, irgendwo herumlaufen, und Du wirst dann Dutzende von Büchern schreiben... Ich liebe Dich auf jeden Fall – sogar wenn es kein Ich, keine Liebe, kein Leben mehr gibt.«

Scotts Roman war nur ein Achtungserfolg geworden, und er,

selbst gequält von der Angst, versagt zu haben, zeigte sich gegenüber Zeldas Bedürfnis zu schreiben milder. Er schlug ihr vor, mit ihm gemeinsam einen Band mit ihren Erzählungen zusammenzustellen, und tatsächlich verfaßte sie wieder einige Artikel, die, wie üblich, nur aus Interesse an ihrer noch immer skandalträchtigen Person beachtet wurden. Zelda verfiel immer mehr und spann sich zusehends in eine Wahnwelt hinein, in der sie meinte, eine religiöse Mission erfüllen zu müssen. Ihre Worte in ihren seltenen klaren Momenten zerrissen Scott das Herz: »Du mußt endlich begreifen, daß für jemanden, der so krank ist wie ich, ein Aufenthaltsort sich nicht sehr vom andern unterscheidet und daß ich Dir sehr dankbar für jede Regelung wäre, die Dein Leben weniger schwierig macht.« Aber er weigerte sich, sie in eine billigere Klinik bringen zu lassen, obwohl die Kosten für ihre Unterbringung und für das erstklassige Internat der Tochter seine Einkünfte überstiegen und er geradezu hechelnd Erzählungen schrieb, für die er sich schämte. Er fürchtete, seine Leser zu betrügen, denen er sich verpflichtet glaubte, immer neue und tiefere Erfahrungen zu gestalten, aber noch schlimmer war, daß er den Verrat an sich selbst erkannte. Seine minderwertigen Geschichten bezeichnete er als »verdorbene und – wenn Sie so wollen – übermäßig simplifizierte Teile meiner Seele«. Noch immer überarbeitete er seine Texte mehrfach und begründete seine Methode, mehrere Fassungen herzustellen: »Drei Fassungen sind unbedingt notwendig. Zunächst einmal die von Inspiration beflügelten Grundzüge. Als zweites dann die kühle, nüchterne Überlegung. Und zuletzt, als drittes, muß alles in die richtige Perspektive gerückt werden.« Alkohol war längst bei der Arbeit unverzichtbar geworden. »Wenn ich trinke, werden meine Emotionen verstärkt, und ich verleihe ihnen in einer Geschichte Ausdruck. Aber dann wird es manchmal schwierig, ein Gleichgewicht zwischen Verstand und Gefühl zu halten. Die Geschichten, die ich in nüchternem Zustand schreibe, sind albern. Sie sind nur vom Verstand her konzipiert, ohne daß das Gefühl beteiligt war.«

Krankheit, Entziehungskuren, ein Selbstmordversuch – dazu peinigte ihn die Sorge um die Tochter. Wenn ihr Verhalten an ihre Mutter erinnerte, geriet er in fürchterliche Erregung. Die Vorstellung, sie könne sich zu einem »wild society-girl« entwickeln, brachte ihn dazu, harte Urteile über Zelda zu fällen: »Als ich in Deinem Alter war, hatte ich einen großen Traum. Der

Traum entwickelte sich weiter, und ich lernte, davon zu sprechen und die Leute zum Zuhören zu bewegen. Eines Tages aber spaltete sich der Traum – als ich beschloß, Deine Mutter zu heiraten, obwohl ich wußte, daß sie verzogen war und mir nicht gut tun würde. Ich habe es sofort nach der Hochzeit bedauert. (...) Sie wollte, daß ich zu viel für *sie* arbeitete und nicht genug für meinen Traum. Sie begriff zu spät, daß Arbeit Würde ist, die einzig wahre Würde, und versuchte, dieses Versäumnis durch eigene Arbeit gutzumachen, aber es war schon zu spät, und sie zerbrach und ist für immer zerbrochen. Und es war auch für mich zu spät, den Schaden in Ordnung zu bringen... Mein Fehler war es, sie zu heiraten. Wir gehörten verschiedenen Welten an – sie wäre vielleicht mit einem gütigen, schlichten Mann glücklich geworden, in einem Garten des Südens. Sie hatte nicht genug Kraft für die große Bühne – manchmal tat sie so, und ganz bezaubernd, aber sie hatte die Kraft nicht.«

Er zittert davor, daß die Tochter Zeldas Fehler, die Energie nie richtig einzusetzen, geerbt haben könnte. So greift er zu dem Mittel härtester Abschreckung, um sie davor zu bewahren, ebenfalls ein nutzloses Leben zu führen, im Nichtstun. Das vernichtende Urteil über seine Ehe entspricht nicht seinen sonstigen Äußerungen über seine Frau, im Gegenteil, er hatte die Tochter immer zu Respekt vor der Mutter erzogen und dafür gesorgt, daß sie wenigstens einen Teil der Ferien bei ihr verbrachte. Daß die Ehe mit ihm nicht zu Zelda gepaßt hat – mag sein. An der Seite eines Mannes, der ihr einen gesellschaftlichen Rahmen für ihre kapriziöse Person geboten und ihre Begabungen, auch Launen bewundert hätte, wären ihre vielfältigen Talente vielleicht zu bestaunten Hobbys geworden. Alle Welt hätte ihr versichert, daß sie das Zeug zu einer ganz großen Karriere habe, und sie hätte melancholisch davon träumen können.

Aber neben Scott mußten sich ihre Fähigkeiten mit dem Ehrgeiz messen, so wie er an der Spitze der amerikanischen Literatur zu stehen. Um schreiben zu lernen, vertiefte sie sich immer nur in das Studium seiner Werke, sie hatte keinen anderen Autor als Vorbild, fand Hemingway überschätzt, empfand Joyce als Alptraum, wollte nichts von Lawrence und Virginia Woolf wissen, überhaupt nichts »von denen, die Bücher schreiben, indem sie die abgerissenen Fäden ihres Denkens in die Tinte der Literaturgeschichte tauchen«. Sie war ausschließlich fixiert auf F. Scott Fitzgerald. Die Symbiose, in der sie mit ihm lebte, ließ keinen Raum für Abweichungen, für Eigenständigkeit. Nur sein Urteil zählte. Er fühlte sich eingeengt. Und als ihre Bewunderung umschlug in Imitation und zuletzt Konkurrenz, bekämpfte er sie wie einen Feind. Unterwarf sie sich seiner Überlegenheit, übernahm er sofort wieder den Part, sie anzuleiten, anzuregen. Fast alle ihre Texte wurden, mit ihrem Einverständnis, von ihm überarbeitet. Das Muster funktionierte bis kurz vor seinem Tod: »Der Artikel ist angekommen, und nach dem ersten Überfliegen würde ich meinen, daß er sich nur schwer verkaufen lassen würde. Aber ich werde ihn heute abend gründlich lesen und dann berichten. – Ich halte ihn jedoch für ausgezeichnet, wenn man bedenkt, daß Deine Feder so lange eingerostet war. Soll ich Dir einige Themenvorschläge schicken, die Du vielleicht mit mehr Aussicht auf Veröffentlichung ausarbeiten kannst? Sag mir Bescheid.« Ein halbes Jahr nach diesem Brief ist er tot.

In seinem Notizbuch notiert er zwei Lebensläufe:

mit 20 ein Trinker, mit 30 kaputt, mit 40 tot;

ein Trinker mit 21, human mit 31, reif mit 41, tot mit 51.

Er starb mit 44 Jahren.

Zelda lebte noch einige Jahre unter der Obhut ihrer Mutter, kurz bevor sie starb – sie kam mit 47 Jahren bei einem Brand in ihrer Klinik um –, schreibt sie an ihre Tochter: »Ich wollte, ich wäre imstande gewesen, eine Sache besser zu machen, anstatt mit vielen in eine Sackgasse zu geraten.«

Die Protagonisten der »lost generation« waren an sich selbst verglüht.

Skizze

Elias und Veza Canetti

Ein Göttinger Germanist verfolgt die Spuren der Autorin Veza Magd in das Wien der frühen dreißiger Jahre. Da hat sie Erzählungen veröffentlicht, sogar einen Preis gewonnen, seit 1934 gibt es nichts mehr von ihr. Das Pseudonym wird entschlüsselt, die Autorin ist Veza Tauber-Calderon, seit 1934 Veza Canetti. Ihre Texte, ab 1989 neu aufgelegt, erhalten erstaunte, begeisterte Kritiken.

Canetti-Leser kennen sie aus seiner Autobiografie, von der Universität, aus den Vorlesungen von Karl Kraus. »Sie sah sehr fremd aus, eine Kostbarkeit, ein Wesen, wie man es nie in Wien, wohl aber auf einer persischen Miniatur erwartet hätte.« Sie war die erste Leserin der Gedichte Canettis, »schlechter Gedichte«, wie er später sagt, aber sie war sicher, »daß anderes nachkommen würde. Als es dann kam, erschrak sie, denn es drohte, uns zu zerstören: sie, mich selbst, unsere Liebe, unsere Hoffnung. Um sich nicht aufzugeben, begann sie selber zu schreiben, und um die Geste des großen Vorhabens, die ich brauchte, nicht zu gefährden, behandelte sie ihr Eigenes, als wäre es nichts.« Er erinnert sich, wie ihn ihr Urteil über Literatur, das seine vorgefaßten Meinungen nicht gelten ließ, prägte, wie sie seinen Texten »Ausführlichkeit« vorwarf – sie forderte schlüssige Knappheit und schrieb auch selbst so. Harmloser Dilettantismus, mit dem sich oft Angehörige berühmter Menschen zu Wort melden, kennzeichnet ihre Erzählungen nicht, eher ein strenger Formwille. Canetti erwähnt in seinem Erinnerungsbuch über die Jahre 1931-1937 *(Das Augenbuch)* mit keinem Wort, daß sie auch geschrieben hat. Nahm er »ihr Eigenes« ernst?

Bei der Neuauflage ihres Theaterstücks *Der Oger* (1990) heißt es in seinem Nachwort: »Ich hatte sie auf jede Weise zum Schreiben ermuntert: Ich lobte mit Überzeugung, was sie mir zeigte, und mußte es gegen sie verteidigen.« Auch in der Emigration habe sie weitergeschrieben. »Trotz allem, was wir beide, sie und ich, unternahmen, hatte sie kein Glück damit.« Also gab sie es auf. 1950 wandte sie sich zaghaft an Rudolf Hartung, damals Verlagslektor, verstand es aber nicht, sich anzupreisen. Und Canetti fehlte damals wohl der Einfluß, sie in diesem seinem Verlag

durchzusetzen. »Es ist unnatürlich, daß heute über Vezas Schreiben nichts bekannt ist«, sagt er 1989. Ach ja, 1984 meinte Erich
Fried, er sei traurig, daß Canetti nicht sehr viel unternommen
habe, »um die Manuskripte seiner Frau Veza, Venezia Canetti,
die gestorben ist – und die er geliebt hat! – irgendwie zu veröffentlichen. Sie hat gesagt, sie will nichts von sich veröffentlicht
haben, bis der Canetti selber die gebührende Anerkennung gefunden hat. Und ich meine, jetzt, wo er so berühmt ist, sollte er für
Vezas Manuskripte (...) irgendetwas tun.«

Nun, er hat alle Bücher, die er bis 1980 schrieb, ihr gewidmet.
Als sie noch lebte, »hätte sie das nicht geduldet«. Widmungen:
»Ich wollte damit das überwältigende Maß an Dankbarkeit ausdrücken, das ich ihr schulde.« Ohne den Göttinger Germanisten
hätte niemand von ihren Texten erfahren.

Das Chaos ist das Dekor,
in dem wir leben

Paul und Jane Bowles

»Es gab niemand anderen, mit dem ich lieber zusammen war. Sie
verstand jeden Doppelsinn, und wir konnten über absolut alles
reden. Wir waren wie zwei Verschworene, außergewöhnlich
stark miteinander verbunden. Ihr Tod war ein furchtbarer Schlag
für mich. Ich verlor die Hälfte meiner selbst.« – Und doch betrug
die Zeit, die Paul Bowles mit seiner Frau Jane während der 25
Ehejahre im herkömmlichen Sinn zusammengelebt hat, nur wenige Monate.

Die beiden heiraten am 21. Februar 1938, einen Tag vor dem
zwanzigsten Geburtstag der Braut. Der acht Jahre ältere Bräutigam hat sich bereits als Komponist einen Namen gemacht, so daß
sogar seine konservative Familie beginnt, ihn zu akzeptieren. Unter der Strenge und Lieblosigkeit des Vaters hat er gelitten, solange er sich erinnern kann. Bis zum Schuleintritt lebte er nur unter Erwachsenen, vor denen er sich früh zu schützen lernte. Höf-
lich, verschlossen, gleichgültig – mit diesen Attributen wird er
sein ganzes Leben lang charakterisiert werden. Ohne Kontakt mit
Gleichaltrigen brachte er sich selbst Lesen und Schreiben bei,
früh erhielt er Musikunterricht, verfaßte eine Erzählung mit fünf,
eine Oper mit zehn. Ein Text des Sechzehnjährigen wurde veröffentlicht: eine Geschichte, in der ein Mann am Ort des Selbst-
mords seines Sohnes ebenfalls Selbstmord begeht. »Schreiben
ist wohl der abergläubische Versuch, den Schrecken zu bannen
und das Böse auszuschließen«, wird er später einmal sagen. Die
Schülerzeitung, die er herausgibt, spottet: »Paul Bowles: Tag-
träumer; hält sich für einen Dichter; wäre gerne ein futuristischer
Künstler; immer mit verwirrtem Gesichtsausdruck; Hobby: Literatur.«

Um der Tyrannei des Vaters zu entkommen, reist er nach Paris,
da eine Zeitschrift einige seiner von ihm eingeschickten Gedichte
veröffentlicht hat. Er hat niemanden vor seiner Abreise benach-
richtigt, und als er nach fünf Monaten nach New York zurück-
kehrt, lassen ihm die erleichterten Eltern freie Hand bei seiner
Ausbildung, und er beginnt ein Kompositionsstudium bei Aaron
Copland. Für die Sondernummer einer Universitätszeitschrift

wendet er sich an berühmte »Exilliteraten« mit der Bitte um Beiträge. Seine Briefe wirken so erwachsen, daß er tatsächlich eine Menge Texte zur Veröffentlichung erhält, darunter auch von Gertrude Stein, die ihn bei seiner zweiten Reise nach Europa, mit seinem Lehrer, unter ihre Fittiche nimmt. Sie ist es auch, die ihm und Copland Urlaub in Tanger empfiehlt, die Stadt, in der er den Großteil seines Lebens verbringen wird. Er ist wochenlang im Norden Afrikas unterwegs und beschließt, die traditionelle Musik des Landes zu erforschen – erst Jahrzehnte später kann er diesen Plan verwirklichen. Zurück in New York komponiert er Auftragsarbeiten für Theaterinszenierungen und Filme, mehrmals auch für Orson Welles.

Als er Jane Auer kennenlernt, hat er bewegte Reisejahre hinter sich und einen guten Namen im Kulturbetrieb, allerdings überhaupt kein Geld. Dennoch ist er exzellent gekleidet und wirkt äußerst distinguiert. Janes Mutter hält ihn für den idealen Schwiegersohn. Sie war bereits in Sorge um ihr einziges Kind: Jane, ohne Vater aufgewachsen, hat sich erfolgreich allen Erziehungsversuchen widersetzt. Seit sie von einer Knieverletzung ein steifes Bein behalten hat, wird sie von ihrer Mutter maßlos verwöhnt. Sie gibt sich selbstbewußt, unberechenbar und ostentativ lesbisch, zum Schrecken der Verwandtschaft, die darin gerne eine spätpubertäre Provokation sehen möchte, die sich durch eine Ehe hoffentlich kurieren ließe. Jane hat auf französisch ein kleines Theaterstück verfaßt (mit dem bildungsbürgerlich anspruchsvollen Titel: *Der scheinheilige Phaeton*) und bezeichnet sich kühn als Schriftstellerin.

Die Heirat zwischen ihr und Paul Bowles scheint ursprünglich als schockierender Spaß gedacht gewesen zu sein, doch auch abgesehen von der beabsichtigten Wirkung dieses Schrittes finden beide einander großartig. Paul kommentiert als alter Mann: »Wir amüsierten uns köstlich. Das ist doch ein guter Grund, um zu heiraten, oder? Das heißt, wir lebten nicht sehr lange wirklich zusammen. Und unser gemeinsames sexuelles Leben dauerte zwei Jahre. Jane fühlte sich, ganz offen, eher zu Frauen hingezogen, und ich mich zu Männern. Aber im Geheimen. Ich hätte mich zu sehr geschämt. Zwischen Jane und mir gab es deshalb keine Unstimmigkeiten (…). Wir waren intellektuell sehr verbunden: das ist die beste Gemeinsamkeit, die höchstmögliche Form der Vereinigung.« Beide sind der Meinung, Heiraten gehöre einfach zum

Ablauf des Lebens, und freuen sich, einen Partner gefunden zu haben, der keine Anstalten macht, den Freiheitsspielraum des anderen einzuschränken. Paul aber stellt verstört fest, daß sich Jane viel mehr Freiheit herausnimmt, als er selbst für sich beansprucht hätte, und beginnt einen verzweifelten und aussichtslosen Kampf um ihre ständige Anwesenheit an seiner Seite. Offenbar stören ihn nicht ihre lesbischen Freundinnen, sondern daß sie ihn auf den gemeinsamen Reisen nächtelang allein läßt. Dazu führen ihr unmäßiger Alkoholkonsum, ihre Verschwendungssucht, ihre Rücksichtslosigkeit gegenüber seinem Arbeitsrhythmus, das Kommen und Gehen fremder Menschen, die ihm keiner vorstellt, der Lärm, die Unordnung (»Sie produzierte auf Schritt und Tritt Chaos. Sie war zwei Minuten im Zimmer, und alles lag auf der Erde.«) und ihre Unempfindlichkeit gegenüber seinen Vorhaltungen zu Streit und gewalttätigen Szenen. Paul reagiert mit heftigen Erkrankungen. Endlich bringt er sich in Sicherheit, indem er den einigermaßen konventionellen Eheversuch beendet und eine Gemeinschaft auf der Basis von Freiwilligkeit und Loyalität beginnt. Jane ist einverstanden.

Von nun an fühlen sich beide ganz ohne Zwang füreinander zuständig und verlieren nie das Interesse aneinander. Ende der achtziger Jahre erklärt Paul in einem Interview, er habe nie geliebt und glaube, Sexualität sei »kein wichtiger Teil im Leben eines Wesens«, sei etwas, was man »begraben« müsse. In seinem gesamten Werk gibt es nichts, was man auch nur entfernt als Liebe bezeichnen könnte, und sicher nicht nur deshalb, weil »das alles nichts in Büchern zu suchen hat«. Seine extreme Zurückhaltung gegenüber seinen vielen homosexuellen Freunden (Tennessee Williams, Truman Capote, Gore Vidal u. a.) und den arabischen Lebensgefährten ist die Konsequenz aus der Lehre seiner bedrohten Kindheit: immer auf der Hut sein, nie die Kontrolle verlieren, sich keinem ausliefern. Jane dagegen, der nie eine Schranke gesetzt worden war, muß jede Erfahrung so weit treiben, bis sie sich, auch um den Preis der Selbstzerstörung, nicht weiter ausloten läßt – das gilt für ihr Trinken wie für ihre Leidenschaft zu Frauen, die ihr schaden. Das gilt auch für ihre selbstquälerische Sucht nach Perfektion beim Schreiben und wird sie schließlich verstummen lassen.

Paul und Jane ergaben ein verwirrendes Paar und genossen das Aufsehen, das sie erregten. Berichte über Janes Eifersucht, wenn

Paul seine Aufmerksamkeit einer anderen Frau zuwandte, gehören ebenso zu diesem widersprüchlichen Arrangement wie der Nimbus von Janes Promiskuität. »Beide waren witzig, fantasievoll, extrem – vielleicht übertrieben? – kultiviert. Sie waren geistreich, sie konnten sich ausdrücken.« Mancher Betrachter fühlte sich neben ihnen »wie ein Bernhardiner in Gesellschaft von zwei exquisiten, durch und durch von sich überzeugten Siamkatzen«. Nicht jeder mochte Jane, manche hielten sie für hysterisch und exaltiert, aber auch in kritischen Urteilen über sie wird ihr Witz hervorgehoben, ihre Fähigkeit, verrückte Geschichten zu erzählen und sich Spiele auszudenken, die alle Anwesenden in einen närrischen Sog hineinhexten. Der faszinierenden Mischung aus Intellekt und Kindlichkeit, verwöhnter Präpotenz und Fürsorglichkeit, großer Dame und Gossenstrolch entzog sich kaum jemand, der sie näher kannte. In den Kreisen, zu denen sich Paul Zutritt verschafft hatte, bewegte sie sich ohne den geringsten Respekt vor berühmten Namen. Ihre Lebenslust prallte auf den ernsthaften Arbeitswillen ihres Mannes, er fühlte sich durch sie gestört, sie sich durch ihn bedrückt, doch waren beide stolz aufeinander. Aber nicht nur Paul bewältigte in dieser ersten Ehezeit ein gewaltiges Pensum an Arbeit, Kompositionen und Musikrezensionen, auch Jane schrieb einen Roman, ohne daß man sie jemals bei der Arbeit gesehen hätte. Als Paul ihn zu lesen bekam, war er zwar von der Geschichte begeistert, kritisierte aber heftig ihre fehlerhafte Orthographie. Sie konterte gelassen: »Man verlegt ein Buch doch nicht wegen seiner perfekten Rechtschreibung!«

Freunde von ihr schildern hingerissen, wie sie darauf brannte, »irgendwelchen Aufruhr zu veranstalten, was sie immer sehr genoß«, oft allerdings inszenierte sie ihre Spektakel auf Kosten kleiner Leute, Verkäuferinnen oder Kellner. Andere beteuern, daß die Szenen von »Complications Janie« niemandem jemals auf die Nerven gefallen seien, und resümieren: »Es war wunderbar, mit ihr zusammenzusein, sie war charmant, pervers, streitsüchtig, dickköpfig und strahlte trotzdem eine immense Wärme aus« – die Skepsis gegenüber dem Überschwang ihrer Bewunderer legt sich erst bei der Lektüre ihres Romans. Er besticht sofort durch seine lakonische Skurrilität. Sein Verzicht auf jede psychologische Schlüssigkeit vermittelt sich als bissige Attacke gegen gebräuchliche Muster des Erzählens, überhaupt gegen jede Ver-

nunft, der Titel signalisiert mitnichten Ironie: *Zwei sehr ernsthafte Damen.*

Nichts von dem, was diese beiden Damen denken und tun, entspricht geläufiger Charakterzeichnung oder plausibler Hand-
lungsführung. Die Szenen folgen aufeinander ohne erkennbares
Konzept. Personen tauchen auf, verhalten sich merkwürdig, ohne
daß dafür eine Erklärung gegeben würde, und verschwinden wieder. Die Figuren produzieren so würdevoll den aberwitzigsten
Unfug, daß die Frage nach Sinnzusammenhängen den Banausen
verraten würde. Sie bewegen sich in einem eigenwilligen System,
das jeden abweist, der seinen Verstand nicht gefährden will. So
machen sich die beiden ernsthaften Damen, Mrs. Copperfield
und Miss Goering, beide Mitte Dreißig, auf den Weg nach den ihnen gemäßen Erfahrungen. Die eine trennt sich auf einer Reise
von ihrem Mann, um in Panama zusammen mit der jungen Pro-
stituierten Pacifica nach ihren eigenen Vorstellungen glücklich zu
sein: »...wie himmlisch ist doch ein glücklicher Augenblick –
und wie schön ist es, einmal nicht um den inneren Frieden kämpfen zu müssen! Ich weiß ganz sicher, was auch passiert, ich werde
Augenblicke erleben, wo ich ausgelassen bin. Keiner von meinen
Freunden spricht mehr von Charakter –« Die andere verkauft ihren Besitz und sucht ihre Erlösung in vollkommen willfähriger
Passivität. Sie geht auf jedes Ansinnen, mit ihr zu schlafen oder
bei ihr zu leben, freundlich ein, läßt sich aber durch nichts von ihrem »ganz persönlichen kleinen Heilsplan« abbringen: »Der
Witz besteht darin, sagte Miss Goering, daß wir uns aus eigenem
Entschluß und in Übereinstimmung mit unseren Eingebungen ändern, bevor diese uns völlig willkürlich Änderungen aufzwin-
gen.«

Die beiden Frauen haben nichts miteinander zu tun, und die
Handlungen um die beiden driften auseinander, lediglich ganz
zum Schluß treffen sie sich, und Mrs. Copperfield berichtet ihr
Abenteuer mit Pacifica: »Ich kann ohne sie nicht leben. Nicht einen Augenblick! Ich würde völlig vor die Hunde gehen. – Das
sind Sie doch schon. Oder täusche ich mich da gewaltig? – Nur
allzu wahr, sagte Mrs. Copperfield und ließ die Faust auf den
Tisch fallen. Sie sah ganz erbärmlich aus. – Ich *bin* vor die Hunde
gegangen – und das ist etwas, das ich mir seit Jahren gewünscht
habe.« Jede der beiden stellt bekümmert fest, daß ihr die Entwicklung der anderen mißfällt, und läßt es dabei bewenden. Ihre

eigene Perspektive bezeichnet Miss Goering als »zwar recht interessant, aber nicht besonders wichtig«. Genau dies kennzeichnet den Erzählgestus des Romans. Seine Komik liegt in der Grazie des Beiläufigen, das sich in einer lapidaren Sprache voller Überraschungen präsentiert: »Nein, widersprach Miss Goering, das stünde nicht im Einklang mit dem Zeitgeist. – Miss Gamelon rutschte unruhig auf ihrem Stuhl hin und her. – Der Zeitgeist, was immer das sein soll, sagte sie, kann sicherlich bestens ohne Sie zurechtkommen – wahrscheinlich ist ihm das sogar lieber. – Miss Goering lächelte und schüttelte den Kopf.«

Der Roman weist eine Menge autobiografischer Züge auf. Wenn Miss Goering vorgeworfen wird, sie sei »verrückt und ein Ungeheuer – *wirklich*!«, erwidert sie ruhig, daß sich solche Ungeheuer »oft, sehr oft sogar, eines Tages umwenden und Zeugen werden von wahrhaft ungeheuerlichen Taten, die im Namen der Mittelmäßigkeit begangen werden«. So pocht auch Jane auf ihren Außenseiterstatus und bezeichnet sich selbst stolz als verkrüppelte jüdische Lesbe (»Crippie, the Kike Dyke«). Und natürlich ist die Beziehung zu Paul Thema, etwa ihr unterschiedliches Verhalten auf Reisen: Ist der Gatte erpicht darauf, Neues zu sehen, und begibt sich überall sofort auf Erkundung, haßt es Mrs. Copperfield, »ihre Umgebung näher kennenzulernen, denn stets stellte sich heraus, daß alles noch seltsamer war, als sie befürchtet hatte«. Der gutaussehende, seriöse Ehemann, der das Geld zusammenhält und seine Frau vor dem Abrutschen ins Verderben bewahren will, wurde allgemein als Porträt Pauls verstanden, was ihn zu der Bemerkung veranlaßte: »Du machst mich darin zu einem kompletten Idioten.«

Jane beherzigte seinen Rat, aus dem Text einen ganzen Handlungsstrang um eine dritte ernsthafte Dame zu nehmen, den er später, ohne ihr Wissen, in einer New Yorker Zeitschrift abdrukken ließ. »Ich habe gar nicht erst gefragt, was sie davon hält, weil ich wußte, daß sie nein sagen würde. Ich war es, der sie dazu drängte, ihre Texte zu verschicken. Sonst wäre nie irgend etwas von ihr erschienen.« Die durchweg vernichtende offizielle Kritik – die Freunde dagegen sprachen von einem Meilenstein avantgardistischer Prosa – hatte Jane mehr entmutigt, als sie zugeben wollte. Unentwegt erklärte sie, sie sei keine Schriftstellerin und wolle nie irgend etwas veröffentlichen. Wie mußte sie sich mißverstanden gefühlt haben, als man ihr vorwarf, ihr Buch sei planloses, beliebiges Geschwätz! Denn auch wenn alles, was erzählt wird, irritierend widersprüchlich wirkt, liegt das nicht an gedanklicher Nachlässigkeit, sondern daran, daß bei aller Leichtigkeit der Darstellung gerade diese Ambivalenz bedrängendes Thema ist. Mrs. Copperfield entschließt sich zu einem Glück, von dem sie im selben Augenblick weiß, daß es nie stattfinden wird. »Sie dachte, daß sie einzig und allein daran interessiert sei, ihren Traum von neuem lebendig werden zu lassen, dabei jedoch zwangsläufig zum Opfer eines Alptraums werden mußte.«

Die willkürlich anmutende Aneinanderreihung von Begebenheiten und Sätzen ist das Ergebnis erbittertsten Kampfes um die literarische Form. Genau das zu treffen, was sie sagen wollte, war Jane so wichtig, daß sie verzagte. »Sie litt. Sie schrieb etwas und warf es weg. Sie sagte: Nie, nie, nie werde ich es schaffen. – Sie litt wirklich. Sie hatte starke Kopfschmerzen. Sie schloß sich ein, und am Ende, nach sechs Stunden, hatte sie nur einen einzigen Satz geschrieben.« Vielleicht hätte ihre Verzweiflung über ihr langsames Vorankommen (bedingt durch ihre Neigung zum Abschweifen und Sich-davon-Stehlen) nicht so überhand genommen, wenn nicht Paul begonnen hätte zu schreiben, und von Anfang an mit mehr Konzentration, höherer Effektivität und größerer Anerkennung. Er selbst gibt zu: »Ich hätte ohne Zweifel nicht angefangen zu schreiben, wenn ich nicht mit Jane verheiratet gewesen wäre. Ja, wenn ich nicht mit ihr zusammengelebt hätte, wenn ich nicht bei der Geburt ihres Romans dabeigewesen wäre. Es ist gut möglich, daß ich Komponist geblieben und nie Schriftsteller geworden wäre.«

Zwar hatte er viel übersetzt, aus dem Spanischen und Französischen, darunter Sartres *Hinter verschlossenen Türen* (über John Hustons ideologisch verzerrende Inszenierung ärgerte er sich maßlos, konnte sie aber nicht beeinflussen), doch der Durchbruch ereignete sich »an einem regnerischen Sonntag«, als er im Bett, eine Thermosflasche mit Kaffee daneben, in einem Zug eine Erzählung verfaßte, *The Scorpion*. Jahrelang war er davon überzeugt gewesen, die Welt sei für ihn zu komplex, um sie in Prosa bewältigen zu können: »da es mir nicht gelang, das Leben zu verstehen, wäre ich auch nicht in der Lage, Bezugspunkte zu finden, die ich mit dem hypothetischen Leser würde teilen können.« Aber diese und weitere Geschichten wurden sofort von großen Zeitschriften angenommen, und er triumphierte: »es bedeutete, daß ich mit der Prosa weitermachen konnte.« Ein Verlag gab ihm einen Vertrag für einen Roman. »Um einen Roman zu schreiben, muß man allein sein. Das wußte ich sehr wohl. Und Jane wußte es auch. Ich reiste nach Nordafrika.«

Die Entscheidung, sich in Tanger niederzulassen, veränderte sein Leben von Grund auf. Längst war ihm bewußt geworden, daß seine Kreativität stagnierte, »ich lieferte Musik, um die Ideen anderer zu schmücken oder zu interpretieren; das ist natürlich der Sinn von Gebrauchsmusik«. Er würde wohl »für ewige Zeiten« so weitermachen müssen, wenn es ihm nicht gelänge, sich radikal davon zu lösen. Aus dieser Phase vager Unzufriedenheit befreite ihn ein Traum von einer »magischen Stadt«, in der er beim Aufwachen Tanger erkannte. Sein Entschluß, von nun an dort leben zu wollen, stimulierte ihn dermaßen, daß er blitzartig seinen Roman vor sich sah, die Struktur, die Protagonisten und sogar den Titel: »Das Buch sollte in der Sahara spielen, wo es nur den Himmel gab, und es würde *The Sheltering Sky* [dt.: *Himmel über der Wüste*] heißen.« Als er sich einschiffen wollte, mit einer Unmenge von Gepäck, war sein Paß verschwunden. Er fand sich nach zermürbender Suche »unter einem Stapel von Janes Unterwäsche im hintern Teil einer Schublade. Es war ein Rätsel, und Jane beteuerte, nichts damit zu tun zu haben«. Schließlich aber erklärte sie lachend: »Du weißt, ich will nicht, daß du wegfährst, (...) also muß ich es gewesen sein.« Sie blieb in New York und arbeitete an ihrem Theaterstück *In the Summerhouse* und an einem zweiten Roman, der *Out in the World* heißen sollte.

Janes Briefe an Paul verraten Unruhe und Besorgnis. Sie leidet nicht nur unter ihrem »Schneckentempo« (fürchtet, »vor Scham oder Eifersucht in Grund und Boden zu versinken«, wenn sie mit seiner Produktivität nicht mithalten kann): »Du hast mit wenigen Short stories schneller Karriere gemacht als ich mit meinem ganzen Roman.« Sie ist niedergeschlagen und demoralisiert, fürchtet, daß ihr Verlag gar kein Interesse an ihrem zweiten Buch haben könne und daß es ihr nie gelingen werde, sich »einen Namen zu machen, was gleichbedeutend ist mit kein Geld haben«. Zwar wertet sie ihren »verletzten Stolz« als »dummes Zeug« ab, aber sie ersucht Paul energisch, von seinem Buch nicht immer als seinem »kleinen Roman« zu sprechen. »Mir ist es egal, wieviel besser oder schlechter Du schreibst als ich, Hauptsache, Du bestehst nicht darauf, daß ich der Schriftsteller bin und nicht Du. Wir können es schließlich beide sein, und es ist albern, wenn Du so weitermachst, nur weil Du Angst hast, Du könntest mich entmutigen.«

Ein Jahr nach Paul, also 1948, übersiedelt sie ebenfalls nach Tanger. Pauls Roman versetzt sie in Panik. Die Hauptfiguren, das amerikanische Ehepaar Port und Kit, das nach zwölf Ehejahren in die Sahara reist, um die längst verlorene Nähe zueinander wiederzufinden, zeigen so viele Ähnlichkeiten mit Paul und Jane, daß Paul vergeblich die Qualität der Fiktion beteuert: »Sie glaubte, Kit sei Jane Bowles. Nun ja, auf eine Art war sie es natürlich – andererseits aber auch wieder nicht. Man weiß ja, wie diese Dinge sind: man benutzt ein lebendes Modell, um einen mythischen Charakter aufzubauen.« Jane entsetzt Ports Tod an Typhus – »Und daß Du in Deinem Roman sterben mußt...«, sagt sie zu ihm – aber noch mehr quält sie der Ausgang der Handlung für Kit: nach dem Tod ihres Mannes läuft Kit in die Wüste, wird von einer Karawane mitgenommen und von einem Araber in dessen Haus als Sexsklavin gehalten. Sie, die sich danach gesehnt hatte, keine Verantwortung mehr tragen zu müssen (»nicht mehr entscheiden zu müssen, was geschehen sollte! Zu wissen, selbst dann, wenn keine Hoffnung mehr war, daß nichts, was man tun oder lassen würde, den Lauf der Dinge mehr ändern konnte; daß man keine Fehler mehr machen konnte, und daß es dadurch unmöglich war, ein Bedauern oder, was wichtiger war, ein Schuldgefühl zu empfinden...«), versinkt in der Lust, sich zu unterwerfen. Als ihr die eifersüchtigen Hauptfrauen zur Flucht verhelfen, ist sie zur Rückkehr jedoch nicht mehr fähig; mit der Aufgabe ihres Willens hat sie ihr Gedächtnis und ihre Sprache verloren. Sie verschwindet – wohin, bleibt offen. Jane vermutet in dieser Auflösung ins Nichts eine düstere Prophezeiung.

Paul hat von sich selbst preisgegeben die Sucht nach Einsamkeit, mehr noch: nach der völligen Auslöschung. Wie Port vermittelt ihm die Sahara die Nähe des Unendlichen, der Sog der Negation ist ihm vertraut, nicht nur wie Port in seiner Todesstunde – »Es war alles tief vertraut und vollkommen grauenhaft – Dasein, das unabänderlich war, von stummer Ausweglosigkeit und das ertragen werden mußte« –, und vielleicht hoffte er wie sein Alter ego, daß ihm seine Frau ganz ähnlich werden möge. Nur so könne er die Liebe wiedergewinnen, »denn für Port bedeutete Liebe, sie zu lieben – jeder andere Mensch stand außer Frage«.

Aber sie verharrt in Fremdheit und Angst, sie erkennt mit großer Trauer, »daß sie trotz der vielen gleichartigen Reaktionen, der gleichen Gefühle, nie die gleichen Schlüsse daraus zogen, weil ihre jeweiligen Lebensziele fast diametral entgegengesetzt waren«. Eine der Schwächen des Buches besteht darin, daß von Lebenszielen zwar geredet wird, diese aber in der sinnentleerten Existenz des Paares nie erkennbar sind. Kits Neigung, sich treiben zu lassen, findet in der erzwungenen und gewollten Hingabe an den Araber dunkle Befriedigung. Die Beziehung zu Port konnte nicht neu belebt werden, denn er war »unfähig, aus dem Käfig auszubrechen, in den er sich selber eingeschlossen hatte, den er vor langer Zeit gebaut hatte, um sich vor der Liebe zu retten«.

Von der Kritik in die Nähe der existentialistischen Romane von Sartre und Camus gestellt und in aller Düsternis reizvoll durch den exotischen Schauplatz, war das Buch ein großer Erfolg und stand sogar auf den Bestsellerlisten.

Janes Schreibenergie versackt. Mit Pauls Hilfe hat sie eine Erzählung fertiggestellt und auch veröffentlicht: »Aber ich glaube nicht, daß es ohne Deine Hilfe geklappt hätte. Allerdings wünsche ich mir, die Geschichte hätte Dir besser gefallen.« Bedrückte Unterwürfigkeit – das ist der neue Ton ihrer Briefe.

Bei ihrer Ankunft in Tanger macht Jane Bekanntschaft mit Majoun, einer Droge auf Haschisch-Basis. Gegen den Rat Pauls konsumiert sie eine Überdosis und schlittert in die ambivalenten Ängste hinein, die, in abgemilderter Form, ihre Beziehung zu Paul bestimmen: Angst, daß ihm etwas zustoßen könnte, und Angst, daß er ihr nach dem Leben trachtet. Von der allerersten Begegnung an, im Februar 1937, bei der sie ihn unvermittelt als ihren Feind bezeichnet hat, taumelt sie im Zwiespalt ihrer Gefühle: sie liebt ihn, mit aufrichtig fürsorglicher Zuneigung, und sie fürchtet sich vor seinem Ernst, seiner Verschlossenheit, seinem besessenen Fleiß.

Sie vermied es, mit ihm allein zu sein: »Immerhin hatte sie mir gesagt, daß meine ›Lebensanschauung‹ sie dermaßen deprimiere, daß ihr in meiner Nähe alles vollkommen hoffnungslos erscheine. Die Folge davon sei, daß sie immer nur kurze Zeit mit mir zusammensein könne und dann vor der schrecklichen Düsterkeit, die ich ausstrahlte, flüchten müsse.« Auf Reisen wurde deshalb immer eine neutrale dritte Person mitgenommen. Ihre finanzielle

Abhängigkeit von ihm machte ihr zu schaffen, obwohl sie auch betonte, daß es ihr zustand, von ihm als ihrem Ehemann unterhalten zu werden.

Daß sie schriftstellerisch unproduktiv war, verringerte ihrer Meinung nach ihren Wert in seinen Augen. Sie kämpfte ohnmächtig gegen den Zwang, sich mit ihm zu messen, forderte von sich loyalen Respekt vor seiner Literatur (er sei der »geborene Schriftsteller«: »denn Dein Schreiben steht in Einklang mit Dir selbst«) und warb fast kindlich um sein Verständnis für ihre Schwierigkeiten: »Wenn man sich wie ich dem Schreiben nur in tiefem Ernst nähern kann – vielleicht sollte ich sagen: mit Feierlichkeit –, übersteigt es fast die Kraft, wenn man ständig an der eigenen Aufrichtigkeit zweifelt, denn das heißt, am eigenen Werk zweifeln.« Von der sprühenden Verrücktheit ihres ersten Romans wollte sie nichts mehr wissen.

Die Frau, die als närrischer Kobold in der Memoirenliteratur irrlichtert, wurde zerrieben zwischen Anspruch und Selbstzweifel. 1949 hat sie den letzten Text verfaßt, den sie fertigstellte und publizieren ließ. Danach, sie war 31 Jahre alt, gibt es nur noch Notizbücher mit Entwürfen, Fragmenten, Skizzen. In zahlreichen Briefen an Freunde ist davon die Rede, sie werde mit dem Schreiben für immer aufhören, wenn sie nicht bald erhebliche Fortschritte aufweisen könne. Sie quälte sich aber weiter, bis erst ihre schwere Krankheit jede Arbeit unmöglich machte.

Von einem kurzen Aufenthalt in Paris 1950 schreibt sie an Paul: »Wenn ich mein Buch nicht zustande bringe, gebe ich das Schreiben auf, das ist alles. Dann entweder Selbstmord oder ein anderes Leben. Der Gedanke daran jagt mir einen Schrecken ein. Ich glaube nicht, daß ich Selbstmord begehen würde, wenn er auch intellektuell gesehen als der einzige Ausweg erscheint. Mir fehlte immer der Mut dazu, und es würde die Leute unnötig aufregen. Doch was soll mit mir werden? Das Mutigste wäre sicher, nichts zu tun. Ich meine, weiter so zu sein, wie ich bin, nur eben nicht als Schriftstellerin. Als Frau eines Schriftstellers? Ich glaube nicht, daß Dir das gefallen würde, und bekäme ich das überhaupt gut hin? Ich glaube, ich wäre nörgelnd und bösartig und würde mich darüber schämen. Oje, was wär das bloß für eine düstere Zukunft!«

In New York wird ihr Stück *In the Summerhouse* aufgeführt, findet eine kleine Kultgemeinde, stößt aber weitgehend auf Ablehnung, sogar Hohn. Ein neues Stück zersplittert in diffuse Details. Paul staunt über »ihre Arbeitsweise, an der etwas nicht stimmte«. Er berichtet den für ihn »unglaublichen« Vorgang, daß sie sich tagelang damit herumschlug, die Brücke in ihrer Erzählung *Camp Cataract* zu beschreiben, und ihn ständig um Informationen über Brückenkonstruktion bat. Auf seine gereizte Frage (sie störte ihn bei seiner Arbeit, weil er gezwungen wurde, »aus dem Zustand meiner freiwilligen Besessenheit aufzutauchen«): »Warum mußt du das verdammte Ding unbedingt *bauen*? – Warum kannst du nicht einfach sagen, es war da, und damit hat es sich?« antwortete sie: »Wenn ich nicht weiß, wie es gebaut ist, kann ich es auch nicht sehen.«

Schon als blutjunges Mädchen hatte sie einer Freundin geklagt: »Ich sitze auf der Couch und ertappe mich dabei, wie ich auf meine Schreibutensilien starre, als seien es ›Nazis‹. Mir wird schon schlecht bei dem Gedanken, den Stift auf das Papier zu setzen – egal, aus welchen Motiven, literarischen oder sonstigen.« Doch ihre völlige Lähmung, auch nur einen brauchbaren Satz zu formulieren, stürzt sie seit etwa 1950 in vernichtende Depressionen. Paul erinnert sich: »Sie wurde immer störrischer, wenn ich sie bat, mir etwas von ihrer Arbeit zu zeigen, wegen dieser Schreibhemmung oder wie immer man es nennen will. Sie war nicht fähig, irgend etwas zu beenden, und haßte alles, was sie zustande brachte.« Er sucht sie von ihrem unmäßigen Trinken abzuhalten, und besonders über diesen Punkt gibt es immer häufiger Streit. Er raucht Kif, weil es ihm »zu größerer Konzentration und Ausdauer« verhilft. »Kif gab mir immer das volle Bewußtsein, den konkreten Moment zu genießen. (…) Es ist eine Substanz, die im Gehirn Energien freisetzt.« Alkohol ist ihm zuwider: »Alkohol entstellt die Persönlichkeit, indem er Hemmungen abbaut. Der Trinker hat, zumindest zeitweise, das Gefühl von Gemeinsamkeit. Kif beseitigt keine Hemmungen; im Gegenteil, es verstärkt sie, drängt den einzelnen noch tiefer in die Isolation seiner Psyche, verpflichtet ihn zu Beobachtung und Passivität.«

Zu diesem Konflikt kommt noch, daß sich das Ehepaar zunehmend durch die sexuellen Bindungen des anderen behelligt fühlt. Paul lebt mit einem jungen arabischen Maler zusammen, von dem Jane befürchtet, er wolle sie von Pauls Seite verdrängen. Und Jane wirbt verzweifelt um die Liebe arabischer Frauen, die ihr zwar flüchtige Sexualität gewähren, aber nicht den Zugang zu ihrer abgeschlossenen Welt. Einer dieser Frauen ist Jane so rückhaltlos verfallen, daß sie ihr, gegen den erbitterten Widerstand Pauls, immer mehr Macht über sie einräumt, was Paul und seine arabischen Freunde auf die Wirkung magischer Mittel zurückführen, die von dieser Frau im Essen, in Blumentöpfen, zwischen Kissen versteckt werden.

Vielleicht auch, um dieser unhaltbaren Lage zu entrinnen, kauft Paul eine winzige Insel vor Ceylon, um dort zu leben und in Ruhe zu arbeiten. Auf seinen Wunsch begleiten ihn Jane, sein Lebensgefährte und sein Chauffeur. Jane gerät auf Taprobane in einen Alptraum: in dem bizarren Haus gibt es keinen Strom, auf der ganzen Insel kein Süßwasser, dafür Schlangen und Riesenfledermäuse, und Paul vertieft sich so ausschließlich in die Arbeit an seinem neuen Roman *The Spider's House*, daß Jane ihre Briefe todunglücklich als »the spider's wife« unterzeichnet. Zermürbt gibt sie den Versuch auf, sich Pauls Wünschen anzupassen, kehrt nach Tanger und in die Abhängigkeit von der Araberin Cherifa zurück. Paul kommentiert wenig einfühlsam: »Ich blieb, war aber ziemlich verbittert, denn ich fand es nicht nett von ihr abzureisen, nicht sehr loyal. Aber das war ihr gleichgültig: Sie wollte unbedingt weg aus Sri Lanka.«

Im April 1957 erleidet sie einen schweren Schlaganfall, von dessen Folgen sie sich nie mehr erholen wird. Behandlungen in London, New York, in Spanien bringen nur kurzzeitigen Erfolg. Und Jane trägt durch starkes Trinken und Medikamentenmißbrauch dazu bei, daß sich die Krankheitssymptome verstärken. Sie leidet unter partiellem Sprachverlust und unter Sehstörungen, an Schreiben ist nun nicht mehr zu denken. »Die Krankheit gab ihr einen physischen Grund, warum sie nicht schreiben konnte, endgültig nicht mehr. Es ist ein bißchen grausam, das zu sagen, aber ich glaube, es ist etwas Wahres dran.« Eine Neuauflage ihres Romans und ihrer Erzählungen wird sehr positiv von der Kritik aufgenommen, Jane will davon gar nichts wissen: »all das führt mir vor Augen, was ich war und was aus mir geworden ist.« Unter den Titel eines ihrer Bücher schreibt sie die Widmung »of Dead Jane Bowles«. Sechzehn Jahre zieht sich ihr Leiden hin, die letzten drei ist sie blind, fast ganz gelähmt und kaum fähig zu sprechen.

In dieser langen Zeit tut Paul sein Bestes, um ihr Leben zu erleichtern, er holt sie immer wieder nach Hause, wenn nur einige

Hoffnung besteht, daß sie ohne ärztliche Betreuung zurechtkommen kann. Aber er achtet darauf, nicht auch selbst zerstört zu werden. Sein reger Erfindungsgeist aber war blockiert. Über viele Jahre beschränkte er sich auf Übersetzungen und die Niederschrift der mündlich überlieferten Geschichten arabischer Erzähler; endlich konnte er seinen Plan verwirklichen, die Musik der Einheimischen aufzuzeichnen. Monatelang reiste er mit seinen Aufnahmegeräten durch das Land und dokumentierte die alten Zeremonien.

Als Jane noch gesund gewesen war, hatte er einen Roman entworfen, den er später nicht ausführte, er erklärte nie, weshalb er die Arbeit daran abgebrochen hatte. Seinen Notizen ist zu entnehmen, daß er über ein Paar schreiben wollte, das ihm und Jane glich. Die Frau (»in etwa eine Mrs. Copperfield«) sollte von Angst geplagt sein (»vielleicht sollte deutlich werden, daß sie sich vor ihm fürchtet«), was der Mann nicht ernst nimmt. Fragt er nach dem Grund, denkt sie: »Wenn er das nicht weiß, weiß er überhaupt gar nichts.« Seltsamerweise entwirft Paul das Porträt des Mannes aus der Sicht der Frau, er schlüpft also in Jane, um über sich selbst zu urteilen, es gibt keinerlei fiktionale Maske. Es verletzt die Frau, daß ihr Mann immer so tut, als falle er auf ihre vorgetäuschte Selbstsicherheit herein. Aber so ist es wohl am bequemsten für ihn. Sie meint ihn weniger zu kennen als vor zehn Jahren, aber seine Widersprüchlichkeit hat sie durchschaut: »Er war ein wilder Fanatiker, ein sentimentaler Zyniker, ein Genußmensch in seiner Askese; er hoffte immer auf das Schlimmste, aber wenn es dann tatsächlich passierte, zerbrach er daran.« In entscheidenden Momenten schien sich seine ganze Persönlichkeit aufzulösen: »Sie konnte ihn vor ihren Augen zerfallen sehen, er löste sich in einen Niemand auf, und sie schämte sich für ihn und war entsetzt zugleich.« Er aber konnte den Vorfall »mit sanfter Objektivität erörtern, als ob er nicht ihm, sondern jemandem in einem Buch zugestoßen wäre, und er verstand niemals, weshalb sie in solchen Augenblicken über ihn so wütend war«. Dieser Ehemann hatte sich angewöhnt, die Klagen und Ängste seiner Frau einfach zu übergehen, so wie auch Paul nicht darauf reagierte, wenn Jane verzweifelt war und nicht in der Lage, ein Mißgeschick selbst zu meistern.

Manche Freunde der Bowles sind der Meinung, daß die Schreibblockade Janes mit ihrer Entwurzelung zusammenhing, damit, daß sie über eine fremde Umgebung und Menschen, die sie nicht verstand, nicht schreiben konnte. Es ist richtig, daß sich Paul, ganz anders als sie, davon angeregt fühlte, inmitten einer Kultur zu leben, der er selbst nicht angehörte. »Für mein Gefühl gibt es nichts Köstlicheres, als ein Fremdling zu sein« – dieser Satz könnte für seine ganze Existenz gelten. Marokko hat ihn seinem Begehren nach »Weisheit und Ekstasen« nähergebracht, Jane dagegen kam sich selbst abhanden. Nach ihrem Tod muß er davon etwas gespürt haben, ein Gedicht von 1975 enthüllt Trauer und Einsicht:

Auf unserem Weg nach draußen benutzten wir
den Pfad, der um den Sumpf führte.
Als wir zurückwollten, war die Flut gestiegen.
Es gab einen anderen Weg, aber er war zu weit
und zu schwer zu erreichen.
So warteten wir hier, und nichts hat sich verändert.

Es gab vieles, was ich dir sagen wollte, bevor du gingst,
und nun werde ich es nie mehr sagen.
Obwohl das Licht den Balkon überflutet
mit denselben Schatten an denselben Stellen,
kann nur ich es sehen, nur ich kann den Wind hören
und es ist viel zu laut.

Die Welt ertrinkt in Worten. Verzeih mir.
Ich liebe dich, aber ich darf nicht an dich denken.
So ist das Gesetz. Nicht jeder befolgt es.
Obwohl die Zeit vorübergeht und die Luft niemals dieselbe ist
werde ich mich nicht verändern. So ist das Gesetz, und das ist
in Ordnung.

Er hat seiner Frau nichts Böses getan, er hat sie unterstützt, so gut er es konnte, und dennoch ist sie an ihm zerbrochen. Sie konnte es nicht ertragen, »das Gefühl des Scheiterns so deutlich vor Augen zu haben«, ihr Erfahrungshunger, ihre Lebensgier, ihre Unentschlossenheit entarteten neben seiner spröden Rigidität zur Selbstzerstörung. Paul Bowles hat immer für Abstand gesorgt. Ein »unsichtbarer Beobachter« wäre er gerne gewesen, und genau das macht seine Romane, weniger seine Erzählungen, steril.

Er flanierte im Grenzland zwischen den Kulturen, nicht einmal die Entscheidung für Tanger entsprang einer Leidenschaft: »Ich habe mir nie vorgenommen, mein Leben in Tanger zu verbringen, es hat sich so ergeben. Mein Besuch war nur für eine gewisse Zeit vorgesehen, danach wollte ich weiterziehen und immerzu unterwegs sein. Ich wurde träge und verschob die Abreise. Dann kam der Tag, an dem ich schockiert feststellte, daß es nicht nur viel mehr Menschen auf der Welt gab als noch vor kurzem, sondern daß auch die Hotels weniger gut waren, das Reisen unbequemer und die Orte im allgemeinen häßlicher. (...) Wenn ich also noch immer hier bin, so nur, weil ich (...) nicht länger reisen wollte.«

Heute lebt Paul Bowles in einem unauffälligen grauen Wohnblock am Stadtrand. Die aus drei kleinen Zimmern bestehende Wohnung besitzt er seit 1955. Er ist ein sehr schöner alter Mann, die dandyhafte Arroganz seiner Jugend ist längst verschwunden, aber noch immer ist er erlesen gekleidet. Im Burberry-Cashmere-Pullover sitzt er vor der Fernsehkamera, die Vase neben ihm ist mit hochstieligen Callas gefüllt. Er gibt entspannt, liebenswürdig, mit ironischen Spitzen über sich Auskunft, wundert sich über das Interesse an ihm und die vielen Besucher aus aller Welt: »Mein Schreiben ist wichtiger als mein Leben. Das sagt eigentlich alles.« Ein arabischer Freund mokiert sich: »Wollen Sie die Wahrheit wissen? Paul kennt Marokko überhaupt nicht. Er hat sich doch immer nur verkrochen und hat geschrieben.«

Schlußakkord

Endet eine Beziehung abrupt durch Selbstmord oder Unfall eines der Partner, ist der Überlebende peinigenden Fragen ausgeliefert, die er vornehmlich an sich selbst stellt: Was hat zu der Katastrophe geführt? Wäre sie zu verhindern gewesen?

Bei schreibenden Paaren lastet auf dem Hinterbliebenen die Pflicht, das schriftliche Erbe zu verwalten: Was vom Nachlaß soll herausgegeben, mit welchen Kommentaren versehen werden? Bei Texten, die vom Autor selbst als unfertig eingeschätzt wurden oder in verschiedenen Fassungen vorliegen, bei privatem Material wie Briefen und Tagebüchern – was hat Vorrang: der Anspruch auf Diskretion oder das Interesse der Wissenschaft, des Lesers?

Bei einem unerwarteten Lebensende konzentriert sich die teilnehmende Neugier mit besonderer Schärfe auf das Verhalten des Trauernden, als habe er allgemeine Erwartungen zu erfüllen. Wird der Tod des Partners literarisch verarbeitet oder nicht, bewirkt der Verlust einen kreativen Ausbruch oder Verstummen – unter den Blicken einer gierigen Öffentlichkeit entartet jedes Verhalten zum schamerfüllten Versagen.

Zärtliche Nomaden

Mary und Percy B. Shelley
Mary Wollstonecraft und
William Godwin

Als Mary Shelley 1822 Witwe wurde, war sie vierundzwanzig Jahre alt, hatte vier Kinder geboren, von denen nur eines am Leben geblieben war, bei der Fehlgeburt eines fünften wäre sie beinahe gestorben, hätte ihr Mann sie nicht geistesgegenwärtig gerettet. Rastlos wechselten die Shelleys ihre Wohnungen und Aufenthaltsorte, vielfältige Turbulenzen verhinderten die Gründung eines stabilen Heims. Todesfälle, Krankheiten, Geldsorgen, Anfeindungen und bösartiger Klatsch machten Mary ernster, als es ihrem Alter entsprochen hätte, auch schwermütig und reizbar. In der Hektik ihres Nomadenlebens gab es nur zwei verläßliche Konstanten: die liebevolle Verbundenheit ihres Mannes mit ihr und die gegenseitige Unterstützung für ausreichend Zeit zum Lesen und Schreiben. »Acht Jahre verkehrte ich in schrankenloser Freiheit mit einem Menschen, dessen Geist dem meinen weit überlegen war, der meine Gedanken weckte und leitete. Ich besprach mich mit ihm, berichtigte meine Fehlurteile, erhielt neue Einsichten durch ihn; und mein Geist war zufriedengestellt. Jetzt bin ich allein – ach, wie allein!«

Shelleys Vater erklärte sich bereit, Marys Sohn standesgemäß zu erziehen, sofern sie ihm das Kind überließ. Das kam für sie nicht in Frage, außerdem war sie davon überzeugt, ihren Lebensunterhalt als Schriftstellerin verdienen zu können, war doch ihr Gruselroman *Frankenstein oder Der moderne Prometheus*, den sie mit neunzehn verfaßt hatte, ein großer Erfolg geworden. Sie durfte aber nichts unter dem Namen Shelley veröffentlichen, erst recht keine Biografie ihres Mannes, sonst drohte der Schwiegervater, auch die winzige Rente zu streichen, die er schließlich doch gewährt hatte.

Percy Bysshe Shelley war das schwarze Schaf einer der reichsten Adelsfamilien Englands, übelbeleumdet von früher Jugend an. Als Student wurde er wegen seiner Schrift *The Necessity of Atheism* von Oxford relegiert, worauf ihm alle Universitäten des Landes verschlossen waren und ebenso die Besitzungen seiner

Familie. Der Vater hoffte vergeblich auf einen Sinneswandel seines ältesten Sohnes. Dieser aber hatte weitere Provokationen zu bieten. Er entführte ein junges Mädchen und heiratete es in Schottland, wo eine Eheschließung zwischen einer sechzehnjährigen Braut und einem neunzehnjährigen Bräutigam ohne Erlaubnis der Eltern möglich war. Er wollte Harriet aus der Enge ihres Lebens befreien, ihren Geist in luftige Höhen locken und sie zur Partnerin seiner grundsätzlichen Ablehnung jeder Religion und seiner Kritik am bestehenden Gesellschaftssystem erziehen. Er hielt Besitz und aristokratische Privilegien für Verbrechen an der Menschheit und haßte die Welt seiner Familie. Harriet bewunderte ihn, verstand ihn aber nicht, und deshalb brauchte er neben ihr noch eine »Schwester seines Geistes«, nämlich eine zehn Jahre ältere Lehrerin, die sich in einem intensiven Briefwechsel als ebenbürtige Vertraute seiner Gedanken erwiesen hatte. Sie gab ihre Stellung auf und zog mit dem Ehepaar Shelley zusammen, doch in der Nähe entsprach sie nicht dem Wunschbild, das Shelley von ihr gebastelt hatte, und man mußte sie wieder loswerden, wobei der junge Menschenfreund eine erstaunliche Brutalität an den Tag legte. Die mißglückte ménage à trois zerstörte ihren Ruf und bestätigte den seinen. Nach dem Skandal seiner ersten Veröffentlichungen nahm kein Verleger weitere Texte von ihm an. Das Ehepaar lebte nur von der kärglichen Unterstützung durch Harriets Vater.

Um seine geistige Isolation zu überwinden, versuchte Shelley mit Dichtern und Gelehrten Kontakt aufzunehmen, ohne Erfolg. Schließlich wandte er sich mit einem schwärmerischen Brief an den von ihm hochverehrten Philosophen William Godwin, dessen anarchistische Thesen in der Abhandlung *Enquiry Concerning Political Justice* (1793) seinen eigenen Utopien entsprachen. »Der Name Godwin löste bei mir Verehrung und Bewunderung aus, (...) und seit dem ersten Kennenlernen seiner Grundsätze wünschte ich brennend, privat teilzuhaben an diesem Geist, dessen Ausprägungen ich mit Entzücken betrachtete. (...) Ich hatte Sie bereits auf der Liste verehrter Verstorbener geführt und bedauert, daß der Ruhm Ihres Daseins bereits von dieser unserer Erde gegangen war. – Es ist nicht so – Sie leben noch und beschäftigen sich ganz gewiß weiterhin mit dem Wohl der Menschheit.« Godwin, erst 56 Jahre alt, aber in Vergessenheit geraten, freute sich über den neuen Jünger, zumal sich dieser als Sohn aus